Jens Kersten

Das ökologische Grundgesetz

Das ökologische Grundgesetz

von

Jens Kersten

2022

C.H.BECK

www.beck.de

ISBN 978 3 406 79545 9

Wilhelmstraße 9, 80801 München
Druck und Bindung: Friedrich Pustet GmbH & Co. KG
Gutenbergstraße 8, 93051 Regensburg
Satz: Fotosatz Buck
Zweikirchener Straße 7, 84036 Kumhausen
Umschlaggestaltung: S3 Advertising GmbH & Co. KG,
Bilker Allee 216, 40125 Düsseldorf
Umschlagabbildung: iStock.com, Fotografie-ID 1050288120, Foto: © Frank Peters
Foto Umschlagklappe: © privat

CO_2 neutral
chbeck.de/nachhaltig

Gedruckt auf säurefreiem, alterungsbeständigem Papier
(hergestellt aus chlorfrei gebleichtem Zellstoff)

Vorwort

Die Welt, in der wir leben, ist das Ergebnis von Revolutionen. Die bürgerliche Revolution des 18. Jahrhunderts hat den Verfassungsstaat geschaffen. Im 19. Jahrhundert wurde durch die industrielle Revolution die soziale Frage aufgeworfen, die zur Entwicklung des demokratischen Wohlfahrtsstaats geführt hat. Gegenwärtig erleben wir die digitale Revolution, die unser individuelles, gesellschaftliches und politisches Leben ebenfalls radikal verändert. Diese drei Revolutionen gingen und gehen bis heute auf Kosten der Natur. Sie waren und sind nur möglich, weil sie dem Grundsatz „Natur hat man zu haben" folgen. Das Artensterben, die Klimakatastrophe und die Globalvermüllung waren und sind die Folge. Die Menschen des Globalen Nordens haben sich mit diesen drei Revolutionen selbst zu einer Naturgewalt entwickelt. Die Welt ist in ein neues Erdzeitalter eingetreten: das Anthropozän. Wenn die Bürgerinnen und Bürger des Globalen Nordens ihrer globalen Verantwortung für diese katastrophalen ökologischen Entwicklungen gerecht werden wollen, müssen sie ihre Gesellschaften in globaler Verantwortung ökologisch umgestalten. Bei dieser ökologischen Transformation kommt dem Verfassungsrecht zentrale Bedeutung zu: Der bürgerliche Verfassungsstaat hat sich zum sozialen Wohlfahrts- und digitalen Netzwerkstaat entwickelt. Nun steht seine Transformation zum ökologischen Verfassungsstaat auf der (r)evolutionären Agenda.

Die Einsicht, dass eine radikale Transformation unserer Gesellschafts- und Verfassungsordnung notwendig ist, um die ökologischen Risiken und Gefahren, die anthropozänen Schäden und Katastrophen aktiv anzugehen, stößt jedoch auf Widerstand. Gerade wir Bürgerinnen und Bürger des Globalen Nordens ahnen – nein: wir wissen, dass wir unser Leben radikal ändern müssen, um unserer ökologischen Verantwortung im Anthropozän auch global gerecht zu werden; und uns ist auch vollkommen klar: Je länger wir die ökologische Transformation unserer Sozial-, Wirtschafts- und Verfassungsordnung hinauszögern, desto radikaler werden die (r)evolutionären Veränderungen unseres Lebensstils ausfallen, und desto mehr gesellschaftlicher Widerstand ist zu erwarten. Deshalb sind die individuellen und kollektiven Ausreden, mit der ökologischen Transformation unserer Gesellschaft zu beginnen, allgegenwärtig: Es wird auf den technischen Fortschritt verwiesen, mit dem wir dann in der Zukunft alle anthropozänen Probleme lösen können. Sicherlich werden sich ökologische Herausforderungen durch technische Innovation annehmen lassen. Aber aller Erfahrungen nach eben auch nicht alle. Darüber hinaus sind auch die ökologischen Reboundeffekte neuer Technologien immer einzurechnen; und über die Akzeptanz von beispielsweise Geo-Engineering, einschließlich der damit verbundenen internationalen Konflikte, haben wird dann noch überhaupt nicht gesprochen. Als zweites Argument gegen eine ökologische Transformation unserer Gesellschaft wird plötzlich die soziale Gerechtigkeit (wieder) entdeckt, um sie gegen die Umweltgerechtigkeit auszuspielen: Nicht alle – so der gängige Einwand – können sich den Umweltschutz leisten. Es soll alles so bleiben wie es ist; und so werden weder die Frage der sozialen Gerechtigkeit noch die Herausforderung der ökologischen Gerechtigkeit angegangen, die doch nicht voneinander zu trennen sind. Es bedarf eines sozialen *und* ökologischen Neuansatzes in der anthropozänen Gesellschaftspolitik. Denn wir sollten uns auch hier nichts vormachen: Die ökologische Transformation unserer Gesellschaft wird viel Geld kosten. Darüber hinaus müssen sich die Gesellschaften des Globalen Nordens ihrer postkolonialen Verantwortung nicht nur moralisch und politisch, sondern auch ökonomisch und finanziell stellen, wenn es um die ökologische Transformation der anthropozänen Weltgesellschaft geht. Doch diese finanziellen und ökonomischen Transfers, die die ökologische Transformation von Gesellschaften in globaler Perspektive erfordert, wird immer noch ökonomischer als die Alternative sein: die Verwüstung der Welt. Auch dies zeigt uns, dass die ökologische, ökonomische und die soziale Transformation nicht unabhängig voneinander gedacht und gestaltet werden können. Angesichts der einschüchternden Größe dieser anthropozänen Herausforderung wird von den Advokaten des Status quo schließlich auf das Totschlagsargument gesetzt: Die ökologische Transformation unserer Gesellschaft führe in die „Ökodiktatur“. Bürgerinnen und Bürger, die die ökonomischen Regeln des Marktes und der digitalen Kommunikation ohne jedes Wenn und Aber akzeptieren, wittern ausgerechnet in ökologischen Regelungen plötzlich die Tyrannei. In der Sache geht es aber auch hier um nichts anderes, als die Angst um einen im historischen und globalen Vergleich einmalig luxuriösen Lebensstil.

Will man diesen ökonomischen und politischen Ausreden nicht nachgeben, bleiben jedoch juristische Einreden: Wir folgen aber doch längst dem Nachhaltigkeitsprinzip! Wir verfügen doch über eine verfassungsrechtliche Staatszielbestimmung „Umweltschutz"! Hat uns das Bundesverfassungsgericht mit dem Gebot der „intertemporalen Freiheitssicherung" in seinem Klima-Beschluss vom 24. März 2021 nicht wieder einmal den rechten Weg gewiesen? Doch die nüchternen Antworten auf diese juristischen Einwände lauten: Das Nachhaltigkeitsprinzip hat mit Blick auf die anthropozänen Herausforderungen längst seine normative Steuerungskraft verloren. Über das progressive Artensterben, die exponentielle Klimakatastrophe, die globale Vermüllung und die „Entsorgung" der atomaren Abfälle für eine Million Jahre lässt sich schlicht nichts Nachhaltiges (mehr) sagen. Darüber hinaus ist die Staatszielbestimmung „Umweltschutz" (Art. 20a GG) normativ viel zu schwach, um die ökologische Transformation unserer Gesellschaft zu begleiten. Und so viel Zustimmung der Klima-Beschluss des Bundesverfassungsgerichts auch verdient: Er bleibt eine isolierte Entscheidung zum Klimaschutz. Ein einziger Gerichtsbeschluss führt nicht zur ökologischen Transformation einer ganzen Gesellschaft, so wichtig und richtig er auch für sich genommen sein mag. In dem aktuell auf den Klimaschutz verengten ökologischen Tunnelblick darf nicht übersehen werden, dass wir zugleich auch noch andere anthropozäne Herausforderungen zu bewältigen haben; und gerade die abweisenden Entscheidungen des Bundesverfassungsgerichts zum Containern oder zu Tierrechten zeigen, wie zurückhaltend die Karlsruher Richterinnen und Richter eigentlich in ökologischen Fragen Recht sprechen. Bis auf die Klima-Entscheidung fällt die judikative Ökobilanz des Bundesverfassungsgerichts bisher nicht positiv aus.

„Eine alte Ordnung" – so *Mathias Greffrath* – „löst sich auf, und eine neue hat noch keine Konturen." Auf der Suche nach dieser neuen Ordnung müssen wir auch neu ansetzen: Wir brauchen ein ökologisches Grundgesetz, das die ökologische Transformation der Bundesrepublik verfassungsrechtlich begleitet. Die verfassungspolitische Debatte über die ökologische Transformation unserer Verfassungsordnung muss allerdings nicht vollkommenen neu beginnen. Seit über fünfzig Jahren wird sie geführt: Ökologische Rechte und die Rechte der Natur, das ökologische Staatsprinzip und eine konkretere Fassung der ökologischen Staatszielbestimmung, die Ökologisierung des parlamentarischen Regierungssystems und ökologische Politiken wurden und werden bereits seit den 1970er Jahren im politischen Raum gefordert, diskutiert und formuliert. Die ostdeutsche Bürgerrechtsbewegung hat vor und nach der deutschen Einheit wichtige ökologische Akzente in der verfassungspolitischen Debatte gesetzt. Diese prägten und prägen die ostdeutschen Landesverfassungen, die aus diesem Grund ökologisch sehr viel innovativer als die westdeutschen Landesverfassungen sind. Bei der Reform des Grundgesetzes nach der deutschen Einheit konnten sich diese ökologisch innovativen Impulse allerdings nicht durchsetzen. Doch deshalb lohnt es sich heute umso mehr, sie aufzugreifen, sicherlich verspätet, aber hoffentlich noch nicht zu spät. Auch die Rechtswissenschaft hat mit verfassungspolitischen Konzepten für die ökologische Transformation des Grundgesetzes geworben: so beispielsweise *Klaus Bosselmann* mit dem Plädoyer für einen ökologischen Rechtsstaat, *Rudolf Steinberg* mit der Beschreibung des ökologischen Verfassungsstaats, *Michael Kloepfer* mit der Reflexion von staatlicher Umwelt- und Langzeitverantwortung, *Ivo Appel* und *Wolfgang Kahl* mit der Profilierung des Nachhaltigkeitsgrundsatzes, *Matthias Rossi* mit Konzepten des Umweltinformationsrechts, *Andreas Fischer-Lescano* und *Andreas Gutmann* mit einem sehr innovativen Blick auf die Recht der Natur, *Christian Calliess* mit der Diskussion eines verfassungs-, europa- und völkerrechtlichen Abstandsgebots zu den planetaren Kipppunkten, *Sabine Schlacke* mit dem wissenschaftlichen Engagement für einen globalen „Gesellschaftsvertrag für eine Große Transformation“ und *Sigrid Boysen* mit der Eröffnung von Perspektiven auf ein trans- und internationales Umweltrecht in der postkolonialen Konstellation. Diese Aufzählung ließe sich problemlos fortsetzen und zeigt vor allem eines: Es liegen viele Argumente und Konzepte für eine ökologische Gestaltung unserer Gesellschafts- und Verfassungsordnung auf dem Tisch. Wir müssen sie nur aufgreifen, um ein ökologisches Grundgesetz zu schreiben – ein ökologisches Grundgesetz, das die anthropozänen Herausforderungen des Artensterbens, der Klimakatastrophe und der Globalvermüllung annehmen kann. Viele dieser Diskussionsangebote, Formulierungsvorschläge und Regelungskonzepte werden in den folgenden Überlegungen aufgegriffen. Auf diese Weise lässt sich ein Eindruck gewinnen, wie sie in einem ökologischen Grundgesetz zusammenwirken können. Es geht also nicht nur um die Profilierung einzelner ökologischer Regelungen, sondern auch um das Verständnis ihres systematischen Zusammenspiels in einer ökologischen Verfassungsordnung.

Wie könnte und müsste also heute ein ökologisches Grundgesetz insgesamt aussehen? Um diese Frage zu beantworten, folgt diese diskursive Zusammenstellung der vielfältigen Diskussionsangebote, Formulierungsvorschläge und Regelungskonzepte der verfassungspolitischen Leitidee eines ökologischen Liberalismus: Es kommt darauf an, die politische Rationalität des liberalen Verfassungsstaats auch in seiner ökologischen Dimension zu entfalten. Dabei treten die ökologischen Verfassungsbausteine nicht schlicht neben die bürgerlichen und sozialen Verfassungselemente. Sie verschränken sich vielmehr mit diesen im demokratischen und rechtsstaatlichen Verfassungsprozess. So wird deutlich, dass und wie die ökologische Transformation unserer Gesellschafts- und Verfassungsordnung möglich ist. Zugleich zeigt die ganze Vielfalt der politischen und rechtlichen Diskussionsangebote, Formulierungsvorschläge und Regelungskonzepte, dass nichts in Stein gemeißelt ist. Alles muss kritisch diskutiert und konstruktiv gestaltet werden. Dies gilt gerade auch für die hier unterbreiteten Vorschläge. Einiges lässt sich auch anders formulieren und Vieles sicherlich ergänzen. Einige Vorschläge werden zu überdenken, zu ersetzen und vielleicht sogar auch wieder zu streichen sein. Die hier zusammengetragenen und unterbreiteten Vorschläge sind also nicht alternativlos. Alternativlos ist nur, dass wir diese ökologische Verfassungsdebatte führen und uns für ein ökologisches Grundgesetz entscheiden.

Viele Anregungen für die Auseinandersetzung mit den ökologischen Verfassungsfragen des Anthropozän habe ich im Rahmen des Rachel Carson Center for Environment and Society der Ludwig-Maximilians-Universität München erhalten. Deshalb gilt mein Dank Christof Mauch und Helmuth Trischler, die diesen einmaligen Ort des interdisziplinären Austauschs für die Environmental Humanities geschaffen haben und ihn mit ihrem wissenschaftlichen Engagement beleben. Darüber hinaus möchte ich Veronika Böhm, Sandra Drlje, Richard Giesen, Mathias Greffrath, Luisa Griesbaum, Ann-Katrin Kaufhold, Elisabeth Kaupp, Tabea Kuhlmann, Teresa Swienty und Yue Zhou für weiterführende Hinweise, wertvolle Kritik und engagierte Diskussionen über die Verfassung der Natur und ein ökologisches Grundgesetz danken.

München, Juli 2022 *Jens Kersten*

Inhalt

Abkürzungsverzeichnis

AEUV	Vertrag über die Arbeitsweise der Europäischen Union
AFG	Arbeitsförderungsgesetz
APuZ	Aus Politik und Zeitgeschichte (Z)
ArbRAktuell	Arbeitsrecht Aktuell (Z)
ARSP	Archiv für Rechts- und Sozialphilosophie (Z)
AtomG	Gesetz über die friedliche Verwendung der Kernenergie und den Schutz gegen ihre Gefahren (Atomgesetz)
BAG	Bundesarbeitsgericht
BauGB	Baugesetzbuch
BeckRS	Beck-Rechtsprechung
BGB	Bürgerliches Gesetzbuch
BGBl	Bundesgesetzblatt
BNatSchG	Gesetz über Naturschutz und Landschaftspflege (Bundesnaturschutzgesetz)
BT-Drs.	Deutscher Bundestag-Drucksache
BV	Bundesverfassung der Schweizerischen Eidgenossenschaft
BVerfG	Bundesverfassungsgericht
BVerfGE	Entscheidungen des Bundesverfassungsgerichts
BVerwG	Bundesverwaltungsgericht
DÖV	Die Öffentliche Verwaltung (Z)
DVBl	Deutsches Verwaltungsblatt (Z)
Environ. Res. Lett.	Environmental Research Letters (Z)
EuG	Gericht der Europäischen Union
EuGH	Gerichtshof der Europäischen Union
EurUP	Zeitschrift für Europäisches Umwelt- und Planungsrecht (Z)
EUV	Vertrag über die Europäische Union
EuZW	Europäische Zeitschrift für Wirtschaftsrecht (Z)
FAZ	Frankfurter Allgemeine Zeitung (Z)
FStrG	Bundesfernstraßengesetz
GAKG	Gesetz über die Gemeinschaftsaufgabe „Verbesserung der Agrarstruktur und des Küstenschutzes“ (GAK-Gesetz)
GG	Grundgesetz für die Bundesrepublik Deutschland
GG-E	Grundgesetz für die Bundesrepublik Deutschland-Entwurf
GOBT	Geschäftsordnung des Deutschen Bundestages
GRCh	Charta der Grundrechte der Europäischen Union

GRWG	Gesetz über die Gemeinschaftsaufgabe „Verbesserung der regionalen Wirtschaftsstruktur" (GRW-Gesetz)
JA	Juristische Ausbildung (Z)
JöR	Jahrbuch des öffentlichen Rechts der Gegenwart
JuS	Juristische Schulung (Z)
JZ	JuristenZeitung (Z)
KJ	Kritische Justiz (Z)
KritV	Kritische Vierteljahresschrift für Gesetzgebung und Rechtswissenschat (Z)
KSG	Bundes-Klimaschutzgesetz
LT-Drs.	Landtag-Drucksache
NJW	Neue Juristische Wochenschrift (Z)
NuR	Natur und Recht (Z)
NVwZ	Neue Zeitschrift für Verwaltungsrecht (Z)
NZA	Neue Zeitschrift für Arbeitsrecht (Z)
OLG	Oberlandesgericht
PA-G	Gesetz über die Befugnisse des Petitionsausschusses des Deutschen Bundestages (Gesetz nach Artikel 45c des Grundgesetzes)
PA-öP-RL	Richtlinie für die Behandlung von öffentlichen Petitionen (öP) gem. Ziff 7.1 (4) Grundsätze des Petitionsausschusses über die Behandlung von Bitten und Beschwerden (Verfahrensgrundsätze)
PA-VG	Grundsätze des Petitionsausschusses über die Behandlung von Bitten und Beschwerden (Verfahrensgrundsätze)
PUAG	Gesetz zur Regelung des Rechts der Untersuchungsausschüsse des Deutschen Bundestages (Untersuchungsausschussgesetz)
RCC Perspectives	Rachel Carson Center for Environment and Society Perspectives
ROG	Raumordnungsgesetz
SGB	Sozialgesetzbuch
South. Calif. Law Rev.	Southern California Law Review (Z)
StandAG	Gesetz zur Suche und Auswahl eines Standortes für ein Endlager für hochradioaktive Abfälle (Standortauswahlgesetz)
StGB	Strafgesetzbuch
StWStP	Staatswissenschaften und Staatspraxis (Z)
TierSchG	Tierschutzgesetz
TVG	Tarifvertragsgesetz
UIG	Umweltinformationsgesetz
UPR	Umwelt und Planungsrecht (Z)
UTR	Jahrbuch des Umwelt- und Technikrechts
UVPG	Gesetz über die Umweltverträglichkeitsprüfung
VerfBlog	Verfassungsblog
VVDStRL	Veröffentlichungen der Vereinigung der Deutschen Staatsrechtslehrer
VwGO	Verwaltungsgerichtsordnung
WaStrG	Bundeswasserstraßengesetz

WBeauftrG	Gesetz über den Wehrbeauftragten des Deutschen Bundestages (Gesetz zu Artikel 45b des Grundgesetzes)
WHG	Gesetz zur Ordnung des Wasserhaushalts (Wasserhaushaltsgesetz)
WRV	Weimarer Reichsverfassung (Verfassung des Deutschen Reiches vom 22. August 1919
Z	Zeitung/Zeitschrift
ZEuP	Zeitschrift für europäisches Privatrecht (Z)
ZfRSoz	Zeitschrift für Rechtssoziologie (Z)
ZfU	Zeitschrift für Umweltpolitik und Umweltrecht (Z)
ZRP	Zeitschrift für Rechtspolitik (Z)
ZTR	Zeitschrift für Tarifrecht (Z)
ZUR	Zeitschrift für Umweltrecht (Z)

I. Vorüberlegungen

Wir müssen über die Verfassung der Natur sprechen. Artensterben, Globalvermüllung und Klimakatastrophe führen uns alltäglich vor Augen: Wir brauchen eine ökologische Transformation unserer Gesellschaft.

1. Mensch und Natur im Anthropozän

Wir leben im Anthropozän.[1] Mit der industriellen Revolution sind die Menschen des Globalen Nordens selbst zu einer Naturgewalt geworden.[2] Diese menschengemachte Evolution hat sich mit der Entwicklung der demokratischen Wohlfahrtsstaaten nach dem Zweiten Weltkrieg immer weiter beschleunigt.

Vor der industriellen Revolution hatten Menschen Angst vor der Natur.[3] Die Natur bestimmte die agrarische Lebensweise, sie formulierte die Bedingungen von Wirtschaft und Handel. Doch im Laufe der industriellen Revolution bekamen Menschen Angst um die Natur. Die industrielle Revolution beruhte nicht nur auf der globalen Ausbeutung von Menschen, sondern auch auf der Ausbeutung der Natur. Die Zerstörung und Verwüstung der Natur war und ist selbstverständlich. Die ganze Lebens-, Arbeits- und Wirtschaftsweise des Globalen Nordens folgt dem ökonomischen Imperativ: Natur hat man zu haben! Allerdings hat der hemmungslose Verbrauch der Natur einen hohen Preis: Wir sehen das Artensterben, wir verfolgen die Gletscher- und Polschmelzen, wir spüren die Erderwärmung, wir erleben Wetterextreme, wir haben die ansteigenden Meere in Müllhalden verwandelt, auf denen unsere Plastikinseln treiben. Deshalb ist heute aus der Angst um die Natur wieder eine Angst vor der Natur geworden. Es ist jedoch nicht die alte, vorindustrielle Angst vor der Natur. Vielmehr geht es um eine neue Angst vor einer menschengemachten Natur: eine naturvermittelte Angst vor den ökologischen Folgen unseres eigenen Handelns und damit letztlich eine Angst vor uns selbst. Die Analyse der globalen Stoffströme zeigt, dass das Artensterben, die Klimakatastrophe und die Globalvermüllung längst in unseren Körpern und Gesellschaften präsent ist:[4] Wir Menschen des Globalen Nordens repräsentieren die Klimakatastrophe. In unserem Konsum steckt das Artensterben. Unser Plastik schwimmt im Meer und kehrt über die Nahrungsketten in unsere Körper zurück. Mit dieser materialistischen Erkenntnis geht eine politisch sehr folgenschwere Einsicht einher: Wir Menschen des Globalen Nordens können uns nicht (mehr) von unserer Verantwortung für die ökologische Entwicklung distanzieren. Wir selbst und nicht „die" Wirtschaft, „der" Kapitalismus oder „die" Politik sind für die globalen Naturkatastrophen des Anthropozän verantwortlich. Zugleich führt diese materialistische Selbsterkenntnis aber nicht automatisch zu einer verantwortungsvollen Politik. Die individuelle und gesellschaftliche Verantwortung ist so groß, dass Menschen sie lieber leugnen. Hier liegt ein Grund, warum wir das Artensterben und die Globalvermüllung nicht wahrnehmen (wollen); und warum die Klimakatastrophe Fake News sein soll. Es werden wissenschaftliche Institute und Universitäten im Globalen Norden finanziert, um die Nichtexistenz der Klimakatastrophe zu beweisen. Wir streiten nicht über unserer Verantwortung für die Natur, sondern vor allem darüber, ob es diese Naturkatastrophen überhaupt gibt. Dieser Science-War wird durch Medienkonzerne angefeuert, die sich in vorderster Linie im Kampf gegen die „Ökodiktatur" sehen. Sie bedienen die individuelle und kollektive Sehnsucht nach Alternativen Fakten und den Wunsch nach einer – im wahrsten Sinn des Wortes – „heilen" Welt, die angesichts des anthropozänen Wandels der Erde jedoch eine schlichte Illusion ist. *Max Weber* hat klar erkannt, wie lange diese Entwicklung andauern wird: „Als ich einmal" – so berichtet *Werner Sombart* – „mit Max Weber über die Zukunftsaussichten sprach und wir die Frage aufwarfen: wann wohl der Hexensabbat ein Ende nehmen würde, den die Menschheit in den kapitalistischen Ländern seit dem Beginne des 19. Jahrhunderts aufführt, antwortete er: ‚Wenn die letzte Tonne Erz mit der letzten Tonne Kohle verhüttet sein wird.'"[5] Oder wie *Weber* auch in „Die protestantische Ethik und der Geist des Kapitalismus" schreibt: „bis der letzte Zentner fossilen Brennstoffs verglüht ist."[6] Doch wenn wir solange warten, stehen wir längst an der Schwelle zu einem posthumanen Erdzeitalter, wenn wir diese Schwelle dann nicht bereits längst überschritten haben.

Aber tun wir nicht schon genug? Stehen denn nicht „überall" Windräder? Verbieten wir nicht gerade Plastiktüten? Siedeln wir nicht wieder Wölfe an? Bieten wir nicht bedrohten Tier- und Pflanzenarten Asyl in unseren Städten? Schützen wir nicht Bienenvölker durch Volksbegehren? Werden jetzt nicht hybride SUV gebaut? Bezahlen wir nicht ökologischen Ablass für unsere Kurz- und Fernflüge? Arbeiten wir nicht an der Energie- und einer Verkehrswende? „Entsorgen" wir nicht sogar unseren Atommüll, der aus fünfzig Jahren der „Erzeugung und Nutzung der Kernenergie zu friedlichen Zwecken" (Art. 73 Abs. 1 Nr. 14 GG) stammt, für einen „Zeitraum von einer Million Jahren" (§ 1 Abs. 2 Satz 2 StandAG)? Ja, das stimmt (teilweise). Aber wir sollten uns eben auch offen eingestehen: Das wird nicht reichen … Wir müssen viele bequeme Gewohnheiten unseres individuellen Konsums und gesellschaftlichen Lebens aufgeben. Zu lange haben wir nach dem Grundsatz „Natur hat man zu haben" gelebt, bevor wir zu dem Prinzip „Nach uns die Sintflut" übergegangen sind. Eigentlich ist uns längst klar, dass wir unser Leben ändern müssen. Aber schon dieses Ansinnen verstehen viele Bürgerinnen und Bürger des Globalen Nordens als eine Zumutung, obwohl gerade unsere Lebensführung für die große Beschleunigung des ökologisch katastrophalen Wandels der Welt verantwortlich ist. Wir verdrängen, dass für die sozialen, ökonomischen und ökologischen Kosten unseres Lebensstils die Menschen und Gesellschaften des Globalen Südens aufkommen: „Neben uns die Sintflut" hat *Stephan Lessenich* dieses Lebensprinzip genannt, auf Kosten anderer zu leben, das uns nun doch selbst eingeholt.[7] So ist es die Autorität der von uns selbst verschuldeten globalen Krisen, die uns zwingt, unseren Wirklichkeitssinn neu zu schärfen. Die Gesellschaften des Globalen Nordens glauben, bereits jetzt eine „realistische" Umweltpolitik zu betreiben. Doch diese achtet weniger auf die Natur als darauf, ihren Bürgerinnen und Bürgern nur nicht zu viel „zuzumuten". Diese Umweltpolitik ist angesichts der anthropozänen Herausforderungen gerade keine ökologische Real-, sondern weiterhin eine gesellschaftliche Illusionspolitik, die vor allem eines verspricht: „Es wird alles gut!" Aber weil sich dieses Versprechen ökologisch einfach nicht halten lässt, überlagert es sich mit defensiver Ignoranz: „Es ist noch nie schiefgegangen!" Ökologische Realpolitik sieht anders aus. Wir müssen unseren Konsum der Welt selbst begrenzen. Allerdings spielen wir in dieser „Begrenzungskrise"[8] unseres eigenen Handelns lieber immer noch auf Zeit und wissen zugleich: Je länger wir warten, desto radikaler werden die klimatischen Einschnitte in unsere Freiheiten ausfallen und desto krasser wird sich mit der ökologischen zugleich die soziale Ungleichheit lokal, national und global weiter zuspitzen. Je länger wir warten, desto mehr dynamisiert sich das Artensterben, desto mehr steigen die vermüllten Meere, desto grausamer wird die Klimakatastrophe. Die „normative Kraft des Faktischen“[9] überholt uns im Anthropozän mit ihren exponentiellen Entwicklungen; und die Covid-19-Pandemie hat uns gezeigt, wie ungeübt wir im individuellen und politischen Umgang mit exponentiellen Krisen sind.[10] In der Pandemie mussten wir unfreiwillig eine steile Lernkurve vollziehen, die unser Leben radikal geändert hat. Dies war und ist aber „nur“ ein Probelauf für die exponentiellen Krisen und Katastrophen, die uns ökologisch erwarten.

2. „Dämme gegen die Selbstzerstörung“

Wer nicht untätig warten möchte, muss „Dämme gegen die Selbstzerstörung“[11] errichten. Nicht nur Dämme, die Bangladesch vor dem steigenden Meeresspiegel schützen, den die Menschen des Globalen Nordens verursacht haben und weiter steigen lassen. Vielmehr geht es inzwischen auch um verfassungsrechtliche Schranken, die uns verantwortungsvoller handeln lassen.

Wir befinden uns in einer politischen Situation, die den Bürgerkriegen des 16. und 17. Jahrhunderts vergleichbar ist. Um diesen kriegerischen Naturzustand zu beenden, hat *Thomas Hobbes* vorgeschlagen, den Kampf aller gegen alle in einen Vertrag eines jeden mit jedem zu verwandeln.[12] Durch unser ökologisch verantwortungsloses Handeln haben wir uns heute in einen neuen Naturzustand manövriert: den Naturzustand des Anthropozän, in einen Bürgerkrieg gegen die Natur. Deshalb kommt es wieder darauf an, einen Bürgerkrieg durch einen neuen Gesellschaftsvertrag zu beenden. Nur diesmal müssen wir uns nicht mit uns selbst, sondern mit der Natur „vertragen“. Diese Herausforderung, mit der Natur einen Gesellschaftsvertrag zu schließen, legt bereits nahe, dass es bei der anthropozänen Verfassungsfrage um ungewohnte Antworten geht. Kann und wird die Natur überhaupt mit uns verhandeln? Deshalb werden wir auch über die Rechte der Natur diskutieren und diese anerkennen müssen. Aus der Natur als dem Objekt unseres Handelns wird ein Subjekt, das über Rechte verfügt. Wir werden in der anthropozänen Verfassungsdebatte sehen, dass die Anerkennung der Rechte der Natur kein kategoriales verfassungsrechtliches Problem darstellt. Es handelt sich eher um eine Frage der alltäglichen Gewöhnung, die Rechte der Natur zu akzeptieren. Außerdem haben wir das schon einmal gemacht: Totes Kapital wird in kapitalistischen Wirtschaftsordnungen zu juristischen Personen erklärt, die mittels eigener Grundrechte ihre wirtschafts- und eigentumsrechtlichen Interessen durchsetzen (Art. 19 Abs. 3 GG). Wenn das sogar mit totem Kapital gelingt, sollte uns das im Fall der lebendigen Natur nicht schwer(er) fallen.

Zugleich haben wir im Vergleich mit der Beendigung der Bürgerkriege des 16. und 17. Jahrhunderts aber auch einen großen Vorteil: Wir leben bereits in einem funktionierenden Verfassungsstaat und verfügen darüber hinaus über europäische und auch globale Verfassungsstrukturen. Wir müssen uns also keineswegs erst einmal daran machen, einen politischen „post-Anthropocene Leviathan"[13] zu gründen, um diesen sodann in ein nachhaltiges Erdsystem einzupassen.[14] Vielmehr können wir auf der Grundlage unserer liberalen und sozialen, demokratischen und rechtsstaatlichen Verfassungsordnung darüber diskutieren, wie wir den bestehenden liberalen und sozialen Gesellschafts- und Staatsvertrag ökologisch weiterentwickeln wollen. Doch wenn man einen ökologischen Blick auf unsere Verfassungsordnung – das Grundgesetz – wirft, springen dessen verfassungsrechtliche Defizite unmittelbar ins Auge. Das Grundgesetz steht im Vergleich zu anderen Verfassungsstaaten ökologisch schlecht da; und auch von der europäischen und internationalen Rechtsordnung gehen mehr und bessere ökologische Impulse als vom Grundgesetz aus.[15] Auf die Frage, welchen Beitrag das Grundgesetz bisher zum Umweltschutz leistet, hat *Andreas Voßkuhle* konstatiert: „Nüchtern ist festzuhalten: Der Befund ist eher mager!"[16]

Das Grundgesetz steht in einer liberalen und demokratischen Verfassungstradition, die mit der amerikanischen und der französischen Revolution Ende des 18. Jahrhunderts begann, also fast zeitgleich mit der industriellen Revolution. Diese liberalen Verfassungen haben mit den bürgerlichen Freiheitsrechten und der demokratischen Repräsentation die rechtlichen Grundlagen für die volle Entfaltung der industriellen Revolution gelegt. Doch sie haben sich (noch) nicht um die negative Seite dieser bürgerlichen und kapitalistischen Revolution gesorgt: die soziale Frage und die ökologische Zerstörung. Die soziale Frage, die von der industriellen Revolution aufgeworfen wurde, führte in Deutschland in der zweiten Hälfte des 19. Jahrhunderts zur Einführung der Sozialversicherung[17] und zur Entwicklung des Interventionsstaats der Industriegesellschaft.[18] Aber auf der verfassungsrechtlichen Ebene wurde die soziale Frage erst nahezu ein Jahrhundert nach Beginn der industriellen Revolution mit der Verabschiedung der Weimarer Reichsverfassung (1919) aufgegriffen:[19] mit Regelungen zum Arbeits- und Gesundheitsschutz, zur Tarifautonomie und Mitbestimmung, zur Gewährleistung von Bildung und zum Schutz der Familie. In ihrem Art. 151 Abs. 1 fasste die Weimarer Reichsverfassung ihr sozialpolitisches Programm zusammen:

„Die Ordnung des Wirtschaftslebens muß den Grundsätzen der Gerechtigkeit mit dem Ziele der Gewährleistung eines menschenwürdigen Daseins für alle entsprechen. In diesen Grenzen ist die wirtschaftliche Freiheit des Einzelnen zu sichern.“ Auch auf die ökologische Frage versuchte die Weimarer Reichsverfassung, zumindest eine programmatische Teilantwort zu geben: Die Denkmäler der Natur und der Landschaft sollten den Schutz und die Pflege des Staates genießen (Art. 150 Abs. 1 WRV).[20] Aber letztlich wurde die ökologische Frage erst ab den 1970er Jahren zu einem verfassungsrechtlichen Thema, also 200 Jahre nach der amerikanischen und französischen Revolution:[21] Der Club of Rome zeigte die Grenzen des Wachstums auf (1972). Die Umweltbewegung entwickelte sich als protestierender Lebensstil. Die Grünen wurden als politische Partei gegründet (1980). Sie trugen die Ökologie in die verfassungsstaatlichen Institutionen, zunächst in die Parlamente und sodann in die Regierungen auf Landes- und schließlich Bundesebene. Die Proteste gegen den „Atomstaat“[22] und die „Startbahn West“ (1980-1987) prägten die Bundesrepublik. Im Kontext der Reaktorkatastrophe von Tschernobyl (1986) wurde die „Risikogesellschaft“ „entdeckt“.[23] Fast zeitgleich entwickelte sich die Nachhaltigkeit durch den *Brundtland*-Bericht „Our Common Future“ von einer „Versöhnungsformel“[24] zu einem Weltprinzip (1987).[25]

3. Veraltetes Verfassungsrecht: Staatsziel „Umwelt- und Tierschutz"

Das Staatsziel „Umweltschutz" wurde im Jahr 1994[26] in das Grundgesetz eingeführt und im Jahr 2002[27] um den Tierschutz ergänzt:

> **Art. 20a GG**
> Der Staat schützt auch in Verantwortung für die künftigen Generationen die natürlichen Lebensgrundlagen und die Tiere im Rahmen der verfassungsmäßigen Ordnung durch die Gesetzgebung und nach Maßgabe von Gesetz und Recht durch die vollziehende Gewalt und die Rechtsprechung.

Diese Regelung des Art. 20a GG wird verfassungsrechtlich oft als „Umweltstaatsprinzip" bezeichnet. Doch schon dies ist strenggenommen irreführend. Denn die Umwelt gehört nach dem Verständnis des Grundgesetzes nicht zu den fundamentalen Staats- und Verfassungsprinzipien, die in Art. 20 Abs. 1-3 GG geregelt sind: Deutschland ist eine demokratische, rechtsstaatliche, soziale und föderale Republik. Demokratie, Rechts- und Sozialstaat, Republik und Föderalismus bilden die Staatsprinzipien, auf denen unsere Verfassungsordnung gründet. In der Aufzählung der Staatsprinzipien in Art. 20 Abs. 1 GG fehlt (bisher) die Ökologie, sodass die verfassungsrechtliche Begründung eines „ökologischen Verfassungsstaats"[28] in der Bundesrepublik noch aussteht: Die Ökologie ist heute kein Staatsprinzip. Umwelt- und Tierschutz sind bisher „nur" eine „Staatszielbestimmung"[29] des Grundgesetzes. Die Ökologie trägt also (bislang) nicht als verfassungsrechtliches Staatsprinzip i. S. d. Art. 20 Abs. 1 GG zur Konstituierung und Legitimation unserer Verfassungsordnung bei. Vielmehr hat der verfassungsändernde Gesetzgeber den Umwelt- und Tierschutz ganz bewusst von den Staatsprinzipien des Art. 20 Abs. 1 GG abgerückt und in Art. 20a GG als Staatsziel geregelt.

An sich ist das Staatsziel „Umwelt- und Tierschutz" verfassungspolitisch positiv zu bewerten: Während es sich bei dem staatlichen Schutz und der staatlichen Pflege der Naturdenkmäler nach Art. 150 Abs. 1 WRV nur um einen rechtlich unverbindlichen Programmsatz handelte,[30] ist das Staatsziel „Umweltschutz" des Art. 20a GG eine verbindliche Verfassungsnorm.[31] Sie wendet sich insbesondere an den Gesetzgeber, der die natürlichen Lebensgrundlagen schützen muss. Verfassungsrechtlich positiv muss auch veranschlagt werden, dass die Staatszielbestimmung des Umwelt- und Tierschutzes grundsätzlich weit zu verstehen ist. Die natürlichen Lebensgrundlagen, die vom Staat zu schützen sind, umfassen alle Umweltmedien: Boden, Wasser, Luft, Klima, Landschaften und Ökosysteme; und der Tierschutz bezieht sich grundsätzlich auf alle Tierarten.[32] Darüber hinaus soll dieser umfassende Umwelt- und Tierschutz auch in Verantwortung für künftige Generationen erfolgen, was als verfassungsrechtliche Verankerung des Nachhaltigkeitsgrundsatzes verstanden wird.[33]

Zugleich ist aber mit Blick auf Art. 20a GG auch kritisch festzuhalten, dass das Staatsziel des Umwelt- und Tierschutzes in den vergangenen gut 30 Jahren keine nennenswerte Rolle in der Staats- und Verfassungspraxis der Bundesrepublik gespielt hat.[34] Eine Ausnahme bildet der Klima-Beschluss des Bundesverfassungsgerichts vom 24. März 2021, auf den sogleich noch zurückzukommen sein wird.[35] Der Grund für diese weitgehende Wirkungslosigkeit des Art. 20a GG in der Verfassungspraxis liegt nicht darin, dass die Bundesrepublik stets nachhaltig gehandelt hätte, sodass das Staatsziel „Umwelt- und Tierschutz" keine Anwendung hätte finden können – ganz im Gegenteil: Artensterben, Atommüll, Automobil- und Elektroschrott, Feinstaub, Klimakatastrophe, Konsumgesellschaft, Lebensmittelverschwendung, Massentierhaltung, Mobilitätsfolgen, Versiegelung und Vermüllung – sind nur einige Stichworte in der Aufzählung unserer ökologischen Unterbilanz. Für diese normative Ineffektivität des Art. 20a GG lassen sich zwei Gründe nennen:

Erstens ist der Staat der einzige Akteur des Staatsziels „Umwelt- und Tierschutz". Die Umwelt und die Tiere verfügen über keinen verfassungsrechtlichen Status, um ihren Schutz durch Art. 20a GG durch den Staat einzufordern oder gar zu erzwingen. Art. 20a GG enthält kein subjektives Recht.[36] Deshalb sind die Umwelt und die Tiere bloßes Schutzobjekt der Staatszielbestimmung. Es fehlt ihnen folglich an einem subjektiven Recht, um die Rechtsordnung im ökologischen Interesse in Bewegung zu setzen.[37] Auch die lebenden und künftigen Generationen verfügen aus Art. 20a GG über kein Recht auf Umweltschutz. Sie lassen sich allenfalls als „Verantwortungsgegenüber“ des Staats begreifen, wobei – so das Bundesverfassungsgericht – vor allem „die besonders betroffenen künftigen Generationen heute naturgemäß keine eigene Stimme im politischen Willensbildungsprozess haben.“[38] Weder die gegenwärtigen noch die künftigen Generationen können also rechtlich aktiv werden, um die Umwelt und Tiere zu schützen. Damit fehlt dem Staatsziel „Umwelt- und Tierschutz“ der ganz entscheidende subjektiv-rechtliche Dynamisierungsfaktor, auf den die liberale Verfassungsordnung des Grundgesetzes eigentlich setzt, um individuelle Interessen und kollektive Güter effektiv zu schützen und die Entwicklung der Gesellschafts- und Verfassungsordnung aktiv zu begleiten.[39]

Zweitens wendet sich die Staatszielbestimmung „Umwelt- und Tierschutz“ in erster Linie an den Gesetzgeber, dessen ökologische Regelungen sodann von der Exekutive umgesetzt werden sollen, was wiederum die Judikative kontrolliert. Aber auch diese ökologische Dimension der Gewaltenteilung nimmt keine juristische Fahrt auf, um den anthropozänen Herausforderungen gerecht zu werden. Der Grund für die Statik der Gewaltenteilung inmitten der ökologischen Krisen liegt darin, dass das Bundesverfassungsgericht dem Gesetzgeber einen sehr weiten Einschätzungs-, Gestaltungs- und Abwägungsspielraum zubilligt, wie er seiner Verantwortung für die Umwelt und die Tiere nachkommen möchte.[40] Darüber hinaus sind die Karlsruher Richterinnen und Richter nur sehr eingeschränkt bereit, die Ausfüllung dieses sehr weiten Einschätzungs-, Gestaltungs- und Abwägungsspielraums durch den Gesetzgeber zu kontrollieren.

Wenn man Art. 20a GG genau liest, wird sehr schnell deutlich, welche Angst der verfassungsändernde Gesetzgeber 1994 vor der Umwelt und 2002 vor den Tieren in der Verfassung hatte. Denn für die verfassungsrechtliche Formulierung dieser Staatszielbestimmung hätte der erste Halbsatz des Art. 20a GG vollkommen genügt: „Der Staat schützt auch in Verantwortung für die künftigen Generationen die natürlichen Lebensgrundlagen und die Tiere.“ Doch der verfassungsändernde Gesetzgeber hat mit dem zweiten Halbsatz des Art. 20a GG die „Angstklausel“[41] hinzugefügt, dass dieser Schutz nur „im Rahmen der verfassungsmäßigen Ordnung durch die Gesetzgebung und nach Maßgabe von Gesetz und Recht durch die vollziehende Gewalt und die Rechtsprechung“ erfolgen soll. Eigentlich ist das eine schiere Selbstverständlichkeit: Ein Staatsziel wie der Umwelt- und Tierschutz kann sich nach dem Verständnis des Grundgesetzes nur unter Beachtung der materiellen Verfassungsordnung und im Rahmen der Gewaltenteilung entfalten.

Dass der verfassungsändernde Gesetzgeber diesen doppelten Verfassungs- und Gesetzesvorbehalt 1994 als Einschränkung des Umweltschutzes und 2002 als Einschränkung des Tierschutzes aber noch einmal ausdrücklich formuliert, zeigt vor allem eines: Er fürchtete, dass die Natur in unserer Verfassungs- und Rechtsordnung eine zu aktive Rolle spielen könnte. „Der verfassungsändernde Gesetzgeber war" – so *Christoph Möllers* und *Nils Weinberg* – „im Gegenteil bei Art. 20a GG erkennbar darum bemüht, die Konstitutionalisierung des Umweltrechts in Grenzen zu halten."[42] Deshalb wurden die Umwelt und die Tiere verfassungsrechtlich sehr sorgfältig in Art. 20a GG normativ „verpackt" und relativiert.

4. Die ökologische Dimension der subjektiven Rechte

Der Grund für die ökologische Unterbilanz des Grundgesetzes liegt also in der juristischen „Zahnlosigkeit" des Staatsziels „Umwelt- und Tierschutz". Diese geht darauf zurück, dass es sich bei Art. 20a GG um eine ausschließlich *objektiv*-rechtliche Staatszielbestimmung handelt.[43] Art. 20a GG wendet sich allein an Staatsorgane, also an Legislative, Exekutive und Judikative. Es gibt keinen Berechtigten, der eine effektive Befolgung des Art. 20a GG *subjektiv*-rechtlich einfordern, einklagen oder erzwingen könnte. Folglich verfügt niemand über einen verfassungsrechtlichen Anspruch, dass der Staat seiner verfassungsrechtlichen Pflicht des Umwelt- und Tierschutzes auch tatsächlich nachkommt. Es liegt also allein im politischen Ermessen der Gesetzgeber und der Regierungen auf Bundes- und Landesebene, ob und wie sie Umwelt und Tiere schützen.

Sicherlich müssen die Gesetzgeber und Regierungen dabei europäische Umweltvorgaben beachten und umsetzen. Allerdings existiert auch auf europäischer Ebene „nur" eine objektiv-rechtliche Umweltschutzverpflichtung. Zwar hat der Umweltschutz Eingang in die Charta der Grundrechte der Europäischen Union gefunden:

> **Art. 37 GRCh**
> Ein hohes Umweltschutzniveau und die Verbesserung der Umweltqualität müssen in die Politik der Union einbezogen und nach dem Grundsatz der nachhaltigen Entwicklung sichergestellt werden.

Doch obwohl diese Regelung in der europäischen Grundrechtecharta steht, soll sich aus ihr kein subjektives, einklagbares Recht der Unionsbürgerinnen und Unionsbürger und schon gar nicht der Natur auf ein hohes Umweltschutzniveau, die Verbesserung der Umweltqualität und eine nachhaltige Entwicklung ergeben. So begnügt sich das Gericht der Europäischen Union mit Blick auf den Gewährleistungsgehalt des Art. 37

GRCh mit der „Feststellung, dass diese Vorschrift nur einen Grundsatz enthält, der eine allgemeine Verpflichtung der Union hinsichtlich der im Rahmen ihrer Politiken zu verfolgenden Ziele vorsieht, und nicht das Recht, in Umweltangelegenheiten vor den Unionsgerichten Klage zu erheben."[44] Vor diesem Hintergrund wird aber auf europäischer Ebene über die Einführung eines Umweltgrundrechts diskutiert. So hat *Ferdinand von Schirach* vorgeschlagen, ein subjektives Recht auf eine gesunde Umwelt in das europäische Verfassungsrecht zu integrieren:

> **„Art. 1 Umwelt**
> Jeder Mensch hat das Recht, in einer gesunden und geschützten Umwelt zu leben."[45]

In einer kritischen Auseinandersetzung mit diesem Vorschlag favorisiert *Christian Calliess* ein stärker prozedural gefasstes Umweltgrundrecht:

> **„Art. 37 GRCh**
> Jeder Mensch hat das Recht auf eine saubere und gesunde Umwelt, sowie deren Erhaltung und Schutz. Dieses wird durch Rechte auf Information, Beteiligung im Verwaltungsverfahren und effektiven Zugang zum Gericht gewährleistet."[46]

Auf europäischer Ebene wird also über die Einführung ökologischer Rechte diskutiert, um den Umweltschutz im europäischen Verfassungsrecht zu stärken. Das europäische Umweltrecht erweist sich also auch hier als Innovationsmotor für das ökologische Recht der Mitgliedstaaten.[47] Diese innovativen Impulse gilt es für die Debatte über ökologische Grundrechte des Grundgesetzes aufzugreifen.

Die verfassungspolitische Auseinandersetzung um die Einführung ökologischer Grundrechte in die deutsche Verfassungsordnung muss mit einer nüchternen Feststellung beginnen: Das Grundgesetz kennt kein Umweltgrundrecht.[48] In der Bundesrepublik wird allerdings seit über 50 Jahren über die Einführung eines Umweltgrundrechts diskutiert.[49] Der Grund dafür ist einfach: Die bestehenden Freiheitsrechte bieten den Bürgerinnen und Bürgern keinen angemessenen ökologischen Schutz. Sicherlich verfügen das Recht auf Leben und körperliche Unversehrtheit (Art. 2 Abs. 2 Satz 1 GG) sowie die Eigentumsgarantie (Art. 14 Abs. 1 GG) über eine ökologische Dimension. Doch zugleich darf man auch nicht die strukturellen Grundprobleme aus dem Blick verlieren, die einem effektiven Naturschutz über die klassischen Grundrechte entgegenstehen: Erstens beschränkt sich die ökologische Dimension dieses klassischen Grundrechtsschutzes nur auf solche Umweltschäden, die einzelne Bürgerinnen und Bürger betreffen. Sie vermitteln folglich nur einen ausschnitthaften Anspruch, nicht mittels Umweltveränderungen in Gesundheit und Eigentum geschädigt zu werden. Ein umfassender ökologischer Schutz von Bürgerinnen und Bürger geht damit nicht einher, von einem Schutz der Natur und der Tiere ganz zu schweigen. Zweitens ist es regelmäßig nicht der Staat, sondern es sind private Unternehmen, von denen Beeinträchtigungen, Verschmutzungen und Zerstörungen der Natur ausgehen. Hiergegen können sich die Bürgerinnen und Bürger jedoch (bisher) gerade nicht auf ihre klassischen Grundrechte des Gesundheits-, Lebens- und Eigentumsschutzes berufen. Denn diese Freiheitsrechte sind nur gegen den Staat gerichtet. Sie gelten nach bisher herrschender Auffassung nicht unmittelbar zwischen Privaten, also nicht zwischen den Bürgerinnen und Bürgern einerseits und privaten Unternehmen andererseits. Zwar treffen den Staat grundrechtliche Schutzpflichten, die Bürgerinnen und Bürger vor schädlichen Umweltbeeinträchtigungen in ihrer Gesundheit, ihrem Leben und ihrem Eigentum bewahren sollen.[50] Doch zum einen verfügt das private Unternehmen, von dem die Umweltbeeinträchtigungen ausgehen, selbst wiederum über die Grundrechte der Berufsfreiheit (Art. 12 Abs. 1 GG) und der Eigentumsgarantie (Art. 14 Abs. 1 GG), um umweltschützende Regulierungen des Staats abzuwehren. Zum anderen kommt dem Gesetzgeber und der Exekutive bei der Umsetzung von grundrechtlichen Schutzpflichten ein weiterer politischer Ermessensspielraum zu, wenn es um die Abwägung der kollidierenden grundrechtlichen Interessen von Bürgerinnen und Bürgern einerseits und privaten Unternehmen andererseits geht. Die Rechtsprechung und allen voran das Bundesverfassungsgericht hält sich bei der Überprüfung einer Verletzung des insofern einschlägigen Untermaßverbots durch die Legislative zurück. Es reduziert seine grundrechtliche Kontrolldichte für die getroffenen Schutzmaßnahmen; in den Worten des Klima-Beschlusses des Bundesverfassungsgerichts vom 24. März 2021: „Ob ausreichende Maßnahmen getroffen sind, um grundrechtliche Schutzpflichten zu erfüllen, ist verfassungsgerichtlich nur begrenzt überprüfbar. […] Die Entscheidung, in welcher Weise Gefahren entgegengewirkt werden soll, die Aufstellung eines Schutzkonzepts und dessen normative Umsetzung sind Sache des Gesetzgebers, dem grundsätzlich auch dann ein Einschätzungs-, Wertungs- und Gestaltungsspielraum zukommt, wenn er dem Grunde nach verpflichtet ist, Maßnahmen zum Schutz eines Rechtsguts zu ergreifen. […] Das Bundesverfassungsgericht stellt die Verletzung einer Schutzpflicht dann fest, wenn Schutzvorkehrungen entweder überhaupt nicht getroffen sind, wenn die getroffenen Regelungen und Maßnahmen offensichtlich ungeeignet oder völlig unzulänglich sind, das gebotene Schutzziel zu erreichen, oder wenn sie erheblich hinter dem Schutzziel zurückbleiben."[51] Dementsprechend haben die Karlsruher Richterinnen und Richter in ihrem Klima-Beschluss keine Verletzung einer grundrechtlichen Schutzpflicht mit Blick auf die Klimakatastrophe feststellen wollen.[52]

In diesem Zusammenhang wird selbst ein einklagbares „Recht auf ein ökologisches Existenzminimum" (Art. 1 Abs. 1 i. V. m. Art. 20a GG),[53] mit dem sich die betroffenen Bürgerinnen und Bürger vor Umweltschäden auch nur minimal schützen könnten, bisher in der Verfassungsordnung und Verfassungspraxis der Bundesrepublik nicht anerkannt. Ein solches Recht auf ein ökologisches Existenzminium umfasst einen Anspruch auf „atembare Luft, trinkbares Wasser und essbares Essen"[54]. Einem solchen Recht auf ein ökologisches Existenzminimum würde es laut *Andreas Buser* „nicht genügen, wenn der Mensch nur noch mithilfe technischer Hilfsmittel – etwa unter einer Glaskuppel – überleben könnte, weil er sich sonst zum Opfer der technisch-industriellen Welt machen würde."[55] In ihrem Klima-Beschluss lassen die Karlsruher Richterinnen und Richter die Anerkennung eines Rechts auf ein ökologisches Existenzminimum jedoch mit einer offensichtlich perplexen Argumentation ausdrücklich offen: „Tatsächlich könnten etwa das physische Überleben wie auch die Möglichkeiten zur Pflege zwischenmenschlicher Beziehungen und zur Teilhabe am gesellschaftlichen, kulturellen und politischen Leben allein durch ökonomische Sicherungen nicht gewährleistet werden, wenn hierfür nur eine durch die Klimakatastrophe radikal veränderte und nach menschlichen Maßstäben lebensfeindliche Umwelt zur Verfügung stünde. Allerdings verpflichten bereits andere Grundrechte zur Wahrung grundrechtswesentlicher ökologischer Mindeststandards und insoweit zum Schutz vor Umweltschäden, ‚mit katastrophalen oder gar apokalyptischen Ausmaßen'."[56]

Hier drängen die Ausführungen des Bundesverfassungsgerichts drei kritische Rückfragen auf: Warum reduziert das Bundesverfassungsgericht erstens die Frage nach dem ökologischen Existenzminimum auf katastrophale, wenn nicht sogar apokalyptische Szenarien?[57] Die ökologischen Fragen, auf die das ökologische Existenzminimum antworten muss, beginnen – wie wir soeben gesehen haben – durchaus diesseits der Apokalypse. Zweitens ist nicht ersichtlich, warum ein Recht auf ein ökologisches Existenzminimum nicht ausdrücklich anerkannt werden kann, wenn es nach der Auffassung des Bundesverfassungsgerichts angeblich schon durch andere Grundrechte garantiert wird. Wenn dem so wäre: Was könnte dann der ausdrücklichen Anerkennung dieses Rechts entgegenstehen? Drittens ließe sich aber auch weiterführend fragen, ob das Recht auf ein ökologisches Existenzminimum wirklich bereits vom Grundgesetz gewährleistet wird. Die Karlsruher Richterinnen und Richter verweisen insofern wiederum auf die grundrechtlichen Schutzpflichten für das „physische und auch das psychische Wohlergehen" (Art. 2 Abs. 2 Satz 1 GG) sowie auf die Eigentumsgarantie (Art. 14 Abs. 1 GG).[58] Dabei lässt die im Konjunktiv gehaltene richterliche Argumentation offen, ob diese Schutzpflichten mit Blick auf eine mögliche ökologische Apokalypse auch lediglich reduziert gerichtlich überprüft würden. So kann man nur der Feststellung von *Jörg Berkemann* zustimmen: „Der Gedanke eines ‚ökologischen Existenzminimums' scheint dem Bundesverfassungsgericht ersichtlich suspekt."[59] Die mit der Konjunktivjudikatur des Bundesverfassungsgerichts einhergehende Unsicherheit wird noch durch die Frage verstärkt, warum die sich vor aller Augen vollziehende Klimakatastrophe nicht bereits eine rechtliche Würdigung des Rechts auf ein ökologisches Existenzminimum motiviert. Gerade die Rechtsprechung des Bundesverfassungsgerichts zum Atomrecht zeigt, wie wenig die Karlsruher Richterinnen und Richter bisher bereit waren, aus grundrechtlichen Schutzpflichten die Gewährleistung von auch nur minimaler ökologischer Sicherheit für die Bürgerinnen und Bürger abzuleiten: Atomkonzerne waren in der „Nutzung der Kernenergie zu friedlichen Zwecken" durch die Eigentumsfreiheit (Art. 14 Abs. 1 GG) geschützt, während die Bürgerinnen und Bürger noch nicht einmal über einen grundrechtlichen Anspruch auf atomare „Restrisikominimierung" verfügen sollten.[60] *Andreas Voßkuhle* hat diesen Befund dahingehend zusammengefasst, dass in der Rechtsgeschichte der Bundesrepublik nicht ein Fall bekannt ist, in dem die Bürgerinnen und Bürger unter Berufung auf grundrechtliche Schutzpflichten im Umweltrecht vor Gericht erfolgreich gewesen wären.[61]

Dies alles veranschaulicht, wie wenig die Grundrechte nach tradiertem Verständnis in der Lage sind, einen effektiven ökologischen Schutz der Bürgerinnen und Bürger sicherzustellen, von einem Schutz der Natur und der Tiere ganz zu schweigen. Um die anthropozänen Herausforderungen anzunehmen, ist es notwendig, dass neben den Bürgerinnen und Bürgern auch die Natur und die Tiere die Rechtsordnung im ökologischen Interesse in Bewegung setzen können.[62] Damit stehen ein Umweltgrundrecht und die Rechte der Natur auf der verfassungspolitischen Agenda des ökologischen Verfassungsstaats.

5. Die Klima-Entscheidung des Bundesverfassungsgerichts

Aber hat sich an dieser ökologischen Unterbilanz des Grundgesetzes nicht doch etwas durch den Klima-Beschluss des Bundesverfassungsgerichts vom 24. März 2021 geändert?

a) Innovation: Die Subjektivierung intertemporaler Freiheitssicherung

In ihrer Klima-Entscheidung haben die Karlsruher Richterinnen und Richter die Regelungen des § 3 Abs. 1 Satz 2 und § 4 Abs. 1 Satz 3 KSG in Verbindung mit dessen Anlage 2 für verfassungswidrig erklärt, soweit sie eine unverhältnismäßige Verkürzung künftiger Freiheitssicherung bedeuten.[63] In der Begründung ihrer Entscheidung sehen die Richterinnen und Richter jedoch keine Verletzung von grundrechtlichen Schutzpflichten für Gesundheit und Leben (Art. 2 Abs. 2 Satz 1 GG) oder das Eigentum (Art. 14 Abs. 1 GG).[64] Auch die Frage nach einem Recht auf ein ökologisches Existenzminimum hat das Bundesverfassungsgericht – wie bereits gesehen – skeptisch offengelassen.[65] Ausschlaggebend für die Entscheidung war vielmehr das Versäumnis des Gesetzgebers, „die nach Art. 20a GG verfassungsrechtlich notwendigen Reduktionen von CO_2-Emissionen bis hin zur Klimaneutralität vorausschauend in grundrechtsschonender Weise über die Zeit zu verteilen."[66] Um dies zu begründen, wählen die Richterinnen und Richter eine abwehrrechtliche Grundrechtsargumentation:[67] Die jungen Beschwerdeführenden müssen nicht nur gegenwärtig, sondern auch in Zukunft ihre Freiheitsrechte wahrnehmen können. Die Richterinnen und Richter stellen insofern ausdrücklich auf die Allgemeine Handlungsfreiheit (Art. 2 Abs. 1 GG) als dem „grundlegenden ‚allgemeinen Freiheitsrecht'"[68] ab. Aber letztlich wird die Allgemeine Handlungsfreiheit nur stellvertretend für eine ganze Reihe weiterer Grundrechte zitiert, die durch die Regelungen des Klimaschutzgesetzes betroffen sind, beispielsweise das Allgemeine Persönlichkeitsrecht (Art. 2 Abs. 1 i. V. m. Art. 1 Abs. 1 GG), das Recht auf körperliche Unversehrtheit und Leben (Art. 2 Abs. 2 Satz 1 GG), die Berufsfreiheit (Art. 12 Abs. 1 GG) und die Eigentumsgarantie (Art. 14 Abs. 1 GG). Die Regelungen des § 3 Abs. 1 Satz 2 und § 4 Abs. 1 Satz 3 KSG i. V. m. Anlage 2 sehen eine Verteilung der Verpflichtung zur Reduktion von CO_2-Emissionen vor, die nach dem Jahr 2030 zu einer substanziellen Verkürzung grundrechtlicher Freiheiten führt, um die verfassungsrechtlich gebotene Klimaneutralität zu erreichen. Darin sieht der Senat eine „eingriffsähnliche Vorwirkung“[69] in die genannten Freiheitsrechte der Bürgerinnen und Bürger, die einer verfassungsrechtlichen Rechtfertigung bedarf.[70] Eine solche Rechtfertigung ist gegeben, wenn das streitbefangene Regelungskonzept im Einklang mit dem Staatsziel „Umweltschutz“ (Art. 20a GG) steht. Grundsätzlich sehen die Richterinnen und Richter eine Reduzierung der CO_2-Emissionen als gerechtfertigt an, weil Art. 20a GG das Klima schützt und angesichts der unumkehrbaren klimatischen Entwicklung auf die „Herstellung von Klimaneutralität“[71] in der Bundesrepublik zielt.[72] Als verfassungswidrig wird jedoch die Verteilung der Reduktionslasten eingeordnet:[73] Wenn das Klimaschutzgesetz Reduktionslasten massiv auf die Zeit nach dem Jahr 2030 verschiebt, hat dies in diesem Zeitraum ebenfalls massive Freiheitseinschränkungen zur Folge, die *dann* – und darauf kommt es an – in der Abwägung der Freiheitsrechte mit dem Klimaschutz verfassungskonform sein werden.[74] Diese unverhältnismäßige Verschiebung von Reduktionslasten führt zu *heute* nicht gerechtfertigten Freiheitsbeschränkungen nach dem Jahr 2030 und ist folglich verfassungswidrig.[75] Damit verstößt das Klimaschutzgesetz gegen das Gebot der „intertemporalen Freiheitssicherung“[76]. Das Grundgesetz verpflichtet den Gesetzgeber, „zur Gewährleistung eines freiheitsschonenden Übergangs in die Klimaneutralität hinreichende Vorkehrungen“[77] für eine angemessene „Verteilung von Umweltschutzlasten zwischen den Generationen“[78] zu treffen; und diese Pflicht obliegt dem Gesetzgeber selbst, sodass er sie auch nicht auf den Verordnungsgeber abschieben kann.[79]

Der Klima-Beschluss des Bundesverfassungsgerichts ist – ungeachtet aller argumentativen Ambivalenzen[80] – verfassungsrechtlich innovativ und zukunftsweisend,[81] ja „eine radikale Entscheidung, eine Wende, und zwar sowohl in dogmatischer als auch in prozessualer Sicht.“[82] Die Karlsruher Richterinnen und Richter erkennen die Funktion der „Grundrechte des Grundgesetzes als intertemporale Freiheitssicherung“[83] an. Dies erfolgt verfassungsdogmatisch über das Verständnis der Grundrechte als Abwehrrechte. Allerdings darf man sich dabei nicht durch die nur scheinbar sehr klassische Grundrechtsprüfung des Gerichts irritieren lassen: Die Richterinnen und Richter stellen gegenwärtig eine eingriffsähnliche Vorwirkung des Klimaschutzgesetzes für die Zukunft fest, um sodann die Rechtfertigung dieses Grundrechtseingriffs an dem Staatsziel „Umweltschutz" (Art. 20a GG) zu überprüfen. Doch tatsächlich kommt Art. 20a GG in dieser Rechtfertigungsprüfung eine Doppelfunktion zu. Zum einen stellt er eine allgemeine Grundrechtsschranke für alle gegenwärtigen und künftigen Freiheitswahrnehmungen dar, um den Übergang der Bundesrepublik in die Klimaneutralität zu sichern. Zum anderen verstärkt er aber auch die freiheitsrechtliche Grundposition der Personen und Generationen, die jetzt bereits künftige Grundrechtseinschränkungen abwehren wollen, weil sie eine unverhältnismäßige Verkürzung von künftigen Freiheitsmöglichkeiten darstellen. So baut das Bundesverfassungsgericht eine verfassungsdogmatische Brücke zwischen der Allgemeinen Handlungsfreiheit (Art. 2 Abs. 1 GG) und allen übrigen klimasensiblen Freiheitsrechten (Art. 2 Abs. 2 Satz 1, Art. 12 Abs. 1 und Art. 14 Abs. 1 GG) und der Staatszielbestimmung „Umweltschutz" (Art. 20a GG), um die intertemporale Freiheitssicherung zu begründen.[84] Diese verfassungsdogmatische Innovation lässt sich – sicherlich verkürzt und zugespitzt – auf die folgende Grundrechtsformel bringen: Art. 2 Abs. 1 GG (als subjektiver Dynamisierungsfaktor) + Art. 20a GG (als materieller Dynamisierungsfaktor) = intertemporale Freiheitssicherung.

Das Staatsziel „Umweltschutz" erhält über das Konzept der intertemporalen Freiheitssicherung also doch eine subjektiv-rechtliche Komponente, obwohl der verfassungsändernde Gesetzgeber die Regelung des 20a GG allein objektiv-rechtlich ausgestaltet und ihr keinen subjektiven Gehalt zugemessen hat.[85] Dies trägt dem Klima-Beschluss die Kritik ein, er „versubjektiviere" das Staatsziel „Umweltschutz". Handelt es sich bei der Karlsruher Entscheidung also gleichsam um eine „Verfassungsänderung durch die Hintertür?"[86] Diesen nicht einfach von der Hand zu weisenden Einwand der „Versubjektivierung" des Staatsziels „Umweltschutz" hat *Christian Calliess* pointiert formuliert:[87] Statt ein neues ökologisches Abwehrrecht zu konstruieren, hätte das Bundesverfassungsgericht nach der Auffassung von *Calliess* besser daran getan, die grundrechtliche Schutzpflichtenlehre verfassungsrechtlich zu ertüchtigen. Darüber hinaus schlägt *Calliess* vor, erstens ein prozedurales Umweltgrundrecht einzuführen,[88] zweitens ein ökologisches Existenzminimum anzuerkennen und drittens über eine strukturelle Kopplung von Klimarecht und Klimawissenschaften ein verfassungsrechtliches Abstandsgebot zu den anthropozänen Kipppunkten des Erdsystems herzustellen. Dieses von *Calliess* vorgeschlagene Konzept stellt eine sehr gut begründete rechtliche Alternative zu dem nun von dem Bundesverfassungsgericht eingeschlagenen abwehrrechtlichen Verständnis dar. Darüber hinaus sind auch noch weitere Ansätze denkbar, um das Problem der unumkehrbaren Klimakatastrophe anzugehen – ganz konkret:[89] ein gleichheitsrechtlicher und ein teilhaberechtlicher Lösungsansatz. Der gleichheitsrechtliche Lösungsansatz setzt das Konzept einer „intertemporalen Gleichheitssicherung" um, indem er ganz konkret danach fragt, wie viel Anteile an den verbleibenden CO_2-Emissionen jedem einzelnen Menschen zustehen.[90] Der teilhaberechtliche Lösungsansatz ist dem Konzept einer „intertemporalen Teilhabesicherung" verpflichtet, das in einer Kombination von Freiheits- und Gleichheitsperspektive nach Gründen für eine differenzierte Bewertung von CO_2-Emissionsmöglichkeiten bzw. -beschränkungen fragt.[91] Man kann also sehr unterschiedliche verfassungsdogmatische Wege einschlagen, um die Klimakatastrophe verfassungsrechtlich anzunehmen: die „Ertüchtigung"[92] der grundrechtlichen Schutzpflichten (zukunftsbezogener Freiheitsschutz), die abwehrrechtliche Dimension (intertemporale Freiheitssicherung), die gleichheitsrechtliche Dimension (intertemporale Gleichheitssicherung) und die teilhaberechtliche Dimension (intertemporale Teilhabesicherung). Diese vier Konzepte achten auf unterschiedliche freiheits- und gleichheitsrechtliche Dimensionen des intertemporalen Grundrechtsschutzes in der bereits laufenden Klimakatastrophe. Sie führen im Ergebnis auch zu sehr unterschiedlichen sozialen und wirtschaftlichen Lastenverteilungen in der Klimapolitik. Doch eines haben diese vier Konzepte gemeinsam: Sie stärken alle die subjektivrechtliche Position der Bürgerinnen und Bürger in einer ökologischen Verfassungsordnung. Für den abwehrrechtlichen Ansatz der intertemporalen Freiheitssicherung ergibt sich dies unmittelbar aus der Anknüpfung an die Allgemeine Handlungsfreiheit (Art. 2 Abs. 1 GG) oder spezielle klimasensible Freiheitsrechte (Art. 2 Abs. 2 Satz 1, Art. 12 Abs. 1, Art. 14 Abs. 1 GG). Der gleichheitsrechtliche Ansatz der intertemporalen Gleichheitssicherung verfügt mit dem Allgemeinen Gleichheitssatz (Art. 3 Abs. 1 GG) ebenfalls über einen subjektiv-rechtlichen Anknüpfungspunkt. Der differenzierende Ansatz der intertemporalen Teilhabesicherung rekurriert auf subjektive Freiheits- und Gleichheitsrechte. Aber auch die normative „Ertüchtigung" der grundrechtlichen Schutzpflichten für klimasensible Freiheitsrechte würde mit einem „Subjektivierungsschub" dieses Ansatzes einhergehen. Die Erhöhung der verfassungsgerichtlichen Kontrolldichte von grundrechtlichen Schutzpflichten über die bisherige Evidenzprüfung hinaus führt zu einer Stärkung der auch in den grundrechtlichen

Schutzpflichten angelegten subjektiv-rechtlichen Rechtspositionen. So hat *Kurt Faßbender* vollkommen recht, wenn er im Ergebnis feststellt, dass die „Subjektivierung" in ökologischen Verfassungsstreitigkeiten „unausweichlich" ist, einerlei ob man nun einen abwehrrechtlichen oder schutzpflichtenorientierten Ansatz verfolgt.[93]

b) Disposition: Eine „Weltrettung durch Gerichtsbeschlüsse"?

Der Gesetzgeber hat mit einer Novelle des Klimaschutzgesetzes auf die Entscheidung des Bundesverfassungsgerichts vom 24. März 2021 reagiert.[94] Die nationalen Klimaschutzziele wurden neu gefasst: Die Treibhausgasemissionen sind nun im Vergleich zum Jahr 1990 schrittweise bis zum Jahr 2030 um mindestens 65 Prozent und bis zum Jahr 2040 um mindestens 88 Prozent zu mindern (§ 3 Abs. 1 KSG). Bis zum Jahr 2045 werden die Treibhausgasemissionen so weit reduziert, dass Netto-Treibhausgasneutralität erreicht wird (§ 3 Abs. 2 Satz 1 KSG); und nach dem Jahr 2050 sind negative Treibhausgasemissionen zu garantieren (§ 3 Abs. 2 Satz 2 KSG). Zugleich begann unmittelbar mit der Verkündung der Entscheidung des Bundesverfassungsgerichts zum Klimaschutzgesetz eine lebhafte Diskussion, ob und – wenn ja – wie der Grundsatz der intertemporalen Freiheitssicherung auf andere Lebensbereiche übertragen werden kann, damit auch hier nicht die Freiheit künftiger Generationen bereits heute konsumiert wird.[95] Die Beantwortung dieser Frage hängt davon ab, wie weit man das Prinzip der intertemporalen Freiheitssicherung von der unumkehrbaren Klimakatastrophe zu abstrahieren bereit ist.[96] Nur dann kann der Grundsatz auch auf andere Lebensbereiche angewandt werden, wie beispielsweise die Staatsverschuldung und die Sozialversicherung. Aber auch wenn das Prinzip der intertemporalen Freiheitssicherung zu einem allgemeinen Verfassungsgrundsatz werden sollte: Sind wir allein damit auf dem richtigen Weg?

In der rechtswissenschaftlichen Diskussion werden die weltweit erfolgreichen Klimaklagen – insbesondere *Urgenda*[97] – teilweise kritisch gesehen: „Trotz der Dringlichkeit des mit diesen Klagen" – so *Bernhard Wegener* – „verfolgten Klimaschutzziels führt die Idee einer Weltrettung durch Gerichtsbeschlüsse letztlich in die Irre. Sie überschätzt die Leistungsfähigkeit der dritten Gewalt und läuft Gefahr, im bloß Symbolischen zu versanden. Schlimmer noch: Sie verschiebt Verantwortlichkeiten und schafft Erwartungen, die die gewaltenteilenden demokratischen Systeme, zu denen es auch in ökologischer Perspektive keine besseren Alternativen gibt, tendenziell weiter delegitimieren."[98]

Diese grundlegende Kritik an den ökologischen Hoffnungen, die in die dritte Gewalt gesetzt werden, sind mit Blick auf den Klima-Beschluss des Bundesverfassungsgerichts differenziert einzuordnen: Durch die Karlsruher Entscheidung ist es keineswegs zu Verschiebungen im System der Gewaltenteilung der Bundesrepublik gekommen.[99] Bundesregierung und Bundestag hatten ein wenig ambitioniertes Klimaschutzgesetz vorgelegt,[100] in dem noch dazu die Klimareduktionslasten zur Vermeidung aktueller „Zumutungen" in die Zeit nach 2030 verschoben wurden. Das Bundesverfassungsgericht hat das Klimaschutzgesetz für verfassungswidrig erklärt und dabei mit dem Prinzip der intertemporalen Freiheitssicherung die Grundrechtsdogmatik weiterentwickelt. Darauf haben wiederum die Bundesregierung und der Bundestag mit der soeben benannten Novelle des Klimaschutzgesetzes reagiert.[101] Dies ist ein im Verfassungsstaat vollkommen normaler Vorgang, der so auch nicht zum ersten Mal vorgekommen ist. Bundesregierung und Bundestag waren und sind in der Klimapolitik die zentralen Akteure im parlamentarischen Regierungssystem. Das Bundesverfassungsgericht gibt mit der Subjektivierung der Staatszielbestimmung „Umweltschutz" (Art. 20a GG) und dem Prinzip der intertemporalen Freiheitssicherung den Anstoß für einen Verfassungswandel, der zur ökologischen Transformation unserer Gesellschaft beiträgt. Die Klima-Entscheidung setzt jedoch keine eigenen politischen Maßstäbe für den Klimaschutz. Sie „hilft" Bundesregierung und Bundestag nur, diese verfassungskonform zu (re)formulieren.

Darüber hinaus hat das Bundesverfassungsgericht noch einen weiteren – gewaltenteilungskonformen – Beitrag zur ökologischen Transformation der Bundesrepublik geleistet. Es führt uns klar vor Augen, was passiert, wenn wir auf der Grundlage des Prinzips der intertemporalen Freiheitssicherung keine Klimaneutralität herstellen. In diesem Fall kommt es – so lautet die juristisch vollkommen nüchterne Botschaft der Karlsruher Richterinnen und Richter – in der nahen Zukunft zu sehr harten Freiheitseinschränkungen in der Bundesrepublik; und diese Freiheitsreduktionen zur Gewährleistung von CO_2-Reduktionen werden in der Abwägung mit dem Schutz von Leben und Gesundheit (Art. 2 Abs. 2 Satz 1 GG) sowie der verfassungsrechtlichen Verpflichtung zur Klimaneutralität (Art. 20a GG) verfassungskonform sein.[102] Was das konkret bedeutet, hat das Bundesverfassungsgericht ebenfalls durch zwei Entscheidungen aus dem Jahr 2021 veranschaulicht: die beiden Beschlüsse zur Verfassungskonformität der Bundesnotbremse vom 19. November 2021,[103] die auch in einem unmittelbaren Zusammenhang mit der Klima-Entscheidung vom 24. März 2021 zu lesen und zu verstehen sind. Der Anlass für diese beiden Entscheidungen des Bundesverfassungsgerichts zur Bundesnotbremse war die Corona-Pandemie. Die Corona-Pandemie zeigt – wie die Klimakatastrophe – einen exponentiellen Krisenverlauf, in dem individuelles Handeln unmittelbar mit dem kollektiven Schutz von individuellen Rechtsgütern – insbesondere Gesundheit und Leben (Art. 2 Abs. 2 Satz 1 GG) – und der Gewährleistung öffentlicher Güter verbunden ist: im Fall der Pandemie mit der Funktionsfähigkeit des Gesundheitssystems (Art. 2 Abs. 2 Satz 1 GG) und im Fall der Klimakatastrophe mit der Funktionsfähigkeit des globalen Naturhaushalts (Art. 20a GG). In seinen Entscheidungen zur Bundesnotbremse hat das Bundesverfassungsgericht festgestellt, dass bei pandemischen Grenzwertüberschreitungen automatisch greifende rigide Lockdown-Maßnahmen sowohl mit den Freiheitsrechten als auch mit dem Staatsorganisationsrecht der Bundesrepublik vereinbar sind. Dies würden die Karlsruher Richterinnen und Richter wohl auch im Fall einer gesetzlichen Klimanotbremse nicht anders sehen, wenn der Weg zur Klimaneutralität nicht konsequent beschritten wird. Das ist das zentrale verfassungsrechtliche Zukunftsszenario, das uns die Klima- und die Pandemie-Entscheidungen des Bundesverfassungsgerichts im Jahr 2021 eröffnen.

Ungeachtet dieses Verdienstes, der dem Bundesverfassungsgericht mit Blick auf die Bewältigung der Klimakatastrophe zukommt, hat *Bernhard Wegener* aber natürlich auch vollkommen recht: Die Verfassungsgerichte werden nicht die Welt retten. Zum einen nicht, weil die damit verbundenen Regulierungsfragen schlicht zu groß für die (nationale) Gerichtsbarkeit sind: Es geht ökologisch um mehr als „nur“ den Klimaschutz – und das in einer globalen Perspektive. Zum anderen aber auch deshalb nicht, weil es um die Ökobilanz der Rechtsprechung bisher keineswegs gut steht. Dies gilt auch für das Bundesverfassungsgericht. Die Klima-Entscheidung vom 24. März 2021 trägt sicherlich zur ökologischen Transformation unserer Gesellschaft bei. Doch in ökologischer Perspektive ist sie bisher ein Solitär in der Karlsruher Rechtsprechung. In der klassischen Bundesrepublik hat Karlsruhe vielmehr die „Erzeugung und Nutzung der Kernenergie zu friedlichen Zwecken“ (Art. 73 Abs. 1 Nr. 14 GG) „konstruktiv“ begleitet und deren Gefahren in seiner Rechtsprechung zum „Restrisiko“ juristisch schlicht weginterpretiert.[104] Die Bürgerinnen und Bürger verfügen noch nicht einmal über einen Anspruch auf atomare „Restrisikominimierung“.[105] Aber auch in jüngerer Zeit hielt sich das Bundesverfassungsgericht ökologisch sehr bedeckt: So hat das Gericht in seinem Beschluss vom 5. August 2020 die Strafbarkeit des Containerns als Diebstahl (§242 Abs. 1 StGB) bestätigt, bei dem Lebensmittel, die noch zum Verzehr geeignet sind, aus gesicherten Abfallbehältern in Supermärkten entwendet werden.[106] Die Strafbarkeit des Containerns begründen die Karlsruher Richterinnen und Richter mit dem Schutz des formalen Eigentums des Supermarkts an den weggeworfenen Lebensmitteln und vor möglichen Haftungsrisiken, die sich aus dem Verzehr solcher Lebensmittel für den Supermarkt ergeben können; und sie betonen in ihrer Entscheidung abschließend: „Ob der Gesetzgeber im Hinblick auf andere Grundrechte oder Staatszielbestimmungen wie beispielsweise den Schutz der natürlichen Lebensgrundlagen nach Art. 20a GG und im Rahmen einer Fortentwicklung von Inhalt und Schranken des Eigentums auch eine alternative Regelung hinsichtlich des Umgangs mit entsorgten Lebensmitteln treffen könnte, ist vorliegend ohne Bedeutung.“[107] Diese Zurückhaltung ist angesichts der sozialen Gerechtigkeitslücke und der ökologischen Schäden, die Lebensmittelverschwendung in den Konsumgesellschaften mit globalem Impact verursacht, kaum nachvollziehbar. Mit Blick auf den Tierschutz, der ebenfalls in Art. 20a GG verankert ist, wird das Bundesverfassungsgericht zwar nicht müde, dessen moralische Grundlage zu unterstreichen. Doch zugleich hat es mit Beschluss vom 14. Mai 2021 die Annahme der Verfassungsbeschwerde, die Peta namens männlicher Ferkel gegen die betäubungslose Kastration erhoben hatte (§ 21 Abs. 1 Satz 1 TierSchG), schlicht ohne jede Begründung abgelehnt.[108] Die Botschaft ist auch hier eindeutig: Tierrechte sind verfassungsrechtlich nicht der Rede wert.

Aber auch in der Rechtsprechung anderer Gerichte bleibt der Tierschutz bestenfalls ambivalent: So hat das Bundesverwaltungsgericht in seinem Urteil vom 13. Juni 2019 das „Kükenschreddern“ – also das Zerhäckseln von (45 Millionen) geschlüpften männlichen Küken (im Jahr 2012) zur Steigerung einer hohen Legeleistung von gezüchteten Hennen – als evidenten Verstoß gegen §1 Satz 2 TierSchG i. V. m. Art. 20a GG eingeordnet.[109] Zugleich ließen die Richterinnen und Richter das „Kükenschreddern“ aber für eine (kurze) Übergangszeit aus wirtschaftlichen Gründen weiterhin zu, bis technische Verfahren zur frühzeitigen Geschlechtsbestimmung im Ei umgesetzt sind.[110] Demgegenüber stellt das Urteil des Oberlandesgerichts Naumburg vom 22. Februar 2018 einen straf- und verfassungsrechtlichen Lichtblick dar, indem es vor dem Hintergrund des Art. 20a GG den Tierschutz als ein notstandsfähiges Rechtsgut i. S. d. §34 StGB anerkennt:[111] In einer Schweinezuchtanlage, in der 62.000 Tiere „leben“, kam es zu evidenten Verstößen gegen das Tierschutzrecht, die jedoch von der zuständigen Verwaltungsbehörde nicht beanstandet wurden. Anzeigen wegen Verstößen gegen Tierschutzrecht wird in der Praxis regelmäßig nur nachgegangen, wenn diese durch Fotografien oder andere Beweismittel belegt sind. Aus diesem Grund drangen die Tierschützer in den Schweinezuchtbetrieb ein, um die Verstöße gegen das Tierschutzrecht zu dokumentieren. Der von den Tierschützern begangene Hausfriedensbruch (§ 123 Abs. 1 StGB) war nach der Auffassung des Oberlandesgerichts Naumburg jedoch durch die Notstandsregelung des § 34 StGB gerechtfertigt, um aufgrund fehlender rechtskonformer Handlungsalternativen einen effektiven Tierschutz zu gewährleisten.

Bereits dieser stichpunktartige Überblick über die jüngere Rechtsprechung zum Staatsziel „Umwelt- und Tierschutz" (Art. 20a GG) verdeutlicht: Es ist keine klare verfassungsrechtliche Linie für die Garantie eines effektiven Umwelt- und Tierschutzes erkennbar – und von einer ökologischen „Weltrettung durch Gerichtsbeschlüsse" kann in Karlsruhe und auch darüber hinaus keine Rede sein.

6. Jenseits der Risikogesellschaft

Doch dem Grundgesetz fehlen nicht nur ökologische Rechte und Institutionen. Es herrscht auch ein Mangel an wirksamen Konzepten, um die anthropozänen Herausforderungen anzunehmen.[112] So vertrauen wir nach wie vor verfassungsrechtlich auf das Konzept der Risikogesellschaft, um uns ökologisch zu orientieren. *Ulrich Beck* hat es nach der Reaktorkatastrophe von Tschernobyl (1986) wissenschaftlich profiliert[113] und sodann zu einer umfassenden Beschreibung einer Weltrisikogesellschaft weiterentwickelt:[114] Risiken sind – so die Grundthese – so risikoreich geworden, dass sie unsere Gesellschaft definieren. Der Staat dieser Risikogesellschaft ist ein Staat der Risikoabwehr, Risikokontrolle und Risikovorsorge, dessen ökologische Dimension im Staatsziel „Umweltschutz" (Art. 20a GG) geregelt ist.[115] Doch das Konzept der Risikogesellschaft und des Risikovorsorgestaats wirft sozial, politisch und verfassungsrechtlich (zumindest) drei grundlegende Probleme auf.[116]

Erstens haben wir uns aufgrund der alltäglichen Bezugnahmen auf die „Risikogesellschaft" so sehr an sie gewöhnt, dass wir inzwischen evidente Gefahren (Atomkraft, Atommüll) und sogar schon eingetretene Störungen und Katastrophen (Artensterben, Klimakatastrophe, Globalvermüllung) „nur" als Risiken wahrnehmen, also als Ereignisse, deren Eintritt nicht wahrscheinlich, aber auch nicht vollkommen ausgeschlossen ist. So glauben wir noch, es mit künftigen Risiken zu tun zu haben, obwohl sich diese längst realisieren. Der „Klimawandel" ist aber kein Risiko, das vor uns liegt. Wir befinden uns mitten in der Klimakatastrophe. In diesem Zusammenhang wird zugleich deutlich, dass sich mit dem Risikobegriff exponentielle Entwicklungen nicht analytisch reflektieren lassen, die das Artensterben, die Klimakatastrophe und die Vermüllung der Meere kennzeichnen. Hier wird die Metapher der ökologischen Kipppunkte verwendet, um wieder Anschluss an den ereignisbezogenen Risikobegriff zu gewinnen:[117] Diese Kipppunkte scheinen irgendwo in der Zukunft zu liegen. Doch der Versuch, in einer exponentiellen Dynamik wie dem Artensterben oder der Klimakatastrophe fixe Kipppunkte ausmachen zu können, ist nichts anderes als die letzte Illusion der Risikogesellschaft. Wenn man nach einer Metapher sucht, um sich exponentiellen Phänomenen zu nähern, dürfte das nicht der „Kipppunkt" sein. Unsere Lage lässt sich sehr viel angemessener als ein sich selbst beschleunigendes und sich selbst verstärkendes Abrutschen verstehen, einen sich selbst dynamisierenden Drift. Wenn man also von Kipppunkten spricht, dann im Sinn eines Abstandsgebots zu den nicht klar bestimmbaren Umständen, die zu einem Abrutschen der Erdsysteme führen.[118] Doch der Diskurs der Risikogesellschaft verläuft anders: Die Rede von der „Risikogesellschaft" suggeriert Handlungsoptionen, die in exponentiellen Entwicklungen so gar nicht (mehr) bestehen. Auch hier führt der Risikobegriff dazu, dass die ökologische und soziale Wirklichkeit nicht richtig wahrgenommen wird. Fehleinschätzungen von Handlungsoptionen sind die Folge.

Zweitens führt die Risikogesellschaft zu einem Paradox, das *Peter Sloterdijk* beschrieben hat: „Der Geist des Versicherungswesens hat aber den sogenannten Risiko‚gesellschaften' die Bereitschaft zu ebendem Verhalten ausgetrieben, von dem sie ihren Namen haben: Eine Risiko‚gesellschaft' ist jene, in der *de facto* alles wirklich Riskante verboten, das heißt im Schadensfall von Ersatzleistungen ausgeschlossen ist."[119] Das Paradox der Risikogesellschaft liegt also darin, dass sie gerade riskantes Verhalten ausschließt. Doch inzwischen gehen wir noch einen Schritt weiter: Wir blenden Risiken schlicht aus. Dies lässt sich noch einmal an der bereits angesprochenen Bewertung der Kategorie des atomaren Restrisikos veranschaulichen. So heißt es in der berühmten Kalkar-Entscheidung des Bundesverfassungsgerichts vom 8. August 1978: „Was die Schäden an Leben, Gesundheit und Sachgütern anbetrifft, so hat der Gesetzgeber durch die in § 1 Nr. 2 und in § 7 Abs. 2 AtomG niedergelegten Grundsätze der bestmöglichen Gefahrenabwehr und Risikovorsorge einen Maßstab aufgerichtet, der Genehmigungen nur dann zuläßt, wenn es nach dem Stand von Wissenschaft und Technik praktisch ausgeschlossen erscheint, daß solche Schadensereignisse eintreten werden. Ungewißheiten jenseits dieser Schwelle praktischer Vernunft haben ihre Ursache in den Grenzen des menschlichen Erkenntnisvermögens; sie sind unentrinnbar und insofern als sozialadäquate Lasten von allen Bürgern zu tragen."[120] Mit anderen Worten: Atomare Risiken werden entweder durch das Recht praktisch ausgeschlossen oder sind sozial hinzunehmen. Restrisiken dürfen kein rechtliches Problem sein, obwohl sie sich realisieren können – und sich in Harrisburg, Tschernobyl und Fukushima auch realisiert haben. Diese aktive verfassungsrechtliche Ignoranz des

Restrisikos hat das Bundesverfassungsgericht in seinem Beschluss vom 18. Februar 2010 zu „Schwarzen Löchern" (CERN-Teilchenbeschleuniger) kanonisiert: „Ein Schadensereignis apokalyptischen Ausmaßes – wie vorliegend von der Beschwerdeführerin befürchtet – muss als mögliche Konsequenz eines wissenschaftlichen Vorhabens nach dem Stand von Wissenschaft und Technik praktisch ausgeschlossen sein."[121] Diesen Grundsatz greift das Bundesverfassungsgericht sodann wieder in seiner Klima-Entscheidung vom 24. März 2021 auf. Es stellt im Kontext seiner skeptischen Stellungnahme zum ökologischen Existenzminium fest, dass andere Grundrechte zur Wahrung grundrechtswesentlicher ökologischer Mindeststandards und insoweit zum Schutz vor Umweltschäden „mit katastrophalen oder gar apokalyptischen Ausmaßen"[122] verpflichten. Auch hier kommt die juristische Risikoignoranz der Risikogesellschaft ganz deutlich zum Ausdruck: Die Klimakatastrophe ist in vollem Gang. Doch dies wird in der juristischen Argumentation verdeckt, wenn das Gericht vom „Klimawandel" spricht – und dem begrifflich die „Katastrophe" als risikoreiches Zukunftsszenario gegenüberstellt, das durch den Hinweis auf die Apokalypse noch weiter entrückt wird. Die „Apokalypse-Blindheit"[123] konstituiert folglich die Risikogesellschaft.

Drittens greift das Konzept der Risikogesellschaft überall dort von vornherein zu kurz, wo sich die Risiken bereits realisiert haben. Das gilt für die laufende Klimakatastrophe, aber auch für das irreversible Artensterben, die unwiederbringliche Zerstörung von Ökosystemen und die globale Vermüllung der Meere.

Was folgt aus diesen Fehlwahrnehmungen der Risikogesellschaft? Zunächst sollten wir uns eingestehen, dass wir nicht (mehr) in einer Risikogesellschaft und auch nicht in einer Weltrisikogesellschaft leben. Wir bilden längst eine globale Gefahren- und Schadensgemeinschaft, deren Urheberinnen und Urheber die Bürgerinnen und Bürger des Globalen Nordens sind, die die anthropozäne Entwicklung nach 1945 dynamisch beschleunigt haben („The Great Acceleration").[124] Um dies zu analysieren und zu gestalten, müssen wir den Risikobegriff keineswegs vollkommen aufgeben. Es ist aber notwendig, ihn auf die Sachverhalte zu reduzieren, auf die er auch wirklich passt. Risiken sind – wie gesagt – Ereignisse, deren Eintritt nicht wahrscheinlich, aber auch nicht vollkommen ausgeschlossen ist. Damit lassen sich jedoch zentrale ökologische Herausforderungen des Anthropozän nicht mehr über den Risikobegriff beschreiben und gestalten, weil sie entweder schon längst unumkehrbar ablaufen (z. B. Klimakatastrophe) oder sich das Risiko längst in irreversiblen Schäden realisiert hat (z. B. Artensterben, Ökosystemvernichtung,

Globalvermüllung). Vor diesem Hintergrund führt es schon weiter, wenn wir zu dem klassischen Stufenmodell „Risiko – Gefahr – Schaden" zurückkehren. Noch besser wäre es, neue Konzepte zu entwickeln, um mit den anthropozänen Herausforderungen praktisch umzugehen. So könnten wir beispielsweise zwischen riskanten, resilienten und robusten Entwicklungen und Systemen unterscheiden.[125] Alternativ ließe sich auch daran denken, über den Risikobegriff als Kategorie ganz hinauszugehen und etwa zwischen der Fragilität, Vulnerabilität und Resilienz von Entwicklungen und Systemen zu differenzieren. In juristischer Perspektive hat hier die exponentiell verlaufende Corona-Pandemie für einen konzeptionellen Paradigmenwechsel gesorgt, der die Resilienzgarantie für soziale Systeme als eine staatliche, europäische und internationale Aufgabe jenseits von Gefahren- und Risikoprävention etabliert.[126] Wie weit dieser begriffliche und konzeptionelle Paradigmenwechsel geht, lässt sich auch anhand des Präventionsbegriffs verdeutlichen: Das – aus heutiger Sicht schon klassische – Konzept der Prävention ist darauf ausgerichtet, die Realisierung eines Risikos, einer Gefahr oder eines Schadens zu verhindern. Es zielt also auf die Bewahrung eines gegebenen Zustands. Doch in der anthropozänen Entwicklung realisieren sich Risiken, Gefahren und Schäden exponentiell. Deshalb haben wir in vielen ökologischen, aber auch sozialen Lebensbereichen nur noch eine Chance, jenseits eines systemischen Konservativismus des Präventionsgedankens den dynamischen und radikalen Wandel von Öko- und Sozialsystemen gestaltend zu begleiten, damit er nicht vollkommen abrutscht oder in einem anthropozänen Drift entgleitet. Wir müssen also die soziale und ökologische Daseinsvorsorge vollkommen neu und anders denken, um die anthropozänen Herausforderungen anzunehmen.

7. Was kommt nach der Nachhaltigkeit?

Dieser Neuansatz in der Analyse und Gestaltung der riskanten, resilienten und robusten Entwicklungen des Anthropozän kommt nicht ohne politische und rechtliche Leitprinzipien aus.[127] Aktuell wird das zukunftsbezogene Denken und Handeln ganz durch das Nachhaltigkeitsprinzip bestimmt. Ausgehend von einem Grundsatz der Forstwirtschaft des 17. Jahrhunderts hat sich das Nachhaltigkeitsprinzip über den *Brundtland*-Bericht *Our Common Future* (1987) zu *dem* ethischen „Weltprinzip“ entwickelt: „Sustainable development seeks to meet the needs and aspirations of the present without compromising the ability to meet those of the future.“[128]

Einige Staaten haben – wie beispielsweise die Schweiz – den Nachhaltigkeitsgrundsatz ausdrücklich in ihre Verfassungen aufgenommen.[129] So fördert die Schweizer Eidgenossenschaft im Bewusstsein der Verantwortung gegenüber den künftigen Generationen die nachhaltige Entwicklung des Landes (Präambel, Art. 2 Abs. 2 BV). In diesem nachhaltigen Sinn streben Bund und Kantone ein auf Dauer ausgewogenes Verhältnis zwischen der Natur und ihrer Erneuerungsfähigkeit einerseits und ihrer Beanspruchung durch den Menschen anderseits an (Art. 73 BV). Eine nachhaltige Führung privater Unternehmen wird gesetzlich geregelt (Art. 95 Abs. 3 BV). Der Bund sorgt für eine nachhaltige Produktion in der Landwirtschaft (Art. 104 Abs. 1 BV). Mit Blick auf die Ernährungssicherheit sollen grenzüberschreitende Handelsbeziehungen zur nachhaltigen Entwicklung der Land- und Ernährungswirtschaft beitragen (Art. 104a lit. d BV). Auch in der Europäischen Union wurde der Nachhaltigkeitsgrundsatz in das Primärrecht aufgenommen (Präambel, Art. 3 Abs. 3 UAbs. 1 Satz 2 und Abs. 5 Satz 2, Art. 21 Abs. 2 lit. d und f EUV, Art. 11 AEUV, Präambel, Art. 37 GRCh).[130] In der Bundesrepublik Deutschland haben die Länder Hessen und Schleswig-Holstein den Grundsatz der Nachhaltigkeit in ihre Landesverfassungen integriert.[131]

Auf Bundesebene engagierte sich eine fraktionsübergreifende Initiative von Abgeordneten des Bundestags für eine Ergänzung des Grundgesetzes um die Generationengerechtigkeit und Nachhaltigkeit:[132]

> **„Artikel 20b [Generationengerechtigkeit]**
> Der Staat hat in seinem Handeln das Prinzip der Nachhaltigkeit zu beachten und die Interessen künftiger Generationen zu schützen."[133]

Bisher sind die Generationengerechtigkeit und der Nachhaltigkeitsgrundsatz noch nicht ausdrücklich in das Grundgesetz aufgenommen worden. Allerdings prägen sie bereits heute über die Auslegung und Anwendung des Staatsziels „Umweltschutz" (Art. 20a GG) die Verfassungspraxis.[134] Im verfassungs- und auch verwaltungsrechtlichen Verständnis des Nachhaltigkeitsprinzips herrscht dabei das so genannte Drei-Säulen-Konzept vor, das einen angemessenen Ausgleich zwischen sozialen, ökonomischen und ökologischen Interessen finden will, um eine nachhaltige Entwicklung zu gewährleisten.[135]

Sicherlich ist es zu begrüßen, dass sich der Nachhaltigkeitsgrundsatz zu einem Weltprinzip entwickelt und Eingang in das nationale und europäische Verfassungsrecht gefunden hat.[136] Doch dabei dürfen zwei kritische Punkte nicht übersehen werden. Der erste Kritikpunkt betrifft das Schutzgut der Nachhaltigkeit, das *Sigrid Boysen* in ihrer Analyse des Umweltweltrechts in der postkolonialen Konstellation auf den Punkt gebracht hat: „Schutzgut der nachhaltigen Entwicklung ist damit nicht die Natur, sondern die Entwicklung."[137] Der zweite Kritikpunkt bezieht sich auf das dreidimensionale Nachhaltigkeitsverständnis. Es zählt nach der ebenso pointierten Feststellung von *Ivo Appel* „nicht nur zu den Kernpunkten, sondern auch zu den Hauptproblemen und zur potenziellen Achillesferse des Konzepts".[138] Deshalb hat sich *Appel* für eine ressourcenorientierte und damit ökologische Schärfung des Nachhaltigkeitskonzepts ausgesprochen.[139] Doch die Rechtspraxis hat an dem dreidimensionalen Nachhaltigkeitskonzept mit der Folge festgehalten, dass man heute nur noch nüchtern konstatieren kann: Das Nachhaltigkeitsprinzip ist längst zu einer Utopie der anthropozänen Entwicklung geworden. Über das progressive Artensterben, die exponentielle Klimakatastrophe, die Verwüstung des Landes und die Vergiftung der Meere, die atomaren Verseuchungen und die „Entsorgung" des Atommülls für eine Million Jahre lässt sich schlicht nichts Nachhaltiges sagen. In diesen – wie in vielen weiteren – Lebensbereichen haben wir längst den Punkt verpasst, an dem das letztlich konservative Nachhaltigkeitsprinzip noch hätte greifen können, das einen angemessenen Ausgleich zwischen sozialen, ökonomischen und ökologischen Interessen sucht. Dies festzustellen, bedeutet nicht, in die teilweise polemische Kritik an einer ubiquitären Nachhaltigkeitsrhetorik einzustimmen. Vielmehr kommt es darauf an, mit *Christof Mauch* zugleich die Schwächen und Stärken des Nachhaltigkeitskonzepts zu sehen: Eine Kritik am Nachhaltigkeitsprinzip falle – so *Mauch* – nicht schwer, „denn ‚sustainable development' suggeriert in seiner Dualität alles und nichts: Nachhaltigkeit und Entwicklung, Statik und Dynamik, Konservation und Wachstum. Aber gerade in der paradoxen Essenz des Begriffs bestehen sein Reiz und sein Wert, denn weniges wäre angesichts der Dynamik der Mensch-Umwelt-Beziehung und der Beschleunigung unserer Welt fataler als eine auf starre Prinzipien setzende Philosophie."[140]

So sehr man *Christof Mauch* nur zustimmen kann, müssen wir dennoch aus zwei Gründen die Frage stellen: Was kommt nach der Nachhaltigkeit? Der erste Grund liegt auf der begrifflichen Ebene: Mit dem Drei-Säulen-Konzept verfügt das Nachhaltigkeitsprinzip über eine feste Kontur, mit der sich einerseits ethisch, politisch und rechtlich arbeiten lässt, mit dem jedoch andererseits die zentralen Herausforderungen des Anthropozän – Artensterben, Klimakatastrophe, Globalvermüllung – nicht bewältigt werden können. Wenn man den Nachhaltigkeitsbegriff zu einem allgemeinen Prinzip der Reflexion der dynamischen Widersprüche im Verhältnis von Mensch und Umwelt erweitert, verliert er jedoch seine ethische, politische und rechtliche Operationabilität. Der zweite Grund liegt auf der komplexen Problemebene: Wenn die Dynamiken von Mensch und Umwelt im Anthropozän zu entgleisen drohen, dann wäre angesichts der hohen Komplexität der Entwicklung nichts fataler als nur auf *ein* Prinzip zu setzen, um auf die anthropozänen Herausforderungen zu reagieren. Es genügt längst nicht mehr, die Gesellschaften des Anthropozän auf ein Prinzip – wie den Nachhaltigkeitsgrundsatz – auszurichten. Deshalb müssen wir sehr viel grundlegender ansetzen. Wir brauchen eine ökologische Verfassungsordnung: eine Verfassung der Natur. Die Antwort auf die Frage „Was kommt nach der Nachhaltigkeit?" lautet also schlicht und ergreifend: „Ein ökologisches Grundgesetz!"

8. Das ökologische Grundgesetz

Das ökologische Grundgesetz ist Ausdruck der dritten Revolution unserer Gesellschafts- und Verfassungsordnung. Auf die bürgerliche Revolution des späten 18. Jahrhunderts folgte die soziale Revolution des 19. und 20. Jahrhunderts, um die Unfreiheit und Ungleichheit zu bekämpfen, die Industrialisierung und Welthandel ausgelöst hatten.[141] Nun ist eine ökologische Revolution unserer Gesellschafts- und Verfassungsordnung erforderlich, um auf die globale Umweltzerstörung zu reagieren, die die bürgerliche und die soziale Revolution in Form des westlichen Industrie- und Wohlfahrtsstaats verursacht haben. Vor diesem Hintergrund wirken aus heutiger Perspektive die hitzigen Debatten um Anthropozentrismus vs. Ökozentrismus, die bis heute die meisten juristischen Kommentierungen des Staatsziels „Umweltschutz" (Art. 20a GG) prägen, merkwürdig blass.[142] Angesichts des Artensterbens, der Klimakatastrophe und der Globalvermüllung ist das gerne zitierte Diktum *Hasso Hofmanns* – Anthropozentrik sei „unentrinnbar"[143] – längst Teil des Problems und nicht Teil der Lösung.[144] Anstatt sich auf menschlichen oder ökologischen „Zentrismus" zu fixieren, kommt es auf die rechtliche Reflexion der komplexen Wechselwirkung von Mensch und Natur an.[145] Diese lassen sich nicht auf zentrische Großformeln bringen, wohl aber in einem sozial-ökologischen Relationismus rechtlich entfalten. Sicherlich, es sind Menschen, die auch das ökologische Grundgesetz verabschieden und umsetzen (werden).[146] Doch dies heißt gerade nicht, dass es nur Regelungen enthalten dürfte, könnte, sollte oder müsste, die ausschließlich menschlichen Interessen dienen; und es bedeutet auch nicht, dass der Umweltschutz ausschließlich als das Absehen von menschlichen Interessen zum Schutz menschlicher Interessen zu verstehen wäre. Wir haben bereits gesehen, dass die menschliche Errichtung von „Dämmen gegen die Selbstzerstörung" ein starkes Motiv für den Umweltschutz im Anthropozän ist.[147] Wir können dieses starke Motiv, uns selbst vor dem Artensterben, der Klimakatastrophe und der Globalvermüllung „zu retten", auch zweifellos nutzen, um menschlichen Umweltschutz im Anthropozän zu betreiben. Doch gerade die bisherige Erfahrung mit einem allein auf den Menschen bezogenen Umweltschutz zeigt uns, dass dieser nicht genügt: „Der Naturschutzpark" – so hat *Theodor W. Adorno* diagnostiziert – „rettet nicht die Natur und stellt sich über kurz oder lang im gesellschaftlichen Getriebe bloß als Verkehrshindernis heraus."[148] Es wird also noch viel zu viel Natur sozial, politisch, ökonomisch und eben auch juristisch ausgeblendet. Gerade die exponentielle Beschleunigung von Artensterben, Klimakatastrophe und Globalvermüllung sind Beispiele dafür. Wir müssen uns ein komplexeres (verfassungs)rechtliches Verständnis der Natur im Anthropozän leisten. Wir sollten deshalb die simplifizierende Unterscheidung von anthropozentrischem Umwelt- und ökozentrischem Naturschutz hinter uns lassen, hinter der wir uns in den letzten Jahrzehnten begrifflich verschanzt haben. Der Grund dafür ist einfach: Wir brauchen keine anthropozentrische oder ökozentrische, sondern eine ökologische Verfassungsordnung, die Regeln, Konzepte und Institutionen für das Anthropozän entwickelt.

Um diese anthropozäne Verfassungsordnung zu konzipieren, lässt sich von dem allgemein akzeptierten Grundverständnis des Begriffs der „Ökologie" ausgehen:[149] Ökologie ist – metaphorisch gesprochen – die Lehre vom „Haushalt" der Natur,[150] die sich durch zwei Komponenten auszeichnet: zum einen in der naturwissenschaftlichen Perspektive durch die Wechselwirkungen der (nicht) lebendigen Akteure zu ihrer jeweiligen (nicht) natürlichen Umwelt; zum anderen in der ethischen, sozialen, politischen und juristischen Perspektive durch den (Eigen-) Wert, der diesen natürlichen Akteuren, Wechselbeziehungen und Umwelten je für sich und insgesamt als „der" Natur zugemessen wird. Einen (Eigen-)Wert der Natur anzuerkennen, bedeutet nicht automatisch und ausschließlich, „ökozentrisch" zu denken und zu handeln. Vielmehr kann der (Eigen-)Wert der Natur auch relational im Verhältnis von menschlichen, sozialen, ökonomischen und ökologischen Akteuren verstanden werden. Damit bezieht sich die Ökologie nicht auf einen statischen „Naturzustand", der auf ein natürliches „Gleichgewicht" ausgerichtet wäre.[151] Vielmehr begreift die Ökologie die Natur als einen dynamischen, emergenten und evolutionären Prozess, der sich jenseits der menschlichen „Wunschvorstellung Gleichgewicht"[152] durch das „diversity-stability problem"[153] bzw. „stabile Ungleichgewichte"[154] auszeichnet, also einerseits „elastisch" ist, aber andererseits dennoch Funktionsbedingungen und Belastungsgrenzen kennt.[155] Diese Funktionsbedingungen und Belastungsgrenzen lassen sich sowohl mit Blick auf die natürlichen Wechselbeziehungen einzelner Ökosysteme „im

Kleinen", aber auch mit Blick auf „die" Natur „im Großen" analysieren. Werden sie auf die gesamte Erde bezogen, geht es der anthropozänen Erdsystemanalyse – wiederum metaphorisch gesprochen – um die Bestimmung von „planetarischen Leitplanken"[156] und die Beschreibung von globalen „Kipppunkten" bzw. „Tipping Cascades", die auf das Abrutschen der Erdsysteme hinweisen.[157]

An dieses Verständnis von Ökologie lässt sich juristisch anknüpfen, um einen ökologischen Verfassungsstaat normativ zu konturieren. Wenn die Ökologie die Natur erstens als die Wechselbeziehungen zwischen (nicht-)lebenden Akteuren und ihren Umwelten beschreibt, kann die Rechtswissenschaft diese Vielfalt von Akteuren rechtlich anerkennen und die Wechselbeziehungen zwischen ihnen und ihren jeweiligen Umwelten als Rechtsverhältnisse ausgestalten. Damit deutet sich bereits an dieser Stelle an, dass der anthropozentrische Begriff der „Umwelt" in einer ökologischen Verfassungsordnung keineswegs verabschiedet werden muss, aber in mehrfacher Hinsicht einem Bedeutungswandel unterliegt: Es kann nicht mehr nur von einer Umwelt die Rede sein, sondern von einer Vielzahl von Umwelten. Darüber hinaus ist das Umweltverständnis nicht auf den Menschen beschränkt. Auch nicht-menschliche Akteure wie Tiere, Pflanzen und Ökosysteme haben ihre Umwelten. Tiere, Pflanzen und Ökosysteme bilden die Umwelten von Menschen. Aber Menschen bilden auch die Umwelten von Tieren, Pflanzen und Ökosystemen.

Wenn die Ökologie zweitens diesen „natürlichen" Akteuren, Wechselbeziehungen und Umwelten je für sich und insgesamt als „der" Natur einen (Eigen-)Wert zumisst, kann dieser in einer ökologischen Verfassungsordnung sehr unterschiedlich ausgestaltet werden: Ökologische Akteure lassen sich nicht nur als Schutzobjekte begreifen, wie dies nach dem tradierten anthropozentrischen Umwelt- und Naturschutzverständnis der Fall ist. Vielmehr können sie als ökologische Rechtssubjekte ihre Rechte auch selbst wahrnehmen. Darüber hinaus ist es möglich, ökologische Akteure auch als ökologische Medien und Güter zu verfassen, die ihren Rechtsstatus jenseits dieser klassischen Unterscheidung von Subjekt und Objekt gewinnen. So kann der wiederum anthropozentrisch geprägte Begriff der „natürlichen Lebensgrundlagen" seine objektivierende Konnotation verlieren und im Sinn „ökologischer Güter" begriffen werden. Aber auch die sozial und technisch verstandenen Konzepte der „Daseinsvorsorge" und der „Infrastrukturen" lassen sich vor dem Hintergrund einer ökologischen Güterordnung im Sinn einer ökologischen Daseinsvorsorge, ökologischen Infrastrukturen und Ökostrukturen weiterentwickeln.[158] In den Environmental Humanities ist bereits seit langem von der „Biotop-Infrastruktur" (*Hubert Markl*),[159] der „ökologischen Infrastruktur" (*Christof Mauch*),[160] und von der „grüne[n] Infrastruktur der Natur" (*Christian Schwägerl*)[161] die Rede.[162] Auch der Gesetzgeber hat dies bereits (an-)erkannt: Das Umweltinformationsgesetz spricht von einer „umweltbezogenen Daseinsvorsorge" (§ 2 Abs. 1 Nr. 2 UIG). Deshalb ist es längst überfällig, dass das Verfassungsrecht ebenfalls ein Verständnis von „ökologischer Daseinsvorsorge" entwickelt.

Wenn die Ökologie drittens die Natur als Gesamtheit der Wechselwirkungen (nicht-)lebender Akteure und ihrer Umwelten versteht, kann der ökologische Verfassungsstaat dieser einen positiven Eigenwert zumessen. Auf dieser Grundlage ist es möglich, im demokratischen und rechtsstaatlichen Prozess das ökologische Allgemeinwohl zu diskutieren und zu formulieren. Dieses ökologische Allgemeinwohl besteht in der anthropozänen Gesellschaft nicht in der menschlichen Wunschvorstellung eines ökologischen Gleichgewichts.[163] Vielmehr muss es in der offenen Entwicklung des Verhältnisses von Mensch und Natur, der ökologischen Dynamik der stabilen Ungleichgewichte unter Beachtung der planetarischen Leitplanken und der Wahrung des Abstandsgebots zu den globalen Kipppunkten und „Tipping Cascades" verstanden werden.[164] Eine solche zusammenfassende Bestandsaufnahme, Bewertung und Fortschreibung der ökologischen Entwicklung fließt sodann in die Bestimmung des gesamtgesellschaftlichen Wohls der Allgemeinheit ein. Dies zeigt zugleich, dass sich „die" Gesellschaft im ökologischen Verfassungsstaat vergrößert, indem sie die Natur miteinbezieht. Auf diese Weise gewinnt der ökologische Verfassungsstaat über ökologische Akteure, Rechte, Güter, Strukturen und Institutionen sowie ökologische Medien-, Gemeinwohl- und Gesellschaftsverständnisse die normativen Konzepte, um die dynamische Entwicklung der komplexen Wechselbeziehungen von Menschen und Natur konstruktiv zu begleiten und die ökologischen Herausforderungen des Anthropozän anzunehmen.

Damit ist aber zugleich auch klar: Die Ökologisierung der Rechtsordnung erschöpft sich nicht in einer „Aktualisierung" der Staatszielbestimmung „Umweltschutz". In einer ökologischen Verfassungsordnung ist der gesamte politische und rechtliche Prozess (auch) auf die Garantie des ökologischen Allgemeinwohls ausgerichtet.[165] Deshalb kommt es neben der Gewährleistung ökologischer Grundrechte auf eine ökologische Ausgestaltung des Staatsorganisationsrechts an, das sich auch in der Lage sieht, demokratische Entscheidungen auf der jeweiligen Höhe des äußerst dynamischen ökologischen Wissensstands fortzuentwickeln.

Aber wie kann ein ökologisches Grundgesetz für die Bundesrepublik Deutschland dann konkret aussehen? In der Präambel des Grundgesetzes bekennen wir uns zu unserer Verantwortung für die Natur (Satz 1 Präambel GG-E). Diese ökologische Verantwortung bildet eine Grundlage der menschlichen Gemeinschaft sowie des Friedens und der Gerechtigkeit in der Welt (Art. 1 Abs. 2 GG-E). Um dieses ökologische Verantwortungsprinzip einzulösen, werden im Grundrechtsteil des Grundgesetzes ökologische Rechte und Pflichten ausgestaltet: erstens das Recht der ökologischen Handlungsfreiheit und Persönlichkeitsentfaltung (Art. 2 Abs. 1 GG-E), zweitens ein Recht auf ökologische Integrität, also auf eine intakte Umwelt und die Erhaltung der natürlichen Lebensgrundlagen (Art. 2 Abs. 2 Satz 1 GG-E), drittens ein Recht auf ökologische Informationen (Art. 2a GG-E), viertens die ökologischen Arbeits- und Wirtschaftsbedingungen (Art. 9 Abs. 3 Satz 1 GG-E), fünftens die Ökologiepflichtigkeit des Eigentums (Art. 14 Abs. 2 GG-E) und sechstens die Anerkennung der Rechte der Natur: Ökologische Personen können sich auf die Grundrechte berufen, soweit sie ihrem Wesen nach auf diese anwendbar sind (Art. 19 Abs. 3 GG-E). Neben den ökologischen Grundrechten ist es notwendig, auch die verfassungsrechtlichen Fundamente unserer Staatsordnung ökologisch auszugestalten: Neben das demokratische, rechtsstaatliche, soziale, republikanische und föderale Staatsprinzip muss das ökologische Staatsprinzip treten (Art. 20 Abs. 1 GG-E). Die ökologische Staatszielbestimmung, die das Handeln aller Staatsorgane leitet, ist inhaltlich konkreter zu fassen: Die Achtung und der Schutz der Natur und der Tiere, die Erhaltung der Artenvielfalt sowie die Bewahrung von Meeren und Klima tragen in der Verantwortung für gegenwärtige und künftige Generationen zur Gestaltung von umweltgerechten Lebensverhältnissen bei (Art. 20a GG-E). Diese ökologischen Verfassungsprinzipien gilt es sodann im politischen Mehrebenensystem zur Geltung zu bringen: in der Europäischen Union (Art. 23 Abs. 1 Satz 1 GG-E), der ökologischen Verantwortung in der internationalen Gemeinschaft (Art. 24 Abs. 2 GG-E), im ökologischen Bundesstaat (Art. 28 Abs. 1 Satz 1 GG-E) und auf der kommunalen Ebene (Art. 28 Abs. 2 GG-E). Im Staatsorganisationsrecht übernehmen die Verfassungsorgane des parlamentarischen Regierungssystems – Bundestag, Bundesregierung, Bundesrat und Bundespräsident – ökologische Aufgaben. Im Bundestag wird in jedem Jahr die ökologische Regierungserklärung der Bundeskanzlerin diskutiert und eine ökologische Haushaltsdebatte geführt (Art. 43 Abs. 3 GG-E). Der Bundestag bildet einen Ausschuss für Natur (Art. 45e GG-E), wählt eine Naturbeauftragte (Art. 45f GG-E) und gestaltet das ökologische Petitionswesen effektiv aus (Art. 45f Abs. 3

GG-E). Die Bundeskanzlerin bestimmt die ökologischen Richtlinien der Politik (Art. 65 Abs. 1 Satz 1 i. V. m. Art. 43 Abs. 3 GG-E), in deren Rahmen dem Bundesminister für Natur ein Widerspruchsrecht gegen Entscheidungen der Bundesregierung zusteht (Art. 65 Abs. 2 GG-E). Der Bundesrat wirkt in den ökologischen Angelegenheiten des Bundes mit (Art. 50 GG-E) und richtet dafür eine Ökologische Kammer ein (Art. 52a GG-E). Der Bundespräsident achtet als Ausdruck des ökologischen Republikprinzips auf das ökologische Allgemeinwohl (Art. 59a Abs. 1 GG-E). Er beruft einen Rat für ökologische Entwicklung ein (Art. 59a Abs. 2 GG-E), dem das Recht zur Gesetzesinitiative zusteht (Art. 76 Abs. 1 GG-E). Der Bund erhält die Kompetenz für den Erlass eines Ökologischen Gesetzbuchs (ÖGB), damit die ökologische Transformation unserer Gesellschaftsordnung kohärent gestaltet werden kann (Art. 74 Abs. 1 Nr. 24 GG-E). Die ökologischen Politiken, die unmittelbar im Grundgesetz geregelt sind, erhalten ein ökologisches Profil: die ökologischen Infrastrukturen (Bahn und Verkehrsverhältnisse [Art. 87e Abs. 4 Satz 1 GG-E], Post- und Telekommunikationsdienstleistungen [Art. 87f Abs. 1 GG-E], Bundeswasserstraßen [Art. 89 Abs. 3 Satz 1 GG-E], Bundesfernstraßen [Art. 90 Abs. 1a GG-E]), die ökologische Geldpolitik (Art. 88 GG-E), die ökologische Zusammenarbeit im Bundesstaat (Gemeinschaftsaufgaben [Art. 91a GG-E], Verwaltungsinformationssysteme (Art. 91c GG-E], Bürokratievergleich [Art. 91d GG-E]), die ökologische Verbrauchssteuer (Art. 106 Abs. 1 Satz 2 GG-E) und die ökologische Haushaltswirtschaft (Art. 109 Abs. 2 GG-E). Der effektive Rechtsschutz bildet den Schlussstein des ökologischen Grundgesetzes.

II. Die Präambel

Die Präambel des Grundgesetzes wird um das ökologische Verantwortungsprinzip ergänzt und damit die ethische, politische und rechtliche Grundlage des ökologischen Verfassungsstaats formuliert:[166]

> **Präambel GG-E**
> Im Bewußtsein seiner Verantwortung vor Gott und den Menschen *und für die Natur*, von dem Willen beseelt, als gleichberechtigtes Glied in einem vereinten Europa dem Frieden der Welt zu dienen, hat sich das Deutsche Volk kraft seiner verfassungsgebenden Gewalt dieses Grundgesetz gegeben. [...]

In diesem Einleitungssatz des Grundgesetzes nimmt der Parlamentarische Rat die unmenschliche Erfahrung der nationalsozialistischen Diktatur und Gewaltherrschaft, des Zweiten Weltkriegs und der Shoa auf. Die verfassungsgebende Gewalt bekennt sich zu ihrer Verantwortung vor den Menschen und für die Menschen. Diese Verantwortung wird sodann in der Gewährleistung der Menschenwürde im ersten Artikel des Grundgesetzes eingelöst: Die Würde des Menschen ist unantastbar (Art. 1 Abs. 1 Satz 1 GG). Sie zu achten und zu schützen ist Verpflichtung aller staatlichen Gewalt (Art. 1 Abs. 1 Satz 2 GG). Darüber hinaus formuliert Satz 1 der Präambel angesichts des deutschen Vernichtungskriegs und der deutschen Verbrechen gegen die Menschlichkeit die politische Bitte und Hoffnung des deutschen Volkes – also aller Bürgerinnen und Bürger der Bundesrepublik – als gleichberechtigtes Mitglied in einem vereinten Europa dem Frieden in der Welt dienen zu können.

Dieses Verantwortungsprinzip des ersten Satzes der Präambel ist für das Verständnis des Grundgesetzes von zentraler politischer und rechtlicher Bedeutung.[167] Der historische Verfassungsgeber beschränkt es nicht auf die Menschen, die bei Inkrafttreten des Grundgesetzes im Jahr 1949 gelebt haben. Das Bewusstsein der Verantwortung erstreckt sich auch auf künftige Menschen. Sie sollen sich in Zukunft auch frei entfalten, ihre Grundrechte ausüben und ihr Gemeinwesen demokratisch miteinander gestalten können. Damit war und ist das Verantwortungsprinzip der Präambel auch einer der wichtigsten normativen Anknüpfungspunkte, um Risikotechnologien verfassungsrechtlich einzuordnen. Beispiele dafür sind die Kernenergie, die Atommüllentsorgung, die Bio- und die Gentechnologie. Bei ihrer verfassungsrechtlichen Bewertung und gesetzgeberischen Regelung hält das Verantwortungsprinzip uns dazu an, auch die Lebens- und Entfaltungschancen künftiger Menschen und Generationen in die Abwägungen einzubeziehen. Dies ist uns nicht immer geglückt, wie die Gewinnung von Atomenergie zeigt. Die „Erzeugung und Nutzung der Kernenergie zu friedlichen Zwecken" (Art. 73 Abs. 1 Nr. 14 GG) hat in der globalen Perspektive zu Reaktorkatastrophen geführt: Harrisburg, Tschernobyl und Fukushima. Für die etwa fünfzig Jahre, in denen wir die Atomkraft für die Gewinnung von Energie genutzt haben, müssen wir nun den angefallenen Atommüll für eine Million Jahre (§ 1 Abs. 2 Satz 2 StandAG) „entsorgen".[168] Sowohl die katastrophalen Risiken, die mit der Gewinnung von Kernenergie einhergehen, als auch die „Metaphysik der Endlagerung"[169] des Atommülls zeigen, wie sehr wir das Verantwortungsprinzip des ersten Satzes der Präambel verfassungsrechtlich aus den Augen verloren haben. Gerade dieses politische Versagen verdeutlicht, wie relevant und zentral die ökologische Dimension des Verantwortungsprinzips für die Gegenwart und Zukunft ist.

Um diese ökologische Dimension des Verantwortungsprinzips zu stärken, sollten wir die Präambel des Grundgesetzes ergänzen, um auch unsere Verantwortung gegenüber der Natur verfassungsrechtlich zum Ausdruck zu bringen. Diese Forderung, das ökologische Verantwortungsprinzp in die Verfassungspräambel aufzunehmen, ist nicht neu. So sah der Entwurf einer „Verfassung der Deutschen Demokratischen Republik", den die Arbeitsgruppe „Neue Verfassung der DDR" des Runden Tisches im April 1990 vorgelegt hat, in seiner Präambel vor, „ein demokratisches und solidarisches Gemeinwesen zu entwickeln, das [...] unsere natürliche Umwelt schützt".[170] Darüber hinaus enthielt auch der „Verfassungsentwurf für den Bund deutscher Länder" des „Kuratoriums für einen demokratisch verfassten Bund deutscher Länder" vom Juni 1991 in seiner Präambel den Passus, „die Grundlagen allen Lebens zu wahren."[171] Diese verfassungsrechtlichen Anregungen der ostdeutschen Bürgerrechtsbewegung sollten – wenn auch mit einer Verspätung von über dreißig Jahren – in das Grundgesetz eingehen. Dabei spiegelt die Ergänzung des ersten Satzes der Präambel um eine „Verantwortung für die Natur" die ökologische Transformation unserer Gesellschaft in doppelter Hinsicht wider, die das Grundgesetz angesichts der anthropozänen Herausforderung verfassungsrechtlich ausgestalten muss: Erstens ist der Verantwortungsbezug auf die Natur sehr viel klarer und zugleich inklusiver als die Verwendung der bisher verfassungsrechtlich gebräuchlichen Begriffe der „natürlichen Lebensgrundlagen" oder der „Umwelt". Der Begriff der „Natur" in Satz 1 Präambel GG-E ist weit zu verstehen. Er umfasst die gesamte Tier- und Pflanzenwelt sowie alle Medien der Natur, also Boden, Landschaften, Luft, Klima und Wasser. Dieses weite Begriffsverständnis sieht sich sodann auch in der Neuregelung der ökologischen Staatszielbestimmung (Art. 20a GG-E) wieder aufgenommen.[172] Zweitens verdeutlicht der Begriff der „Natur" im Gegensatz zu den Begriffen der „Umwelt" oder der „natürlichen Lebensgrundlagen", dass das ökologische Verantwortungsprinzip des ersten Satzes der Präambel des Grundgesetzes die Natur sowohl um des Menschen als auch um ihrer selbst willen schützt. Die Begriffe der „*Um*welt" und der „natürlichen Lebens*grundlagen*" bleiben in ihrem tradierten Verständnis auf den Menschen bezogen. Dieses menschenbezogene Verständnis wird zu einem Konzept erweitert, das die Natur auch dort schützt, wo es nicht zugleich auch um das Wohlergehen des Menschen geht. In diesem Zusammenhang kommt es nicht darauf an, ein anthropozentrisches und ein ökozentrisches Naturverständnis gegeneinander auszuspielen.[173] Wie wir bereits gesehen haben, ist es vielmehr notwendig, den Eigenwert der Natur in den Verhältnissen von menschlichen, sozialen, ökonomischen und ökologischen Akteuren zu entfalten.[174] Deshalb braucht der Begriff der „Umwelt" nicht aufgegeben zu werden. Wir müssen aber darauf achten, in welchen Kontexten wir die Begriffe „Umwelt" (z.B. Art. 2 Abs. 2 Satz 1 GG-E), „Ökologie" (z.B. Art. 20 Abs. 1 GG-E) und „Natur" (z.B. 20a GG-E) verwenden.

Die Verankerung der ökologischen Verantwortung fügt sich in die Aufgabe der Zukunftsgestaltung ein, die das Grundgesetz in Satz 1 seiner Präambel formuliert: Wir schützen die Natur nicht (nur) um des Menschen willen, sondern (auch) um ihrer selbst willen. Diese Verantwortung für die Natur wird sodann rechtlich mit der Gewährleistung ökologischer Rechte, der Einführung ökologischer Staatsprinzipien und Staatsziele, der ökologischen Profilierung des parlamentarischen Regierungssystems und der Umsetzung ökologischer Politiken eingelöst.

III. Die ökologischen Rechte

Die ökologischen Rechte bilden den Kern der anthropozänen Transformation des Grundgesetzes. Menschen und Natur verfügen über subjektive Rechte, mit denen sie die Rechtsordnung im eigenen oder fremden (ökologischen) Interesse in Bewegung setzen können.[175] Deshalb wird das ökologische Verantwortungsprinzip (Satz 1 Präambel GG-E) in der grundrechtlichen und zugleich staatsorganisatorischen Staatsfundamentalnorm des Art. 1 GG wieder aufgenommen:[176]

Art. 1 GG-E

(1) Die Würde des Menschen ist unantastbar. Sie zu achten und zu schützen ist Verpflichtung aller staatlichen Gewalt.

(2) Das Deutsche Volk bekennt sich darum zu unverletzlichen und unveräußerlichen Menschenrechten als Grundlage jeder menschlichen Gemeinschaft, des Friedens, *der Verantwortung für die Natur* und der Gerechtigkeit in der Welt.

(3) Die nachfolgenden Grundrechte binden Gesetzgebung, vollziehende Gewalt und Rechtsprechung als unmittelbar geltendes Recht.

Das ökologische Verantwortungsprinzip (Art. 1 Abs. 2 GG-E) strahlt auf die gesamte Verfassungsordnung des Grundgesetzes aus. Die damit verbundene normative Reichweite des ökologischen Verantwortungsprinzips wird deutlich, wenn man sich die komplexe Regelungsstruktur des Art. 1 GG vor Augen führt, dessen drei Absätze zugleich einen juristischen „Dreisatz“ bilden: Die Gewährleistung der Menschenwürde (Absatz 1) führt zum Bekenntnis zu den Menschenrechten als Grundlage jeder menschlichen Gemeinschaft (Absatz 2), worauf wiederum die Anerkennung der Grundrechte des Grundgesetzes als unmittelbar geltendes Recht gründet (Absatz 3). In diesen juristischen „Dreisatz“ geht nun auch das ökologische Verantwortungsprinzip ein, was zu einer normativen Begründung ökologischer Rechte führt. Um die ganze Bedeutung des ökologischen Verantwortungsprinzips für die Gewährleistung ökologischer Grundrechte zu verdeutlichen, ist es notwendig, diesen verfassungsprinzipiellen „Dreisatz" des Art. 1 GG nachzuvollziehen.

Der erste Satz dieses verfassungsprinzipiellen „Dreisatzes", der die Verfassungsordnung des Grundgesetzes prägt, ist die Gewährleistung der Menschenwürdegarantie (Art. 1 Abs. 1 GG) als das zentrale Recht und Prinzip unserer Verfassungsordnung: Die Würde des Menschen ist unantastbar. Deshalb muss der Staat jeden Menschen in seiner politischen und rechtlichen Subjektstellung achten und schützen. Kein Mensch darf – so das Bundesverfassungsgericht – auf ein „bloßes Objekt"[177] reduziert werden. Er muss immer über die Möglichkeit verfügen, sich als menschliches Subjekt begreifen zu können.

Aus diesem ersten Satz – der Menschenwürdegarantie – folgt unmittelbar („darum") der zweite Satz des verfassungsprinzipiellen „Dreisatzes": das Bekenntnis des deutschen Volkes – also der Bürgerinnen und Bürger der Bundesrepublik – zu den unverletzlichen und unveräußerlichen Menschenrechten als der Grundlage jeder menschlichen Gemeinschaft, des Friedens, der Verantwortung für die Natur und der Gerechtigkeit in der Welt (Art. 1 Abs. 2 GG-E). Dieser zweite verfassungsprinzipielle Satz hat eine individuelle, eine kollektive und eine sachliche Dimension. Die *individuelle Dimension* besteht darin, dass die Menschenwürde nicht nur ein eigenständiges Grundrecht (Art. 1 Abs. 1 GG), sondern darüber hinaus – ganz im Sinn *Hannah Arendts* – ein „Recht auf Rechte"[178] ist: Weil wir alle über Menschenwürde verfügen, bekennen wir uns zu den Menschenrechten. Die *kollektive Dimension* ergibt sich daraus, dass die Menschenwürde und die Menschenrechte auch eine gemeinschaftsgründende Funktion entwickeln: Sie bilden die Grundlage *jeder* menschlichen Gemeinschaft. Diese Formulierung – „jeder menschlichen Gemeinschaft" – hat der Verfassungsgeber bewusst weit gewählt: Die Menschenwürde und die Menschenrechte sollen überall dort gelten, wo Menschen gemeinschaftlich zusammenkommen.[179] Sie bilden die Grundlage für alle Formen der politischen Vergemeinschaftung: von den Gemeinden, die das Grundgesetz als „örtliche Gemeinschaften" versteht,[180] über die Länder bis zum Bund, die das Grundgesetz als „staatliche Gemeinschaften" ausweist.[181] Es sind also die Menschenwürde und die Menschenrechte, die diese menschlichen und politischen Gemeinschaften legitimieren. Doch der Begriff „jeder menschlichen Gemeinschaft" weist zugleich auch über den Verfassungsstaat hinaus auf die Europäische Union[182] und die internationale Gemeinschaft. Die Europäische Union beruht heute ebenfalls auf dem Bekenntnis zur Menschenwürde und zu den Menschenrechten (Absatz 2 Präambel und Art. 1 GRCh); und auch die internationale Ordnung ist Ausdruck einer menschlichen Gemeinschaft, die nach dem Verständnis des Grundgesetzes ihre Grundlage in dem Bekenntnis zur Würde und den Rechten aller Menschen findet, selbst wenn dieser normative Anspruch sehr weit von der faktischen und rechtlichen Realität entfernt ist. Die *sachliche Dimension* des Bekenntnisses zur Menschenwürde und zu den Menschenrechten als Grundlage jeder menschlichen Gemeinschaft besteht darin, dass diese auch auf ganz konkrete Politiken bezogenen werden: auf den Frieden und die Gerechtigkeit in der Welt. Damit übernimmt der Verfassungsgeber die Verantwortung für die nationalsozialistische Diktatur und Gewaltherrschaft, den Zweiten Weltkrieg und die deutschen Verbrechen gegen die Menschlichkeit. Sie führen zu dem Bekenntnis, auf der Grundlage der Menschenwürde und der Menschenrechte dem Frieden und der Gerechtigkeit in der Welt zu dienen. Diese sachliche Dimension sieht sich nun um ein weiteres politisches Motiv bereichert, wenn wir die Verantwortung für die Natur in Art. 1 Abs. 2 GG-E regeln. Durch diese Ergänzung wird die ökologische Verantwortung jeder menschlichen Gemeinschaft angesichts der anthropozänen Herausforderungen verfassungsrechtlich festgeschrieben. Darüber hinaus sieht sich auch ein unmittelbarer ökologischer Bezug zwischen Menschenwürde und Menschenrechten einerseits und dem Frieden und der Gerechtigkeit in der Welt andererseits hergestellt. Damit sind zwei zentrale Konflikte des Anthropozän in der Neuregelung des Art. 1 Abs. 2 GG-E angesprochen: Zum einen wird die Frage nach ökologischer Gerechtigkeit (Environmental Justice) aufgeworfen.[183] Sie stellt sich insbesondere mit Blick auf die historische Verantwortung des Globalen Nordens und damit gerade auch der deutschen Gesellschaft für das Artensterben, die Klimakatastrophe und die Globalvermüllung. Die Neuformulierung der ökologischen Staatszielbestimmung des Grundgesetzes greift diesen Grundgedanken der ökologischen Gerechtigkeit auf (Art. 20a Abs. 2 GG-E).[184] Zum anderen spricht die ökologische Ergänzung des Art. 1 Abs. 2 GG-E die anthropozäne Aufgabe der Friedenssicherung im Hinblick auf Ressourcenknappheit und Naturkatastrophen an. Diese führen bereits gegenwärtig zu internationalen Konflikten, die mit der zunehmenden Bereitschaft, anthropozäne Herausforderungen mittels nationalem, regionalem und globalem Geo-Engineering zu lösen, schnell eskalieren können.[185] Die Konzepte des Geo-Engineering reichen schon heute von der Einleitung von Eisensulfat in die Ozeane, um das Algenwachstum anzuregen, bis zur gezielten Einbringung von Staubpartikeln in die Atmosphäre, von der Installation von Spiegeln im

Weltraum, um das Sonnenlicht zu reflektieren, bis zur globalen Umsiedlung von bedrohter Fauna und Flora. Niemand überblickt jedoch die ökologischen Risiken und Gefahren sowie kulturellen, ökonomischen, politischen und gegebenenfalls auch militärischen Aus- und Nebenwirkungen dieser Eingriffe.[186]

Aus diesem zweiten Satz – dem Bekenntnis zu Menschenwürde und Menschenrechten – folgt der dritte Satz des verfassungsprinzipiellen „Dreisatzes“: Die Grundrechte des Grundgesetzes, die neben der Menschenwürdegarantie (Art. 1 Abs. 1 GG) insbesondere in den Art. 2 bis 19 GG geregelt sind, binden alle staatliche Gewalt – also Legislative, Exekutive und Judikative – als unmittelbar geltendes Recht (Art. 1 Abs. 3 GG). Dies bedeutet: Die politische Legitimation der Menschenwürde und der Menschenrechte wird in den ganz konkreten Grundrechtsgewährleistungen des Grundgesetzes „legalisiert“. In dieser Transformation der Legitimationsfunktion der Menschenrechte in eine Legalitätsfunktion der Grundrechte spielt das nun in Art. 1 Abs. 2 GG-E geregelte Verantwortungsprinzip für die Natur eine ganz entscheidende Rolle, bei der sich wiederum eine subjektive, eine inhaltliche und eine dynamische Dimension unterscheiden lassen: Die *subjektive Dimension* der Grundrechtsberechtigten eröffnet die Perspektive, auch die Rechte der Natur anzuerkennen.[187] Die Tatsache, dass die Menschenwürde (Art. 1 Abs. 1 GG) den Grundstein der Verfassungsordnung bildet, bedeutet nicht, dass die Grundrechte ausschließlich dem Menschen zustehen müssten. So verfügen bereits heute wirtschaftliche Entitäten und Kapital als juristische Personen über das Recht, sich auf Grundrechte zu berufen (Art. 19 Abs. 3 GG); und was mit Wirtschaft und Kapital verfassungsrechtlich funktioniert, ist auch bei Natur und Tieren möglich. Die *inhaltliche Dimension* der Grundrechtsgehalte wird durch das Verantwortungsprinzip für die Natur auch ökologisch angereichert. Nicht nur die Natur wird in Zukunft als Grundrechtsträgerin ihre Grundrechte effektiv durchsetzen können. Vielmehr eröffnet sich auch für Menschen, die Zivilgesellschaft und die Wirtschaft die Möglichkeit, zum ökologischen Grundrechtsschutz beizutragen. Die *dynamische Dimension* resultiert aus den dadurch entstehenden Grundrechtskonflikten, in denen soziale, ökonomische und ökologische Interessen miteinander abgewogen werden. Mit der Anerkennung von ökologischen Personen als Rechtssubjekte und dem grundrechtlichen Schutz ökologischer Interessen wird es möglich, die Konflikte zwischen Gesellschaft, Wirtschaft und Natur auf juristischer Augenhöhe auszutragen. Damit ist für eine gerechte Verhandlung sozialer, ökonomischer und ökologischer Interessenkonflikte „juristische

Waffengleichheit“ zwischen Gesellschaft, Wirtschaft und Natur hergestellt.

Auf dieser verfassungsrechtlichen Grundlage des Art. 1 Abs. 2 GG-E können wir die komplexen Konflikte, die das Anthropozän zunehmend prägen (werden), fair austragen, wenn wir das ökologische Verantwortungsprinzip im Grundrechtsteil des Grundgesetzes normativ weiter ausdifferenzieren: erstens durch die Konkretisierung der ökologischen Handlungsfreiheit und Persönlichkeitsentfaltung, zweitens durch die Aufnahme eines Rechts auf ökologische Integrität, drittens durch die Einführung eines Rechts auf ökologische Informationen, viertens durch die Konkretisierung ökologischer Arbeits- und Wirtschaftsbedingungen, fünftens durch die Ökologiepflichtigkeit des Eigentums und sechstens durch die Anerkennung der Rechte der Natur.

1. Die ökologische Handlungsfreiheit und Persönlichkeitsentfaltung

Der erste Baustein für die Umsetzung ökologischer Rechte im Grundgesetz ist die Gewährleistung der ökologischen Handlungsfreiheit und Persönlichkeitsentfaltung:[188]

> **Art. 2 GG-E**
>
> (1) Jeder hat das Recht auf die freie Entfaltung seiner Persönlichkeit, soweit er nicht die Rechte anderer verletzt, nicht gegen die verfassungsmäßige Ordnung verstößt *und das ökologische Wohl der Allgemeinheit achtet.*
>
> (2) [...]

Der ökologische Freiheitsgehalt des Art. 2 Abs. 1 GG-E ergibt sich aus den zwei Gewährleistungen dieses Grundrechts: zum einen aus der Allgemeinen Handlungsfreiheit (Art. 2 Abs. 1 GG) als einem „Auffanggrundrecht", das immer dann eingreift, wenn spezielle Grundrechtsgarantien nicht einschlägig sind;[189] zum anderen aus dem Allgemeinen Persönlichkeitsrecht (Art. 2 Abs. 1 i. V. m. Art. 1 Abs. 1 GG), das die Entfaltung unserer persönlichen Identität gegenüber dem Staat und in der Gesellschaft gewährleistet, insbesondere auch, wenn diese Entfaltung durch neue technische Entwicklungen verändert oder bedroht wird.[190] Damit umfasst der Schutzbereich des Art. 2 Abs. 1 (i. V. m. Art. 1 Abs. 1) GG die individuelle Selbstentfaltung von den banalsten Lebensbereichen bis zu höchstpersönlichen Rechtsgütern. Der Schutzbereich dieser Freiheitsgewährleistung der individuellen Selbstentfaltung ist also weit; und entsprechend umfassend sind auch die Schranken dieses Grundrechts: die Rechte anderer, die verfassungsmäßige Ordnung und – nun auch – das ökologische Wohl der Allgemeinheit. Diese weit gefasste „Schrankentrias" der Allgemeinen Handlungsfreiheit und des Persönlichkeitsrechts muss durch den Gesetzgeber ausgestaltet werden, wobei die Konflikte zwischen Freiheitsgarantie und Freiheitsschranken durch Abwägung mittels des Verhältnismäßigkeitsgrundsatzes zu lösen sind.[191] So konkretisiert sich der grundrechtliche Gehalt der individuellen Selbstentfaltung des Einzelnen im liberalen Verfassungsstaat über das verhältnismäßige Zusammenspiel von individuellem Freiheitsanspruch und demokratischen Freiheitsbegrenzungen, deren ökologische Dimensionen in allen drei Komponenten der „Schrankentrias" angelegt sind: in den ökologischen Rechten anderer, in der verfassungsmäßigen ökologischen Ordnung und im ökologischen Allgemeinwohl.

Erstens begrenzen die ökologischen Rechte anderer die individuelle Selbstentfaltung. So können die Allgemeine Handlungsfreiheit und das Allgemeine Persönlichkeitsrecht durch die Grundrechtsgewährleistungen anderer Personen beschränkt werden, die eine ökologische Dimension aufweisen, wie beispielsweise das Recht auf ökologische Integrität, also auf eine intakte Umwelt und die Erhaltung der natürlichen Lebensgrundlagen (Art. 2 Abs. 2 Satz 1 GG-E).[192] Dieses ökologische Grundrecht ist in der Lage, die Allgemeine Handlungsfreiheit und das Allgemeine Persönlichkeitsrecht verfassungskonform zu beschränken. Zugleich wird aber auch mit der Anerkennung von ökologischen Personen (Art. 19 Abs. 3 GG-E) der persönliche Schutzbereich insbesondere der ökologischen Rechte erweitert. So können sich künftig neben Menschen beispielsweise auch Tiere, Pflanzen oder Ökosysteme auf das Recht auf ökologische Integrität berufen (Art. 2 Abs. 2 Satz 1 i. V. m. Art. 19 Abs. 3 GG-E),[193] das sodann wiederum eine durch den Gesetzgeber zu konkretisierende Schranke der individuellen Selbstentfaltung von Menschen bildet.

Zweitens setzt die verfassungsmäßige Ordnung der Allgemeinen Handlungsfreiheit und dem Allgemeinen Persönlichkeitsrecht Grenzen. Zur verfassungsmäßigen Ordnung i. S. d. Art. 2 Abs. 1 (i. V. m. Art. 1 Abs. 1) GG-E zählt die „Gesamtheit der Normen, die formell und materiell der Verfassung gemäß sind."[194] Deshalb stellt die gesamte ökologisch gestaltete Rechtsordnung eine Schranke der Allgemeinen Handlungsfreiheit und des Allgemeinen Persönlichkeitsrechts dar. So können auch das ökologische Staatsprinzip (Art. 20 Abs. 1 GG-E) und die ökologische Staatszielbestimmung (Art. 20a GG-E) in ihren einfachgesetzlichen Konkretisierungen der individuellen Selbstentfaltung verfassungskonforme Schranken setzen, also etwa die Achtung und der Schutz von Natur und Tieren, die Erhaltung der Artenvielfalt, die Bewahrung des Klimas und der Meere (Art. 20a Abs. 1 GG-E) sowie die Gewährleistung umweltgerechter Lebensverhältnisse für gegenwärtige und künftige Generationen (Art. 20a Abs. 2 GG-E).

Drittens setzt auch das ökologische Wohl der Allgemeinheit der Allgemeinen Handlungsfreiheit und dem Allgemeinen Persönlichkeitsrecht verfassungsrechtliche Grenzen.[195] Es ist bereits deutlich geworden, dass das ökologische Allgemeinwohl in der anthropozänen Gesellschaft nicht der Wunschvorstellung eines ökologischen Gleichgewichts Ausdruck verleiht.[196] Vielmehr reflektiert der Begriff des „ökologischen Allgemeinwohls" über die ökologischen Rechte anderer und die ökologischen Staatsprinzipien und Staatsziele hinaus die offene Entwicklung des Verhältnisses von Mensch und Natur: Unter der Beachtung der ökologischen Dynamik stabiler Ungleichgewichte geht es dem ökologischen Wohl der Allgemeinheit um die Wahrung der planetarischen Leitplanken, die Einhaltung des Abstandsgebots zu den globalen Kipppunkten und die Vermeidung von ökologischen Katastrophenkaskaden.

Es ist die Sache des demokratisch legitimierten Gesetzgebers, die Grenzen der ökologischen Handlungsfreiheit und Persönlichkeitsentwicklung verhältnismäßig auszugestalten. *Klaus Bosselmann* hat darauf hingewiesen, dass in diesem demokratischen Prozess der gesetzgeberischen Konkretisierung der individuellen Freiheit und ihrer ökologischen Grenzen bereits das ganze Programm eines ökologischen Verfassungsstaats angelegt ist:[197] Erstens, die Ausgestaltung ökologischer Rechte beginnt mit der verfassungskonformen Beschränkung der klassischen grundrechtlichen Freiheiten, um ökologische Grundrechte, Staatsprinzipien und Staatsziele zu wahren. Zweitens kommt der ökologischen Beschränkung der Allgemeinen Handlungsfreiheit und des Allgemeinen Persönlichkeitsrechts eine normative Vorbildfunktion für die speziellen Grundrechtsgarantien zu, die in den Art. 2 ff. GG geregelt sind.[198] Bei einigen dieser Grundrechte wird die ökologische Dimension der Freiheitsentfaltung zwar ausdrücklich geregelt, wie beispielsweise im Fall der Koalitionsfreiheit (Art. 9 Abs. 3 Satz 1 GG-E)[199] und der Eigentumsgarantie (Art. 14 Abs. 2 GG-E).[200] Doch gerade die verfassungsrechtliche Konturierung einer ökologischen Handlungsfreiheit und Persönlichkeitsentfaltung (Art. 2 Abs. 1 [i. V. m. Art. 1 Abs. 1] GG-E) veranschaulicht, dass auch andere Freiheitsrechte durch die ökologischen Rechte, Prinzipien und Ziele des Grundgesetzes eingeschränkt werden können, zum Beispiel die Vereinigungs- (Art. 9 Abs. 1 GG) oder die Berufsfreiheit (Art. 12 Abs. 1 GG). Drittens wird deutlich, dass wir damit zugleich das Menschenbild des Grundgesetzes ökologisch fortschreiben.[201] „Das Menschenbild des Grundgesetzes" – so formuliert es das Bundesverfassungsgericht – „ist nicht das eines isolierten souveränen Individuums; das Grundgesetz hat vielmehr die Spannung Individuum – Gemeinschaft im Sinne einer Gemeinschaftsbezogenheit und Gemeinschaftsgebundenheit der Person entschieden, ohne dabei deren Eigenwert anzutasten."[202] Nimmt man die ökologische Transformation unserer Verfassungsordnung ernst, so tritt neben die soziale Einbindung des Menschen in die Gesellschaft die ökologische Verbundenheit des Menschen mit der Natur. Auf diese Weise lässt sich das Menschenbild des Grundgesetzes dahingehend fortschreiben, dass das Spannungsverhältnis Individuum – Gesellschaft – Natur im Sinn einer Gesellschaftsbezogenheit und zugleich einer Naturverbundenheit der Person aufgelöst wird, ohne dabei deren Eigenwert anzutasten, sondern diesen – ganz im Gegenteil – sozial und ökologisch zu entfalten. Dies ist das verfassungspolitische und verfassungsrechtliche Programm des ökologischen Grundgesetzes.

2. Das Recht auf ökologische Integrität

Den zweiten Baustein für die Entfaltung ökologischer Rechte im Grundgesetz bildet die Aufnahme eines Rechts auf ökologische Integrität, also auf eine intakte Umwelt und die Erhaltung der natürlichen Lebensgrundlagen:[203]

Art. 2 GG-E

(1) [...]

(2) Jeder hat das Recht auf Leben, körperliche Unversehrtheit, *eine intakte Umwelt und die Erhaltung seiner natürlichen Lebensgrundlagen*. Die Freiheit der Person ist unverletzlich. In diese Rechte darf nur auf Grund eines Gesetzes eingegriffen werden.

Das Recht auf Leben und körperliche Unversehrtheit wird durch das Recht jeder Person auf eine intakte Umwelt und die Erhaltung ihrer natürlichen Lebensgrundlagen ergänzt (Art. 2 Abs. 2 Satz 1 GG-E). Die rechtlichen Konturen dieses Umweltgrundrechts ergeben sich aus einer Zusammenschau von Grundrechtsberechtigung, Grundrechtsgehalt, Grundrechtsdimensionen, Grundrechtsschranken und dem gerichtlichen Grundrechtsschutz.

Die *Grundrechtsberechtigung* des Rechts auf ökologische Integrität ist weit gefasst: Jede Person kann sich auf das Recht auf eine intakte Umwelt und die Erhaltung ihrer natürlichen Lebensgrundlagen berufen. Damit ist es zunächst allen menschlichen Personen möglich, dieses Recht auf ökologische Integrität geltend zu machen. Der persönliche Schutzbereich des Art. 2 Abs. 2 Satz 1 GG-E steht aber auch ökologischen Personen offen (Art. 19 Abs. 3 GG-E).[204] Nach Art. 19 Abs. 3 GG-E können sich ökologische Personen auf Grundrechte berufen, soweit diese ihrem Wesen nach auf sie anwendbar sind. Bei ökologischen Personen handelt es sich grundsätzlich um natürliche Akteure, deren subjektiver Rechtsstatus und Grundrechtsfähigkeit durch Art. 19 Abs. 3 GG-E anerkannt werden. Das

Grundrecht auf eine intakte Umwelt und die Erhaltung der natürlichen Lebensgrundlagen ist seinem Wesen nach auch unmittelbar auf die ökologischen Personen anwendbar, die leben und über einen Körper verfügen, beispielsweise auf Tiere, Pflanzen und Ökosysteme. Darüber hinaus steht der Schutz aus Art. 2 Abs. 2 Satz 1 GG-E nicht nur menschlichen und ökologischen Personen zu, die sich in der Bundesrepublik befinden. Vielmehr handelt es sich um eine globale Grundrechtsberechtigung. Sie kann von menschlichen und ökologischen Personen global mit der Behauptung in Anspruch genommen werden, von der Staatsgewalt der Bundesrepublik Deutschland in ihrer ökologischen Integrität beeinträchtigt oder verletzt zu werden.

Der *Grundrechtsgehalt* des Rechts auf ökologische Integrität knüpft an das Recht auf Leben und körperliche Unversehrtheit an. Das Recht auf ökologische Integrität ist folglich immer dann betroffen, wenn eine Veränderung der Umwelt oder der natürlichen Lebensgrundlagen zu einem Risiko, einer Gefährdung oder einem Schaden für eine menschliche oder ökologische Person führt.[205] Im Vergleich zur geltenden Verfassungslage kommt dem Recht auf ökologische Integrität (Art. 2 Abs. 2 Satz 1 GG-E) eine klarstellende und eine erweiternde Funktion zu. Die klarstellende Funktion der Ergänzung des Art. 2 Abs. 2 Satz 1 GG-E ist darin zu sehen, dass die ökologische Dimension des Rechts auf Leben und körperliche Unversehrtheit nun ausdrücklich anerkannt wird.[206] Eine solche ausdrückliche Klarstellung ist verfassungspolitisch angezeigt, um angesichts der anthropozänen Herausforderungen die juristische Sensibilität für die ökologische Vulnerabilität von Leben und Gesundheit menschlicher wie ökologischer Personen in der alltäglichen Verfassungs- und Rechtspraxis zu schärfen. Die erweiternde Funktion der Ergänzung des Art. 2 Abs. 2 Satz 1 GG-E liegt in der umfassenden Gewährleistung eines Rechts auf ökologische Integrität, das über die aktuelle Verfassungslage hinausgeht. Es genügt für die grundrechtliche Gewährleistung des Lebens und der körperlichen Unversehrtheit von menschlichen und ökologischen Personen im Anthropozän nicht mehr, „nur" isoliert deren Körper in den Blick zu nehmen. Vielmehr ist dafür ein umfassendes Recht auf ökologische Integrität notwendig, um die Umwelt und die natürlichen Lebensgrundlagen von menschlichen und ökologischen Personen in die grundrechtliche Würdigung zu integrieren. Dies geht verfassungsdogmatisch über eine Reflexion von – allgemein gesprochen – „Grundrechtsvoraussetzungen" und – konkret gesprochen – ökologischen „Gesundheitsvoraussetzungen"[207] hinaus. Ein solches Verständnis unterscheidet noch viel zu rigide zwischen der körperlichen Integrität einerseits und der Umwelt und ihren natürlichen Lebensgrundlagen andererseits. Im Gegensatz dazu kommt es auf die relationale Entfaltung der Wechselwirkung der körperlichen Integrität einer menschlichen oder ökologischen Person, ihrer Umwelt und ihrer natürlichen Lebensgrundlagen an. Es geht also – metaphorisch gesprochen – um eine „grundrechtsräumliche" Erweiterung des Gewährleistungsgehalts der klassischen grundrechtlichen Garantie des Lebens und der körperlichen Unversehrtheit durch das Recht auf ökologische Integrität – eine „grundrechtsräumliche Erweiterung", die die ökologischen Relationen des Lebens und der körperlichen Unversehrtheit von menschlichen und ökologischen Personen umfassend in den Blick nimmt. Solche „grundrechtsräumlichen" Erweiterungen des Gewährleistungsgehalts angesichts neuer, komplexer und technischer Entwicklungen sind in der Verfassungsrechtsdogmatik bereits bekannt. Das wohl prominenteste Beispiel dafür ist die Erweiterung des Grundrechts auf informationelle Selbstbestimmung (Art. 2 Abs. 1 i. V. m. Art. 1 Abs. 1 GG)[208] durch ein „Grundrecht auf Gewährleistung der Vertraulichkeit und Integrität informationstechnischer Systeme"[209], das einen umfassenderen „informationsräumlichen" Schutz des Persönlichkeitsrechts angesichts der dynamischen Entwicklung digitaler Ausforschungsmöglichkeiten gewährleisten soll.[210] Ganz in diesem Sinn wird auch der Gewährleistungsbereich des Schutzes des Lebens und der körperlichen Unversehrtheit menschlicher und ökologischer Personen auf ihre intakte Umwelt und die Erhaltung ihrer natürlichen Lebensgrundlagen erstreckt.

Sieben *Grundrechtsdimensionen* lassen sich für das Recht auf ökologische Integrität unterscheiden:[211] Erstens stellt das Umweltgrundrecht ein *Abwehrrecht* gegenüber dem Staat dar. Menschliche und ökologische Personen können den Eingriff in ihre ökologische Integrität durch den Staat grundrechtlich abwehren; und der Staat muss ungerechtfertigte Eingriffe in die intakte Umwelt und die natürlichen Lebensgrundlagen einer menschlichen oder ökologischen Person unterlassen, wenn deren Leben oder körperliche Unversehrtheit dadurch gefährdet oder geschädigt wird. Ein solcher Eingriff kann unmittelbar durch den Staat erfolgen, wenn dieser beispielsweise selbst in die Natur eingreift und dadurch Risiken, Gefährdungen oder Schäden für das Leben oder die körperliche Unversehrtheit einer menschlichen oder ökologischen Person verursacht. Ein Eingriff kann aber auch mittelbar stattfinden, wenn ein staatliches Handeln aufgrund seiner Zielsetzung oder Wirkung einem unmittelbaren Eingriff gleichkommt. In diesem Zusammenhang sind zwei Fallkonstellationen faktisch besonders relevant und zugleich rechtlich besonders umstritten:[212] Die erste Fallgruppe betrifft präventive staatliche Genehmigungen für private Techniknutzungen, die einer intakten Umwelt schaden und deshalb Integritätsrisiken bergen. Hier soll dem Staat durch die von ihm ausgesprochenen Genehmigungen keine Mitverantwortung etwa für Luftverschmutzungen[213] oder Treibhausgasemissionen[214] zukommen. Eine Ausnahme wird von der Rechtsprechung nur im Fall des Atomrechts gemacht; so heißt es in der Entscheidung des Bundesverfassungsgerichts zu Mühlheim-Kärlich vom 10. Dezember 1979: „Wird aber ein Kernkraftwerk trotz des in ihm verkörperten außerordentlichen Gefährdungspotentials im Allgemeininteresse an der Energieversorgung genehmigt, so bedeutet dies, daß dic körperliche Integrität Dritter Gefährdungen ausgesetzt werden kann, die diese nicht beeinflussen und denen sie kaum ausweichen können. Damit übernimmt der Staat seinerseits eine eigene Mitverantwortung für diese Gefährdungen.“[215] Verfassungsrechtlich überzeugend ist diese pauschale grundrechtliche Exkulpation des Staats mit Kernenergievorbehalt für die ökologischen und integritätsbezogenen Folgen, die sich durch das genehmigte Verhalten Privater ergeben,[216] jedoch aus drei Gründen nicht: Erstens ist für die Bestimmung der Reichweite der grundrechtlichen Schutzwirkung einer Genehmigung deren konkreter rechtlicher Prüfungsumfang ausschlaggebend. Zweitens wäre dieser Prüfungsumfang gerade mit Blick auf Art. 2 Abs. 2 Satz 1 GG-E nicht angemessen strukturiert, wenn eine Genehmigung mit ökologischen und gesundheitlichen Risiken und Schäden verbunden ist. Drittens bergen neben der Kernenergie auch das Artensterben, die Klimakatastrophe und die Globalvermüllung außerordentliche Gefährdungspotenziale für die ökologische Integrität, denen menschliche und ökologische Personen nicht ausweichen können. Diese drei Gründe sprechen dafür, die ökologischen und gesundheitlichen Folgen von staatlichen Genehmigungen als mittelbare Grundrechtseingriffe dem Staat prinzipiell zuzurechnen, sodass diese einer angemessen Abwägung und Rechtfertigung bedürfen.[217] Die zweite Fallgruppe betrifft staatliche Infrastrukturen, wie beispielsweise Straßen, Schienen und Flughäfen, für deren umweltschädliche Nutzung durch Private der Staat ebenfalls verantwortlich ist. Zusammengefasst bedeutet dies, dass sehr viele ökologische und gesundheitliche Konflikte, die durch privates Verhalten entstehen, dem Staat über Genehmigungserteilungen und Infrastrukturen als mittelbare Grundrechtseingriffe zuzurechnen sind. Dies führt zu einer Aufwertung der abwehrrechtlichen Dimension des Rechts auf eine intakte Umwelt und die Erhaltung der natürlichen Lebensgrundlagen.

Neben dieser abwehrrechtlichen Dimension ergibt sich aus Art. 2 Abs. 2 Satz 1 GG-E eine staatliche *Schutzpflicht* für eine intakte Umwelt und die natürlichen Lebensgrundlagen menschlicher und ökologischer Personen. Diese ökologische Schutzpflicht kann der Staat beispielsweise dadurch umsetzen, dass er selbst intakte Umweltverhältnisse wiederherstellt und die natürlichen Lebensgrundlagen kultiviert. Er wird durch diese ökologische Schutzpflicht auch grundrechtlich verpflichtet, das soziale Leben und ökonomische Handeln so zu regeln, dass es nicht zu Risiken, Gefahren oder Schädigungen mit Blick auf die ökologische Integrität von menschlichen und ökologischen Personen kommt. Drittens formuliert das Recht auf eine intakte Umwelt und die Erhaltung der natürlichen Lebensgrundlagen ein verfassungsunmittelbares *Leistungsrecht*: Menschliche und ökologische Personen haben ein Recht auf ein ökologisches Existenzminimum.[218] Der Staat muss gegebenenfalls durch eigene Leistungen sicherstellen, dass ein Minimum ökologischer Integrität von menschlichen und ökologischen Personen gesichert ist. Viertens handelt es sich bei dem Recht auf eine gesunde Umwelt um ein *Teilhaberecht*: Es garantiert jeder menschlichen und ökologischen Person einen Anspruch auf Teilhabe an einer intakten Umwelt und an natürlichen Lebensgrundlagen. Diese Teilhabefunktion ökologischer Integrität steht in einem sehr engen Zusammenhang mit dem Konzept der „Umweltgerechtigkeit" („Environmental Justice"),[219] das auch Eingang in die neue ökologische Staatszielbestimmung (Art. 20a GG-E) findet.[220] Fünftens wirkt das Recht auf eine intakte Umwelt als *Verfahrensrecht*, das beispielsweise bei der Gesamtplanung in den Gemeinden, aber auch von großen Infrastrukturprojekten wie Straßen, Bahntrassen und Flughäfen, Energie- und Kommunikationsnetzen berücksichtigt werden muss. Es implementiert einen ökologischen Beteiligungsanspruch aller menschlichen und ökologischen Personen, die von den entsprechenden Planungen betroffen sind. Dieser ökologische Beteiligungsanspruch wird über die gesetzgeberische Ausgestaltung individueller Beteiligungsrechte, demokratischer Partizipation und transparenter Öffentlichkeit im Rahmen von Umweltverträglichkeitsprüfungen, Genehmigungs- und Planungsverfahren sichergestellt. Art. 2a GG-E regelt das dafür ebenfalls zentrale Recht auf ökologische Informationen.[221] Sechstens ist das Recht auf eine intakte Umwelt und die Erhaltung der natürlichen Lebensgrundlagen Teil der *Wertordnung* des Grundgesetzes.[222] Dies bedeutet, dass es verfassungsrechtlich auf die gesamte Rechtsordnung der Bundesrepublik ausstrahlt. So ist das Recht auf ökologische Integrität, also auf eine intakte Umwelt und die Erhaltung der natürlichen Lebensgrundlagen beispielsweise in zivilrechtlichen Streitigkeiten zu berücksichtigen, wenn etwa im Rahmen des Schadensersatzrechts eine Abwägung mit Blick auf die ökologischen und gesundheitlichen Risiken von Produkten oder Emissionen vorzunehmen ist. Siebtens beinhaltet das Recht auf eine intakte Umwelt und die Erhaltung der natürlichen Lebensgrundlagen eine *intertemporäre Dimension*:[223] Es vermittelt nicht nur das Recht auf die „aktuelle", sondern auch auf die künftige Gewährleistung der ökologischen Integrität von menschlichen und ökologischen Personen, beispielsweise wenn es um die Reaktion auf die exponentiellen Krisen des Anthropozän geht (Artensterben, Klimakatastrophe und Globalvermüllung).

Die *Grundrechtsschranken* des Rechts auf ökologische Integrität ergeben sich aus Art. 2 Abs. 2 Satz 3 GG: Nur aufgrund eines Gesetzes darf in das Umweltgrundrecht des Art. 2 Abs. 2 Satz 1 GG-E eingegriffen werden. Dieser grundrechtliche Schrankenvorbehalt eröffnet dem demokratisch legitimierten Gesetzgeber die Möglichkeit, die sozialen, ökonomischen und ökologischen Konflikte durch Gesetz zu lösen, die sich mit Blick auf die Gewährleistung der intakten Umwelt und der natürlichen Lebensgrundlagen von menschlichen und ökologischen Personen ergeben.

Der *effektive gerichtliche Grundrechtsschutz* ist für das Recht auf ökologische Integrität gewährleistet (Art. 19 Abs. 4, Art. 93 Abs. 1 Nr. 4a GG). Er kann von menschlichen und ökologischen Personen in Anspruch genommen werden, wobei dem Gesetzgeber die Regelung der gerichtlichen Vertretung ökologischer Personen obliegt.[224] Darüber hinaus ist die Geltendmachung effektiven Rechtsschutzes nicht auf menschliche und ökologische Personen beschränkt, die in der Bundesrepublik leben. Er muss global gewährleistet sein. Dies bedeutet jedoch nicht, dass mit Art. 2 Abs. 2 Satz 1 GG-E ein globales ökologisches Popularklagerecht geschaffen würde. Zunächst ergibt sich eine Beschränkung des Klagerechts daraus, dass eine subjektive Betroffenheit geltend gemacht werden muss, die ihren individuellen Grund in der körperlichen Integrität einer menschlichen oder ökologischen Person findet. Sodann ist es für die Geltendmachung effektiven Rechtsschutzes notwendig, die Zurechnung einer möglichen Rechtsverletzung durch die deutsche Staatsgewalt darzulegen. Für öffentlich-rechtliche Streitigkeiten, die eine Verletzung des Rechts auf eine intakte Umwelt und die Erhaltung der natürlichen Lebensgrundlagen betreffen, ist grundsätzlich der Verwaltungsrechtsweg eröffnet (§ 40 Abs. 1 Satz 1 VwGO). Es besteht auch die Möglichkeit, eine Verletzung des Umweltgrundrechts aus Art. 2 Abs. 2 Satz 1 GG-E im Rahmen einer Verfassungsbeschwerde vor dem Bundesverfassungsgericht geltend zu machen (Art. 93 Abs. 1 Nr. 4a GG). Des Weiteren kann eine Verletzung des Rechts auf eine intakte Umwelt und die Erhaltung der natürlichen Lebensgrundlagen im Rahmen einer abstrakten Normenkontrolle (Art. 93 Abs. 1 Nr. 2 GG) und einer konkreten Normenkontrolle (Art. 100 Abs. 1 Satz 1 GG) geprüft werden. In zivilrechtlichen Streitigkeiten zwischen Privaten findet das Umweltgrundrecht ebenfalls Berücksichtigung: Es strahlt als Teil der objektiven Wertordnung des Grundgesetzes auf die Auslegung und Anwendung zivilrechtlicher Regelungen aus, beispielsweise auf die Klärung von Schadensersatz- (§ 823 BGB) und Unterlassungsansprüchen (§ 1004 BGB analog).

Der *verfassungsrechtliche Mehrwert* eines Rechts auf ökologische Integrität, also auf eine intakte Umwelt und die Erhaltung der natürlichen Lebensgrundlagen in Art. 2 Abs. 2 Satz 1 GG-E lässt sich im Vergleich zur geltenden Rechtslage in fünf Punkten zusammenfassen: Erstens die ausdrückliche Klarstellung der ökologischen Dimension der Gewährleistung von Leben und körperlicher Unversehrtheit. Zweitens die ökologische Erweiterung dieses Rechts auf die Umweltbeziehungen. Drittens die Ausdehnung des Kreises der Grundrechtsträgerinnen auf ökologische Personen (Art. 19 Abs. 3 GG-E). Viertens die überfällige Neubestimmung des mittelbaren Grundrechtseingriffs durch die staatliche Zurechnung privater Beeinträchtigungen der Umwelt (Genehmigungen, Infrastrukturen). Fünftens die Entfaltung der intertemporalen Dimension des Rechts auf eine intakte Umwelt und die Erhaltung der natürlichen Lebensgrundlagen.

3. Das Recht auf ökologische Informationen

Der dritte Baustein für die Entfaltung ökologischer Rechte im Grundgesetz liegt in der Einführung eines Anspruchs auf ökologische Informationen, der in einem neuen Art. 2a GG-E garantiert wird:[225]

Art. 2a GG-E

(1) Jede Person hat ein Recht auf freien Zugang zu ökologischen Informationen.

(2) Die Öffentlichkeit ist aktiv, transparent und systematisch über die ökologische Entwicklung zu informieren.

(3) Der Informationszugang und die Unterrichtung der Öffentlichkeit wird durch Gesetz oder auf Grund eines Gesetzes geregelt.

Die Regelung des Art. 2a GG-E begleitet den ökologischen Strukturwandel der Öffentlichkeit,[226] indem sie ein individuelles Leistungsrecht auf freien Zugang zu ökologischen Informationen (Art. 2a Abs. 1 GG-E) mit einer institutionellen Verpflichtung zu einer aktiven, transparenten und systematischen Information der Öffentlichkeit über die ökologische Entwicklung kombiniert (Art. 2a Abs. 2 GG-E). Auf diese Weise werden die informationellen Grundlagen für eine ökologische Transformation unserer Gesellschaft gelegt.

Die *individualrechtliche Dimension* für diesen ökologischen Strukturwandel der Öffentlichkeit bildet der Anspruch auf den freien Zugang zu Informationen über die Umwelt (Art. 2a Abs. 1 GG-E), der mit Blick auf die Grundrechtsberechtigten, den ökoinformationellen Grundrechtsgehalt und die Grundrechtsadressaten weit auszulegen ist.

Die *Grundrechtsberechtigten* des Rechts auf ökologische Informationen sind alle menschlichen, juristischen und ökologischen Personen (Art. 2a Abs. 1 [i. V. m. Art. 19 Abs. 3] GG-E).[227] Erst auf der Grundlage von gesicherten ökologischen Informationen können menschliche und ökologische Personen ihr Recht auf ökologische Integrität, also auf eine intakte Umwelt und die Erhaltung der natürlichen Lebensgrundlagen (Art. 2 Abs. 2 Satz 1 GG-E) geltend machen: zum einen als individuelles Abwehrrecht gegen staatliche Entscheidungen, die zur Zerstörung der Umwelt und der natürlichen Lebensgrundlagen führen; zum anderen als grundrechtliche Schranke gegen eine umweltbeeinträchtigende oder -zerstörende Wahrnehmung von Grundrechten durch Private, die sich beispielsweise auf die Berufsfreiheit (Art. 12 Abs. 1 GG) und die Eigentumsgarantie (Art. 14 Abs. 1 GG) berufen können. Dem individuellen Leistungsgrundrecht auf ökologische Informationen kommt aber zugleich auch eine gesamtgesellschaftliche Bedeutung zu: Es bereichert im Fall seiner vielfältigen Wahrnehmung durch Grundrechtsberechtigte insgesamt das ökologische Wissen, das in der Gesellschaft zur Verfügung steht. Aus diesem Grund sollte der Gesetzgeber in seiner verfahrensrechtlichen Ausgestaltung des ökologischen Informationsrechts (Art. 2a Abs. 3 GG-E) dessen individuelle Wahrnehmung auch nicht von einer subjektiven Betroffenheit durch negative Umweltveränderung abhängig machen (vgl. bereits § 3 Abs. 1 Satz 1 UIG). Vielmehr kommt der individuelle Anspruch auf den freien Zugang zu ökologischen Informationen allen menschlichen, ökonomischen und ökologischen Personen weltweit zu. Für dieses weite Verständnis des Art. 2a Abs. 1 GG-E als globaler Popularanspruch spricht, dass nationale und globale Informationen über die Umwelt aufgrund der potentiell weltweiten Wechselwirkung von Ökosystemen und Naturmedien nicht klar voneinander abgrenzbar sind. Darüber hinaus entstehen hinsichtlich ökologischer Informationen kaum überwindbare Abgrenzungsschwierigkeiten, wenn die Betroffenheit zum maßgeblichen Auskunftskriterium würde. Aus diesem Grund sollten keine administrativen, finanziellen und personellen Mittel für die Klärung der Frage der Betroffenheit als Auskunftsvoraussetzung verschwendet werden. Stattdessen ist es in einem ökologischen Verfassungsstaat zielführender, diese Ressourcen in den ökologischen Strukturwandel der Öffentlichkeit zu investieren.

Der *Grundrechtsgehalt* des Anspruchs auf ökologische Informationen ist angesichts seiner individuellen und gesamtgesellschaftlichen Schutzrichtung ebenfalls weit zu verstehen. Aus diesem Grund umfasst der Anspruch des Art. 2a Abs. 1 GG-E einen umfassenden Zugang zu Informationen über ökologische Zustände, Faktoren und Maßnahmen.[228] Dabei beziehen sich ökologische Zustände auf die dynamische Entwicklung der Natur, was alle Pflanzen und Tiere (Artenvielfalt) sowie Naturmedien (Boden, Klima, Luft, Wasser) einschließt. Ökologische

Faktoren sind alle Bedingungen und Folgen des Handelns menschlicher und ökonomischer Personen, die sich auf den Zustand der Natur auswirken (Abfall, Abwasser, Emissionen, Lärm, Strahlungen, Versiegelungen, Energie- und Stofffreisetzungen sowie ökologische Risiken, Gefahren und Schäden). Ökologische Maßnahmen erfassen alle Handlungen, die von menschlichen und ökonomischen Personen ergriffen werden, um auf eine Verbesserung des ökologischen Zustands und der ökologischen Faktoren hinzuwirken, einschließlich der Offenlegung ihrer gegebenenfalls negativen ökologischen Reboundeffekte. Dieses weite Verständnis von ökologischen Informationen umfasst auch die Wechselwirkungen, die ökologische Zustände, Faktoren und Maßnahmen jeweils für sich und sodann auch untereinander kennzeichnen.

Der *Grundrechtsadressat* des Anspruchs auf freien Zugang zu ökologischen Informationen ist grundsätzlich der Staat, also alle Organe und Institutionen der Kommunen, der Länder und des Bundes. Des Weiteren erstreckt sich der ökologische Informationsanspruch auf alle Unternehmen, die im (Mehrheits-)Eigentum einer Gemeinde, eines Landes oder des Bundes stehen, etwa die Deutsche Bahn AG.[229] Soweit Kommunen, Länder oder der Bund bei der Erfüllung öffentlicher Aufgaben Private – beispielsweise wirtschaftliche Unternehmen – einbeziehen, sind diese ebenfalls verfassungsrechtlich verpflichtet, den Umweltinformationsanspruch zu gewährleisten: entweder indem Kommunen, Länder und Bund ihn selbst erfüllen oder indem sie im Rahmen der gesetzlichen oder vertraglichen Beauftragung den Privaten zur Erfüllung des ökologischen Informationsanspruchs verpflichten. Schließlich ist es dem demokratisch legitimierten Gesetzgeber auf der Grundlage des Gesetzes- und damit Ausgestaltungsvorbehalts des Art. 2a Abs. 3 GG-E möglich, Private – und damit wiederum insbesondere Wirtschaftsunternehmen – auf die Erfüllung des ökologischen Informationsanspruchs durch eine ausdrückliche gesetzliche Regelung zu verpflichten. Dies ist verfassungsrechtlich gerechtfertigt, weil die Berufsfreiheit (Art. 12 Abs. 1 GG) und die Eigentumsgarantie (Art. 14 Abs. 1 GG) durch die grundrechtliche Schutzpflicht für das Recht auf ökologische Integrität, also auf eine intakte Umwelt und die Erhaltung der natürlichen Lebensgrundlagen von Menschen (Art. 2 Abs. 2 Satz 1 GG-E) und ökologischen Personen (Art. 2 Abs. 2 Satz 1 i. V. m. Art. 19 Abs. 3 GG-E) sowie das ökologische Staatsprinzip (Art. 20 Abs. 1 GG-E) und das ökologische Staatsziel (Art. 20a GG-E) eingeschränkt werden können. Diese Verpflichtung von Privaten zur Veröffentlichung von ökologischen Informationen lässt sich auf zwei Arten umsetzen: Zum einen kann der Gesetzgeber den Grundrechtsberechtigten unmittelbar einen ökologischen Informationsanspruch gegenüber dem Privaten – also wiederum beispielhaft gegenüber einem Wirtschaftsunternehmen – eröffnen. Zum anderen ist es dem Gesetzgeber aber auch möglich, den Privaten – beispielsweise in einem Genehmigungs- oder Planungsverfahren – zu einer Offenlegung von ökologischen Informationen gegenüber staatlichen Behörden zu verpflichten, die dann wiederum den individuellen Anspruch der Grundrechtsberechtigten auf ökologische Informationen erfüllen.

Die *institutionelle Dimension* für den ökologischen Strukturwandel der Öffentlichkeit bildet die staatliche Verpflichtung, die Öffentlichkeit aktiv, transparent und systematisch über die ökologische Entwicklung zu informieren (Art. 2a Abs. 2 GG-E). Der Zweck dieser ökologischen Informationspflicht der Öffentlichkeit ist der institutionelle Schutz der ökologischen Grundrechte. Sie bildet den informationellen und kommunikativen Teil einer umfassenden „ökologischen Daseinsvorsorge"[230], die eine arbeitsteilige Produktion ökologischen Wissens voraussetzt: erstens durch die Umweltwissenschaften (Institute, Universitäten und Akademien), zweitens durch die Zivilgesellschaft (Umwelt- und ökologische Nichtregierungsorganisationen), drittens durch umweltbezogene oder umweltrelevante Wirtschaftsunternehmen (praktisch alle Industriesparten), viertens den Staat (Bund, Länder, Gemeinden) und fünftens die Europäische Union und die Vereinten Nationen. Diesen Institutionen kommen in der Produktion des ökologischen Wissens der Gesellschaft unterschiedliche Funktionen zu, wobei sich wissenschaftliches, aktivistisches, wirtschaftliches und bürokratisches Wissen über die Umwelt bzw. die Natur unterscheiden lassen. Selbstverständlich ist dies eine idealtypische Betrachtung der arbeitsteiligen Wissensproduktion, deren reale Praxis auch Überschneidungen und Rollenvermischungen kennt.

In einer freien Gesellschaft und in einem demokratischen Verfassungsstaat führt diese wissenschaftliche Arbeitsteilung und komplexe Wissenslandschaft zu einer „epistemologischen Gewaltenteilung", die der Gegenstand der Regelung des Art. 2a Abs. 2 GG-E ist: Die Öffentlichkeit ist aktiv und systematisch über die ökologische Entwicklung zu informieren. Schon in seiner Formulierung fokussiert Art. 2a Abs. 2 GG-E nicht vorschnell auf den Staat. Er nimmt die komplexe Arbeitsteilung in den Blick, die die Produktion und Kommunikation ökologischen Wissens kennzeichnet. Zugleich erlegt die institutionelle Garantie des Art. 2a Abs. 2 GG-E dem Staat zwei Formen der institutionellen Verantwortung für die ökologische Kommunikation der Gesellschaft auf: eine allgemeine Verantwortung für die arbeitsteilige Funktionsfähigkeit der ökologischen Wissensproduktion der Gesellschaft und die spezielle Verantwortung, durch eigene Wissenspolitik aktiv und transparent zu einer systematischen Information der Gesellschaft über die dynamische Entwicklung der Natur beizutragen.

Der Staat übernimmt nach Art. 2a Abs. 2 GG-E zunächst die Gewährleistungsverantwortung für die Funktionsfähigkeit der arbeitsteiligen Produktion des ökologischen Wissens der Gesellschaft. Dies geschieht durch eine Vielzahl von Instrumenten: erstens durch staatliche Leistung, wenn der Staat beispielsweise wissenschaftliche Institute, Universitäten und Akademien unterhält, die zur Produktion ökologischen Wissens beitragen; zweitens durch staatliche Verfahren, wenn der Staat beispielsweise zivilgesellschaftliche Umwelt- und ökologische Nichtregierungsorganisationen in das umweltbezogene Gesetzgebungs- oder Genehmigungsverfahren einbezieht; drittens durch Regulierung, wenn der Staat beispielsweise die Übermittlung oder Veröffentlichung von ökologischen Informationen durch Wirtschaftsunternehmen verlangt.

Der Staat wird durch Art. 2a Abs. 2 GG-E aber auch selbst dazu verpflichtet, die Öffentlichkeit aktiv, transparent und systematisch über die ökologische Entwicklung zu informieren.[231] Hier verlangt Art. 2a Abs. 2 GG-E nicht nur, dass der Staat die ihm vorliegenden Informationen als systematisch geordnetes ökologisches Wissen weitergibt. Er muss die dynamische ökologische Entwicklung aktiv begleiten, indem er den ökologischen Wissensstand systematisch fortschreibt und transparent kommuniziert. Dies gilt für die ökologischen Voraussetzungen, Inhalte und Folgen seiner eigenen ökologischen Politiken. Der Staat ist durch Art. 2a Abs. 2 GG-E jedoch nicht angehalten, unmittelbar selbst das umfassende ökologische Wissen der Gesellschaft vorzuhalten. Er kann deshalb bei der Gewinnung, Vorhaltung und Kommunikation von ökologischem Wissen einbeziehen, dass auch Umweltwissenschaften, Umwelt- und ökologische Nichtregierungsorganisationen sowie Wirtschaftsunternehmen Umweltwissen generieren und kommunizieren. Allerdings muss der Staat durch Art. 2a Abs. 2 GG-E die Entwicklung dieses ökologischen Wissens beobachten, ökologische Wissenslücken füllen und ökologische Wissensasymmetrien durch „Kontrastinformationen"[232] kompensieren. Darüber hinaus ist es in zentralen Feldern ökologischer Politik notwendig, Fake News und Alternative Fakten, Propaganda und Lügen in der öffentlichen Wissenskommunikation immer wieder zu korrigieren.

Diese aktive Doppelrolle des Staats für die Funktionsfähigkeit der ökologischen Wissensgesellschaft im Allgemeinen und die aktive und transparente, systematische und dynamische ökologische Informationspolitik im Besonderen sieht sich durch die Bürgerinnen und Bürger, die Zivilgesellschaft, die Umweltwissenschaften und die Wirtschaft ganz im Sinn der soeben bereits angesprochenen „epistemologischen Gewaltenteilung“ gewährleistet und kontrolliert:[233] Die Aktualität der ökologischen Informationen des Staates wird durch das Recht menschlicher, ökonomischer und ökologischer Personen auf freien Zugang zu ökologischen Informationen (Art. 2a Abs. 1 GG-E) sowie den politischen Aktivismus von Umwelt- und ökologischen Nichtregierungsorganisationen garantiert. Die Systematik staatlicher ökologischer Informationen unterliegt der ständigen Kritik durch die Umweltwissenschaften, also wissenschaftlichen Instituten, Universitäten und Akademien. Die Reflexion der Dynamik der ökologischen Entwicklung in der staatlichen Wissens- und Informationspolitik wird ebenfalls durch die Umweltwissenschaften begleitet, aber auch durch die ökologischen Konflikte sichergestellt, die zwischen Natur, Gesellschaft und Wirtschaft auf vielfältige Art und Weise stattfinden. In diesen Konflikten stehen sich die Rechte von menschlichen, ökonomischen und ökologischen Personen in den unterschiedlichsten Konstellationen gegenüber. Sie sind mittels einer Abwägung zu lösen, die von Gesetzgebern, Regierungen und Verwaltungen sowie Gerichten vorgenommen wird. Die Abwägungen erfolgen auf der Grundlage des Verhältnismäßigkeitsgrundsatzes. Dieser fragt danach, ob der Ausgleich zwischen den konfligierenden Positionen mit Blick auf eine bestimmte staatliche Entscheidung oder Maßnahme geeignet, erforderlich und angemessen ist. Dabei sind es die Prüfungsebenen der Geeignetheit und der Erforderlichkeit einer Entscheidung oder Maßnahme, in denen sich das ökologische Wissen der Gesellschaft aktualisiert. Denn es wäre eine Verletzung der abzuwägenden Freiheits- und Gleichheitsrechte der Akteurinnen und Akteure, die von der staatlichen Entscheidung oder Maßnahme betroffen sind, wenn dieser veraltetes oder überholtes ökologisches Wissen zugrunde gelegt würde. Mit anderen Worten: Die menschlichen, ökonomischen und ökologischen Personen unserer Gesellschaft haben einen verfassungsrechtlichen Anspruch darauf, dass ihre konfligierenden Grundrechte auf der aktuellen Höhe des ökologischen Wissens abgewogen werden. In diesem Zusammenhang lassen sich also drei Merkmale des ökologischen Strukturwandels der Öffentlichkeit festhalten: erstens die untrennbare Verbindung der verfassungsrechtlichen Freiheitsordnung und der gesellschaftlichen Wissensordnung, zweitens die Notwendigkeit einer rechtsstaatlichen Gewaltenteilung (Legislative, Exekutive, Judikative) und einer „epistemologischen Gewaltenteilung“ (Wissenschaft, Zivilgesellschaft, Staat) und – deshalb –

drittens die zentrale Bedeutung der verfassungsrechtlichen Verbindung eines Rechts auf ökologische Informationen (Art. 2a Abs. 1 GG-E) mit der institutionellen Gewährleistung der ökologischen Kommunikation der Gesellschaft (Art. 2a Abs. 2 GG-E).

Sowohl die individuellen Rechte (Art. 2a Abs. 1 GG-E) als auch die institutionellen Dimensionen (Art. 2a Abs. 2 GG-E) des ökologischen Strukturwandels der Öffentlichkeit müssen durch den Gesetzgeber – auch unter Berücksichtigung europäischer und internationaler Vorgaben[234] – in einem Gesetz über ökologische Informationen,[235] aber auch darüber hinaus im Genehmigungs-, Planungs-, Vergabe- und Wissenschaftsrecht ausgestaltet werden. Mit Blick auf das Recht auf freien Zugang zu ökologischen Informationen betrifft dies das Antragsverfahren, die Auskunftsentscheidung und den Rechtsschutz. Hinsichtlich der Auskunftsentscheidung muss der Gesetzgeber regeln, auf welche ökologischen Informationen sich der Anspruch bezieht. Hier ist auch die Frage zu klären, in welchen Fällen die staatliche Institution die ökologischen Informationen zugänglich zu machen hat, über welche sie faktisch verfügt und in welchen Fällen der Staat zur weiteren Ermittlung von ökologischen Informationen verpflichtet ist. Darüber hinaus hat der Gesetzgeber verfassungsrechtliche Kriterien für den besonders virulenten Konflikt zwischen dem ökologischen Auskunftsanspruch und ökonomischen Betriebs- und Geschäftsgeheimnissen, die durch die Berufsfreiheit (Art. 12 Abs. 1 GG) und die Eigentumsgarantie (Art. 14 Abs. 1 GG) geschützt werden, sowie Geheimhaltungsinteressen der Allgemeinheit vorzusehen.[236] Im Rahmen der institutionellen Dimension der ökologischen Kommunikation der Gesellschaft kann der Gesetzgeber regulieren, welche ökologischen Informationen seitens gesellschaftlicher und wirtschaftlicher Akteure zur Verfügung zu stellen sind. Darüber hinaus ist es notwendig, die Kommunikationen staatlicher ökologischer Informationen inhaltlich und systematisch vorzustrukturieren und dynamisch fortzuschreiben (vgl. § 10 Abs. 2 UIG). Dabei muss sowohl hinsichtlich des individuellen Rechts auf freien Zugang zu ökologischen Informationen als auch der institutionellen Kommunikation der Gesellschaft auf die soziale Medienvielfalt und eine angemessene Komplexitätsvermittlung geachtet werden. Angesichts der sozialen Medienvielfalt in unserer Gesellschaft ist nach wie vor auf analoge und digitale Kommunikationsformen zu setzen (digital divide, digitale Ungleichzeitigkeit), wobei in Deutschland die digitale Kommunikationskompetenz des Staats und seiner Verwaltungen großen Nachholbedarf hat. Dies gilt insbesondere hinsichtlich der ökologischen Kommunikation der Gesellschaft und der Digitalisierung ökologischen Wissens. Zugleich muss man bei der Kommunikation ökologischer Inhalte stets ein Komplexitätsgefälle in Rechnung stellen: Ökologisches Wissen ist komplex; und es muss in seiner ganzen Komplexität kommuniziert werden. Es ist aber auch erforderlich, dass es von Bürgerinnen und Bürgern verstanden werden kann, die keine Expertinnen und Experten sind. Um dieses Komplexitätsgefälle zu überwinden, fährt die Verwaltungspraxis heute bereits eine kommunikative Doppelstrategie, die eine wissenschaftlich komplexe und allgemein verständliche Wissensvermittlung miteinander kombiniert (vgl. beispielhaft Nr. 3 lit. c Anlage 1 [zu § 2 Absatz 4 und den §§ 2a und 4c] BauGB, § 16 Abs. 1 Satz 1 Nr. 7, § 40 Abs. 2 Satz 3 UVPG).

4. Die ökologischen Arbeits- und Wirtschaftsbedingungen

Den vierten Baustein für die Entfaltung ökologischer Rechte im Grundgesetz bildet die Gewährleistung ökologischer Arbeits- und Wirtschaftsbedingungen im Rahmen der Tarifautonomie:[237]

> **Art. 9 GG-E**
>
> [...]
>
> (3) Das Recht, zur Wahrung und Förderung *sozialer und ökologischer* Arbeits- und Wirtschaftsbedingungen Vereinigungen zu bilden, ist für jedermann und für alle Berufe gewährleistet. [...]

Das Grundrecht der Koalitionsfreiheit (Art. 9 Abs. 3 Satz 1 GG) „gehört nicht zu den ‚klassischen' Grundrechten", sondern ist „erst unter den Bedingungen moderner Industriearbeit entstanden, die sich im 19. Jahrhundert entwickelt haben."[238] Aus diesem Grund betont auch das Bundesverfassungsgericht, dass die Koalitionsfreiheit – anders als beispielsweise die Religions- (Art. 4 Abs. 1 und 2 GG) oder die Meinungsfreiheit (Art. 5 Abs. 1 Satz 1 GG) – über keinen tradiert feststehenden Inhalt verfügt, auf den bei der Auslegung und Anwendung des Grundrechts zurückgegriffen werden kann. Deshalb ist nach der Auffassung der Karlsruher Richterinnen und Richter „bei der Bestimmung der Tragweite dieses Grundrechts seine historische Entwicklung zu berücksichtigen"[239], um gerade auch neuen Problemen der Arbeitswelt in einer sich wandelnden Industriegesellschaft gerecht zu werden. Die Koalitionsfreiheit schaut also nicht nur historisch zurück. Sie reflektiert vielmehr vor dem Hintergrund der sozialpolitischen Erfahrungen die aktuellen Entwicklungen und die künftigen Herausforderungen einer sozialen, ökonomischen und eben auch ökologischen Arbeitswelt.

Diesem prospektiven Charakter der Koalitionsfreiheit entspricht die grundsätzlich offene und dynamische Struktur dieses Grundrechts, dessen sozialpolitischen Kern die Tarifautonomie bildet: Arbeitnehmerinnen und Arbeitnehmer sowie Arbeitgeberinnen und Arbeitgeber verfügen nach Art. 9 Abs. 3 Satz 1 GG über das Recht, einerseits Gewerkschaften und andererseits Arbeitgeberverbände zu gründen. Diese Koalitionen schließen Tarifverträge, in denen sie grundsätzlich frei von staatlicher Einflussnahme die Arbeits- und Wirtschaftsbedingungen regeln.[240] Um dieses verfassungsrechtliche Konzept umzusetzen, kombiniert Art. 9 Abs. 3 Satz 1 GG zwei grundrechtliche Bausteine miteinander: zum einen das Freiheitsrecht von Arbeitnehmerinnen und Arbeitnehmern sowie von Arbeitgeberinnen und Arbeitgebern, Gewerkschaften und Arbeitgeberverbände zu gründen; zum anderen die Institutsgarantie dieser frei gebildeten Koalitionen zur gemeinsamen tarifvertraglichen Rechtsetzung. Fügt man diese beiden Bausteine zusammen, so handelt es sich bei der in Art. 9 Abs. 3 Satz 1 GG gewährleisteten Koalitionsfreiheit um eine doppelt gestufte Gegenseitigkeitsordnung:[241] Die Gegenseitigkeit individueller Koalitionsfreiheit legitimiert die kollektive Koalitionsfreiheit der Koalitionen.[242] Die Gegenseitigkeit der Koalitionen konstituiert sodann die Tarifautonomie als freie Vertragsrechtsetzung hinsichtlich der Arbeits- und Wirtschaftsbedingungen.

Gegenstand der Koalitionsfreiheit und damit auch der Tarifautonomie sind die Arbeits- und Wirtschaftsbedingungen, deren Gestaltung eine ganz zentrale soziale und ökologische Dimension zukommt. So umfassen die Arbeitsbedingungen neben der Bezahlung des Arbeitsverhältnisses und des Urlaubsanspruchs die materiellen Arbeitsmodalitäten, die alle einen ökologischen Gehalt aufweisen: Arbeitsweise, Arbeitszeit, Arbeitsplatz und Arbeitsschutz.[243] Die Wirtschaftsbedingungen betreffen den sozial- und wirtschaftspolitischen Kontext betrieblicher Arbeit. Hierunter fallen – neben der Bekämpfung von Arbeitslosigkeit und der Förderung der Vermögensbildung – die Gestaltung von Betrieb, Technik und Informationsverarbeitung, die ebenfalls von ökologischer Bedeutung für die Betriebe und für unsere gesamte Gesellschaft sind.[244] Zentrale Bereiche der Arbeitswelt und des Wirtschaftslebens, die tarifvertraglich geregelt werden (können), betreffen neben der sozialen zugleich auch die ökologische Frage, die sich heute in der Industrie- und Dienstleistungsgesellschaft stellt. Deshalb liegt in der sozialen und ökologischen Gestaltung der Arbeits- und Wirtschaftsbedingungen ein Schlüssel für die notwendige Transformation unserer Gesellschaft.

Um diese sozialökologische Transformation der Arbeitswelt und Wirtschaftsweise zu fördern, wird die in Art. 9 Abs. 3 Satz 1 GG-E garantierte Koalitionsfreiheit ausdrücklich auf die Wahrung und Förderung *sozialer und ökologischer* Arbeits- und Wirtschaftsbedingungen bezogen. Die ökologischen Folgen von Arbeit und Kapital sehen sich so zumindest teilweise in der Gestaltung des Arbeitsprozesses berücksichtigt. Die Koalitionsfreiheit wird ganz entsprechend der von dem Bundesverfassungsgericht betonten historischen Erfahrungslinie der Industrie- und Dienstleistungsgesellschaft weiterentwickelt. Dieser soziale und ökologische Bezug der Koalitionsfreiheit fügt sich vollkommen problemlos in das strukturelle Verständnis der Tarifautonomie des Grundgesetzes. Der Zweck der Tarifautonomie besteht darin, die strukturelle Unterlegenheit der einzelnen Arbeitnehmerinnen und Arbeitnehmer gegenüber ihrer Arbeitgeberin oder ihrem Arbeitgeber auszugleichen.[245] Die Arbeitnehmerinnen und Arbeitnehmer sollen nicht auf „kollektives Betteln"[246] angewiesen sein. Die Koalitionsfreiheit versetzt sie in die Lage, ihre Arbeits- und Wirtschaftsbedingungen auf Augenhöhe mit ihren Arbeitgeberinnen und Arbeitgebern autonom tarifvertraglich zu verhandeln und in Form eines fairen Ausgleichs zu gestalten;[247] in den Worten des Bundesverfassungsgerichts in seinem Urteil zur Tarifeinheit vom 11. Juli 2017: „Mit der grundrechtlichen Garantie der Tarifautonomie wird ein Freiraum gewährleistet, in dem Arbeitnehmer und Arbeitgeber ihre Interessengegensätze in eigener Verantwortung austragen können. Diese Freiheit findet ihren Grund in der historischen Erfahrung, dass auf diese Weise eher Ergebnisse erzielt werden, *die den Interessen der widerstreitenden Gruppen und dem Gemeinwohl gerecht werden*, als bei einer staatlichen Schlichtung."[248] Damit unterstreicht das Bundesverfassungsgericht ausdrücklich, dass die Tariffreiheit neben den individuellen Interessen der beteiligten Tarifparteien zugleich auch dem Allgemeinwohl dient. Bereits vor seiner Entscheidung zur Tarifeinheit hat das Bundesverfassungsgericht von einer öffentlichen Aufgabe der Tarifparteien gesprochen[249] und die Gemeinwohldimension der Koalitionsfreiheit unterstrichen: „Selbstverständlich müssen auch die Gewerkschaften angesichts der Bedeutung ihrer Tätigkeit für die gesamte Wirtschaft und ihres (auch geistigen) Einflusses auf weite Bereiche des öffentlichen Lebens bei allen ihren Aktivitäten das gemeine Wohl berücksichtigen."[250] Teilweise wird diese verfassungsrechtliche Gemeinwohlverpflichtung der Koalitionen und des Tarifsystems kritisch gesehen.[251] Warum sollten – so der Einwand – die Koalitionen nicht schlicht ihre individuellen Eigeninteressen im Tarifsystem verfolgen? Warum sollten sie Rücksicht auf das Gemeinwohl nehmen? Doch die Antwort auf diesen Einwand lautet: Die Koalitionen und das Tarifsystem sind dem Gemeinwohl verpflichtet, weil die von ihnen wahrgenommenen Aufgaben der Gestaltung der Arbeits- und

Wirtschaftsbedingungen von überragender gesamtgesellschaftlicher Bedeutung sind.[252]

Diese Gemeinwohlverpflichtung greift die Neuregelung des Art. 9 Abs. 3 Satz 1 GG-E unmittelbar auf, indem sie die Wahrung und Förderung sozialer und ökologischer Arbeits- und Wirtschaftsbedingungen als Aufgabe der Koalitionen und des Tarifsystems ansieht. Damit sind die Tarifparteien verpflichtet, die soziale und ökologische Transformation der Arbeits- und Wirtschaftswelt über das Tarifvertragsrecht aktiv mitzugestalten; oder anders formuliert: Die Tarifparteien können Tarifverträge nicht mehr zulasten der Natur schließen.

Wenn und soweit sich die Tarifparteien allerdings nicht in der Lage sehen sollten, dieser aktiven Rolle bei der sozialen und ökologischen Transformation unserer Gesellschaft gerecht zu werden, ist der Gesetzgeber gefragt: Zum einen muss er in diesem Fall das Tarifvertragsrecht verfahrensmäßig so gestalten, dass die Tarifparteien neben ihren sozialen und wirtschaftlichen Vorteilen auch ihrer ökologischen Gemeinwohlverpflichtung nachkommen. Dies könnte in der sozialen und ökologischen Fortschreibung des § 1 Abs. 1 TVG beispielsweise dadurch geschehen, dass der Tarifvertrag, der die Rechte und Pflichten der Tarifvertragsparteien regelt, Rechtsnormen enthält, welche die Förderung und Wahrung des ökologischen Wohls der Allgemeinheit betreffen. Darüber hinaus kommen verfahrensförmige Regelungen in Betracht, wie die Verpflichtung zur Einbeziehung ökologischer Expertise in die Tarifverhandlungen. Dabei handelt es sich grundsätzlich um eine gesetzgeberische Ausgestaltung der Koalitionsfreiheit, wie sie nun mit der sozialen und ökologischen Förderung und Wahrung der Arbeits- und Wirtschaftsbedingungen in Art. 9 Abs. 3 Satz 1 GG-E geregelt ist. Es kann sein, dass die Koalitionsfreiheit bei dieser gesetzgeberischen Ausgestaltung der ökologischen Dimension der Tarifautonomie durch den Gesetzgeber eingeschränkt werden muss. Doch die Koalitionsfreiheit unterliegt verfassungsimmanenten Schranken. Deshalb können Eingriffe durch „Grundrechte Dritter sowie sonstige[.] mit Verfassungsrang ausgestattete[.] Rechte und Gemeinwohlbelange gerechtfertigt werden."[253] Im konkreten Fall ergeben sich diese verfassungsimmanenten Schranken aus ökologischen Grundrechten (Art. 2 Abs. 2 Satz 1 GG-E), dem ökologischen Staatsprinzip (Art. 20 Abs. 1 GG-E) und der ökologischen Staatszielbestimmung (Art. 20a GG-E). Schließlich bleibt es dem Gesetzgeber unbenommen, die sozialen und ökologischen Anforderungen an die Arbeits- und Wirtschaftswelt unmittelbar selbst gesetzgeberisch auszugestalten. So muss der Gesetzgeber vor allem auch die ökologische

Dimension des Betriebsverfassungsrechts zur Geltung bringen.[254] Die Koalitionen haben also hinsichtlich der Arbeits- und Wirtschaftsbedingungen „zwar ein Normsetzungsrecht, aber kein Normsetzungsmonopol“[255].

5. Die Ökologiepflichtigkeit des Eigentums

Der fünfte Baustein für die Entfaltung ökologischer Rechte im Grundgesetz besteht in der *„Ökologiepflichtigkeit"*[256] des Eigentums, die neben die Sozialpflichtigkeit des Eigentums tritt (Art. 14 Abs. 2 GG-E), was auch unmittelbare Folgen für die Enteignung (Art. 14 Abs. 3 Satz 1 GG) und die Vergesellschaftung von Eigentum hat (Art. 15 GG):[257]

> **Art. 14 GG-E**
>
> (1) Das Eigentum und das Erbrecht werden gewährleistet. Inhalt und Schranken werden durch die Gesetze bestimmt.
>
> (2) *Das* Eigentum *und sein Gebrauch sind insbesondere dem sozialen und ökologischen Wohle der Allgemeinheit* verpflichtet.
>
> (3) Eine Enteignung ist nur zum Wohle der Allgemeinheit zulässig. Sie darf nur durch Gesetz oder auf Grund eines Gesetzes erfolgen, das Art und Ausmaß der Entschädigung regelt. Die Entschädigung ist unter gerechter Abwägung der Interessen der Allgemeinheit und der Beteiligten zu bestimmen. Wegen der Höhe der Entschädigung steht im Streitfalle der Rechtsweg vor den ordentlichen Gerichten offen.
>
> **Art. 15 GG**
>
> Grund und Boden, Naturschätze und Produktionsmittel können zum Zwecke der Vergesellschaftung durch ein Gesetz, das Art und Ausmaß der Entschädigung regelt, in Gemeineigentum oder in andere Formen der Gemeinwirtschaft überführt werden. Für die Entschädigung gilt Artikel 14 Abs. 3 Satz 3 und 4 entsprechend.

Das Eigentum ist – neben dem Recht auf Leben und körperliche Unversehrtheit (Art. 2 Abs. 2 Satz 1 GG) – eines der zentralen Grundrechte, wenn es um die ökologische Transformation unserer Gesellschaft geht. Die Neuregelung unterstreicht die soziale und die ökologische Verpflichtung des Eigentums. Sie fordert den Gesetzgeber auf, die Eigentumsordnung ökologisch zu gestalten. Dabei lässt sich zwischen dem Eigentum an Naturgütern und an Nicht-Naturgütern unterscheiden, dessen Inhalt und

Schranken der Gesetzgeber regeln muss, um eine ökologische Eigentumsordnung zu schaffen: So ist es mit Blick auf Akteure, Medien und Güter der Natur – Tiere, Pflanzen, Landschaften, Boden, Luft, Klima, Wasser – die Aufgabe des Gesetzgebers, zu entscheiden, ob diese überhaupt eigentumsfähig sein sollen; und für den Fall, dass sie eigentumsfähig sind: welchen Inhalt und welche Schranken dieses Eigentum an Naturgütern haben soll. Mit Blick auf Nicht-Naturgüter – also beispielsweise nicht-ökologische Gebrauchs-, Konsum- oder Wirtschaftsgüter – hat der Gesetzgeber Regelungen zu erlassen, die deren ökologischen Gebrauch als Inhalts- oder als Schrankenbestimmungen des Eigentums festlegen. Der zentrale Beitrag, den gerade die Eigentumsgarantie zur ökologischen Transformation unserer Gesellschaft leisten kann, wird deutlich, wenn man sich die sozialen Grundlagen, die rechtliche Struktur und sodann die ökologische Gestaltung des Eigentums im Anthropozän vor Augen führt.

Die *sozialen Grundlagen* der ökologischen Transformation des Eigentums und damit auch unserer Gesellschaft beruhen auf einem Paradigmenwechsel. Die kapitalistischen Wohlfahrtsgesellschaften des Globalen Nordens haben zu lange nach einem Grundsatz gelebt: „Natur hat man zu haben“. Akteure, Güter und Medien der Natur waren zum freien Konsum geeignet und bestimmt. Deshalb galten sie als „herrenlos“, sodass man sie sich umstandslos zur ökonomischen Produktion aneignen oder sie schlicht gebrauchen und verbrauchen konnte und kann; oder sie waren und sind als Eigentumsobjekte fest in die Eigentumsordnung eingefügt. *Jean-Jacques Rousseau* ist in seiner *Abhandlung über den Ursprung und die Grundlagen der Ungleichheit unter den Menschen* (1755) noch einen Schritt weitergegangen, wenn er die menschliche Aneignung von Natur als Eigentum als den politischen Gründungsakt unserer Gesellschaft beschreibt: „Der erste, welcher ein Stück Landes umzäunte, es sich in den Sinn kommen ließ zu sagen: *Dieses ist mein*, und einfältige Leute fand, die es ihm glaubten, war der wahre Stifter der bürgerlichen Gesellschaft. Wie viele Verbrechen, Kriege, Morde, wieviel Elend und Greuel hätte der dem Menschengeschlecht erspart, der die Pfähle herausgerissen, den Graben zugeschüttet und seinen Mitmenschen zugerufen hätte: ‚Glaubt diesem Betrüger nicht; ihr seid verloren, wenn ihr vergeßt, daß die Früchte allen gehören, der Boden aber niemandem.‘ Allein, allem Anschein nach muß es damals schon so weit gekommen sein, daß es nicht mehr so weitergehen konnte wie bisher. Denn der Begriff des Eigentums hat nicht auf einmal im menschlichen Geiste entstehen können; er hängt von vielen vorhergehenden Begriffen ab, die alle erst nach und nach entstehen konnten.“[258]

In dieser gesellschafts- und staatsphilosophischen Reflexion überschneiden sich die soziale und ökologische Bedeutung des Eigentums für die liberale Gesellschaft. In ihr sind soziale Ungleichheit und eigentumsbedingte Naturzerstörung angelegt. Deshalb ist es ganz entscheidend, welche Folgerungen wir aus dieser sozialen und ökologischen Analyse des Eigentums für unsere Gesellschafts- und Verfassungsordnung ziehen. Wäre es nicht besser, das Eigentum und damit auch das Eigentum an der Natur schlicht abzuschaffen? Oder sollten wir uns nicht (endlich) daran machen, ökologische Formen des Eigentums zu entwickeln? *Rousseau* scheint in der zitierten Textstelle nur auf den ersten Blick für die erste Alternative der Aufhebung des Eigentums zu werben. Er wählt aber tatsächlich die zweite Alternative, wenn die Früchte allen, der Boden aber niemandem gehören soll; und tatsächlich liegt es sowohl hinsichtlich der sozialen Frage, die mit der industriellen Revolution aufgeworfen wurde, als auch der ökologischen Frage, die aus der dynamischen Entwicklung der industriellen Revolution folgte, näher, die Eigentumsordnung sozial und ökologisch zu gestalten, als sie schlicht aufzuheben. Sicherlich wurde und wird das Eigentum philosophisch und politisch sehr verschieden interpretiert. In einer liberalen Gesellschaft kommt es aber vor allem darauf an, das Eigentum auf der Grundlage der Anerkennung individueller Freiheit in seinen sozialen und ökologischen Bindungen demokratisch zu gestalten; und das heißt aktuell: es angesichts der anthropozänen Herausforderungen sozial *und* ökologisch zu transformieren. Es ist die Aufgabe des demokratischen Gesetzgebers – also der politischen Repräsentation aller Bürgerinnen und Bürger –, sich für eine soziale und ökologische Interpretation des Eigentums zu entscheiden und diese gesetzgeberisch auszugestalten. Das macht auch strategisch Sinn: Die ganze Vielfalt des mobilen und immobilen Eigentums, die in unserer Gesellschaft in allen Lebensbereichen vom Alltagsleben (Konsum, Wohnen, Verkehr) über die wirtschaftliche Produktion bis zu den finanziellen Produkten der Vermögensbildung (einschließlich des Erbrechts) besteht, lässt sich sozial und ökologisch ausgestalten. Gerade weil das Leben aller Bürgerinnen und Bürger mit eigenem oder fremdem Eigentum auf so vielfältige Weise verbunden ist, bietet sich die soziale und ökologische Gestaltung des Eigentums als *das* Instrument für die soziale und ökologische Transformation unserer Gesellschaft an. In einer freien und demokratischen Gesellschaft wie der Bundesrepublik bedeutet dies aber zugleich auch: Wenn wir es nicht schaffen, eine sozial und ökologisch gerechte Eigentumsordnung auszudifferenzieren, liegt das an niemand anderem als an uns selbst.

Die *verfassungsrechtliche Struktur* der Eigentumsgarantie des Grundgesetzes ist für eine soziale und ökologische Transformation der Eigentumsordnung in der Bundesrepublik optimal geeignet. Das Eigentumsrecht des Art. 14 Abs. 1 Satz 1 GG „ist ein elementares Grundrecht und sein Schutz von besonderer Bedeutung für den sozialen Rechtsstaat."[259] Das Eigentum steht „in einem inneren Zusammenhang mit der Garantie der persönlichen Freiheit [...]. Ihm kommt im Gesamtgefüge der Grundrechte die Aufgabe zu, dem Träger des Grundrechts einen Freiheitsraum im vermögensrechtlichen Bereich sicherzustellen und ihm damit eine eigenverantwortliche Gestaltung des Lebens zu ermöglichen."[260] Aufgrund dieser freiheitssichernden Zwecksetzung wird das Eigentum durch Art. 14 Abs. 1 Satz 1 GG als individuelles Grundrecht und als verfassungsrechtliches Institut gewährleistet. Als individuelles Grundrecht umfasst die Eigentumsgarantie „alle vermögenswerten Rechte, die Berechtigten von der Rechtsordnung in der Weise zugeordnet sind, dass sie die damit verbundenen Befugnisse nach eigenverantwortlicher Entscheidung zum privaten Nutzen ausüben dürfen."[261] Dies umfasst das Recht, „den Eigentumsgegenstand selbst zu nutzen und Dritte von Besitz und Nutzung auszuschließen, ebenso wie die Freiheit, den Eigentumsgegenstand zu veräußern und aus der vertraglichen Überlassung zur Nutzung durch andere den Ertrag zu ziehen, der zur finanziellen Grundlage für die eigene Lebensgestaltung beiträgt."[262] Als verfassungsrechtliches Institut verpflichtet die Eigentumsgarantie den Staat aber auch dazu, „eine Eigentumsordnung zu schaffen, die sowohl den privaten Interessen des Einzelnen als auch denen der Allgemeinheit gerecht wird."[263] Aus diesem Grund handelt es sich bei der Eigentumsgarantie des Grundgesetzes um ein normgeprägtes Grundrecht:[264] Inhalt und Schranken des Eigentums werden durch die Gesetze bestimmt (Art. 14 Abs. 1 Satz 2 GG). Dies bedeutet, dass der demokratisch legitimierte Gesetzgeber zum einen über den Inhalt und zum anderen über die Schranken des Eigentums entscheidet. Der Inhalt der Eigentumsgarantie bezieht sich auf die Anerkennung und Ausgestaltung einer Eigentumsposition, während die Schranken des Eigentums dessen „äußere" Grenzen und Gebrauch regeln.[265] Bei dieser gesetzgeberischen Ausgestaltung des Eigentums muss der Gesetzgeber einerseits dem freiheitlichen Zweck der Eigentumsgarantie für die Persönlichkeitsentfaltung Rechnung tragen, also eine Eigentumsordnung schaffen, „die diesen Namen auch verdient."[266] Andererseits ist der Gesetzgeber aber auch verfassungsrechtlich gehalten, bei der normativen Ausdifferenzierung der Eigentumsordnung deren sozialer Bedeutung für die gesamte Gesellschaft Rechnung zu tragen; in den Worten des Grundgesetzes: Eigentum verpflichtet (Art. 14 Abs. 2

Satz 1 GG). Sein Gebrauch soll *zugleich* dem Wohle der Allgemeinheit dienen (Art. 14 Abs. 2 Satz 2 GG). Das Grundgesetz hält also den Gesetzgeber in Art. 14 Abs. 2 Satz 1 dazu an, in der Ausgestaltung des Inhalts und der Schranken und damit der gesamten verfassungsrechtlichen Struktur des Eigentums dessen „Sozialpflichtigkeit"[267] normativen Ausdruck zu verleihen, um dem „Gebot einer sozialgerechten Eigentumsordnung Rechnung zu tragen."[268] In der Sozialpflichtigkeit „liegt die Absage an eine Eigentumsordnung, in der das Individualinteresse den unbedingten Vorrang vor den Interessen der Gemeinschaft hat."[269] Zugleich formuliert Art. 14 Abs. 2 Satz 2 GG einen weiteren ganz entscheidenden Gesichtspunkt: Das Eigentum ist nach dem Verständnis des Grundgesetzes nicht nur ein privates, sondern auch ein öffentliches Gut, wenn sein Gebrauch *zugleich* auch dem Wohl der Allgemeinheit dienen soll. Aus diesem Grund – dem Allgemeinwohl – kann das Eigentum enteignet werden (Art. 14 Abs. 3 GG), wobei in diesem Fall an die Stelle der Bestandsgarantie des Eigentums eine Wertgarantie tritt, die auf Gewährung einer vom Gesetzgeber dem Grunde nach festzusetzenden Entschädigung gerichtet ist.[270] Schließlich bestimmt das Allgemeinwohl auch die Höhe der Entschädigung im Fall einer Sozialisierung von Grund und Boden, Naturschätzen und Produktionsmitteln (Art. 15 i. V. m. Art. 14 Abs. 3 Satz 3 GG).[271]

Es ist also die Aufgabe des demokratischen Gesetzgebers, in der konkreten normativen Ausgestaltung der Eigentumsordnung einen verhältnismäßigen Ausgleich zwischen der individuellen Freiheitsentfaltung und der Sozialbindung des Eigentums herzustellen.[272] „Eine einseitige Bevorzugung oder Benachteiligung steht" – so die Karlsruher Richterinnen und Richter – „mit der verfassungsrechtlichen Vorstellung eines sozialgebundenen Privateigentums nicht in Einklang."[273] Dabei kann sich der Gesetzgeber an zwei gegenläufigen Grundsätzen orientieren, die das Bundesverfassungsgericht für die abwägende Ausdifferenzierung der Eigentumsordnung in der Bundesrepublik herausgearbeitet hat. Erstens, die Freiheitsdimension des Eigentums: Je mehr die konkrete Eigentumsposition auf der eigenen Leistung einer individuellen Person beruht oder deren persönliche Freiheit sichert, desto höher ist diese Freiheitsdimension in der gesetzgeberischen Ausgestaltung dieser Eigentumsposition zu berücksichtigen.[274] Zweitens, die Sozialbindung des Eigentums: Je größer die gesellschaftliche Bedeutung der konkreten Eigentumsposition zu veranschlagen ist, desto stärker muss die Sozialbindung des Eigentums in der gesetzgeberischen Ausgestaltung dieser Eigentumsposition zum Ausdruck gelangen.[275] So führt das Bundesverfassungsgericht beispielsweise mit Blick auf die von *Rousseau* pointierte Begründung des Eigentums an Grund und Boden aus: „Die Tatsache, daß der Grund und Boden unvermehrbar und unentbehrlich ist, verbietet es, seine Nutzung dem unübersehbaren Spiel der freien Kräfte und dem Belieben des Einzelnen vollständig zu überlassen; eine gerechte Rechts- und Gesellschaftsordnung zwingt vielmehr dazu, die Interessen der Allgemeinheit beim Boden in weit stärkerem Maße zur Geltung zu bringen als bei anderen Vermögensgütern."[276]

Die *ökologische Gestaltung* der Eigentumsgarantie ist bereits auf der Grundlage der geltenden Fassung des Art. 14 GG prinzipiell möglich. Ökologische Belange und Interessen können über die Regelung des Art. 14 Abs. 2 GG zur gesetzgeberischen Bestimmung des Inhalts und der Schranken des Eigentums dienen (Art. 14 Abs. 1 Satz 2 GG) und Enteignungen und Sozialisierungen zum Wohl der Allgemeinheit rechtfertigen (Art. 14 Abs. 3 Satz 1, Art. 15 GG). Ganz in diesem Sinn werden ökologische Belange und Interessen bereits heute als Teil der „Sozialbindung" des Eigentums verstanden.[277] Verfassungstextlich und verfassungsdogmatisch kann man schlicht auf den offenen Wortlaut des Art. 14 Abs. 2 GG verweisen. In diesem ist nicht von einer „Sozialbindung" des Eigentums die Rede. Es wird ganz allgemein festgehalten, dass „Eigentum verpflichtet". In diesen offenen Verpflichtungsbegriff fließen neben sozialen eben auch ökologische Belange in die gesetzgeberische Bestimmung des Inhalts und der Schranken sowie die Begründung des Allgemeinwohlbezugs des Eigentums ein. Verfassungsdogmatisch kann man dies durch einen systematischen Bezug zwischen der Allgemeinwohlbindung des Eigentums (Art. 14 Abs. 2 GG) und der ökologischen Staatszielbestimmung (Art. 20a GG) herleiten. Wir haben uns – in anderen Worten – nur zu sehr an den Begriff der „Sozialbindung" des Eigentums gewöhnt, obwohl der Verfassungstext sehr viel offener ist. Dieser Bezug auf die Sozialbindung des Eigentums ist historisch erklärbar: Er bezieht sich auf die sozialen Folgen der industriellen Revolution und des Kapitalismus für ein demokratisches Verständnis der Eigentumsgarantie, ohne im gleichen Maße die ökologischen Konsequenzen der industriellen und kapitalistischen Entwicklung terminologisch zu reflektieren. Doch die anthropozänen Herausforderungen machen eine ökologische Transformation unserer Gesellschaft erforderlich, deren zentraler Bestandteil das ökologische Eigentum im Kleinen wie im Großen ist, vom Kraftfahrzeug über die Wohnung bis zum Haus, von der Aktie über den Betrieb bis zum Konzern. Aus diesem Grund sollten wir einen „ökologiegerechte[n] Eigentumsbegriff"[278] in das Grundgesetz aufnehmen, der neben der

Sozialbindung die „Ökologisierung der Eigentumsgarantie"[279] klar zum Ausdruck bringt: Das Eigentum und sein Gebrauch sind insbesondere dem sozialen und ökologischen Allgemeinwohl verpflichtet (Art. 14 Abs. 2 GG-E). Diese ökologische Verpflichtung wirkt sich auf allen drei Ebenen der Eigentumsgarantie aus: dem Inhalt, den Schranken und der Enteignung von Eigentum.

Auf der ersten Ebene – dem *Inhalt der Eigentumsgarantie* (Art. 14 Abs. 1 Satz 2 Alt. 1 GG) – erfüllt dessen Verpflichtung auf das ökologische Allgemeinwohl zwei Funktionen: Die erste Inhaltsfunktion fordert vom Gesetzgeber eine Entscheidung, was überhaupt zur Eigentumsgarantie zählt. So mag es aus Gründen des ökologischen Gemeinwohls angezeigt sein, bestimmte ökologische Akteure, Güter oder Medien nicht unter die Eigentumsgarantie zu fassen und damit von vornherein der eigentumsrechtlichen Verfügungsbefugnis zu entziehen.[280] Ansatzweise kennt das geltende Recht bereits solche Inhaltsbestimmungen des Eigentums, die auf die Unverfügbarkeit von ökologischen Akteuren, Gütern oder Medien zielen:[281] Das klassische Beispiel dafür ist die wasserhaushaltsrechtliche Entscheidung, dass die Einwirkung auf das Grundwasser nicht vom Grundeigentum umfasst ist: Wasser eines fließenden oberirdischen Gewässers und Grundwasser sind nicht eigentumsfähig (§ 4 Abs. 2 WHG).[282] Darüber hinaus enthalten die Regelungen über den Schutz der wild lebenden Tier- und Pflanzenarten, ihrer Lebensstätten und Biotope Verbote, die gerade unbeschadet der Eigentumsgarantie gelten (§§ 35 ff. BNatSchG).[283] Dementsprechend kann sich der Gesetzgeber auch dafür entscheiden, weitere ökologische Akteure, Güter und Medien aus Gründen des ökologischen Allgemeinwohls aus der Eigentumsgarantie herauszunehmen und so der privaten Verfügungsbefugnis einer Eigentümerin oder eines Eigentümers zu entziehen. Dies ist dem Gesetzgeber in der verhältnismäßigen Abwägung aller betroffenen Interessen auch deshalb möglich, weil ökologische Akteure, Güter und Medien weder die individuell vermögensrechtliche Lebenssphäre eines menschlichen Eigentümers prägen noch (ausschließlich) auf der persönlichen Leistung einer menschlichen Eigentümerin beruhen. Wichtig ist jedoch in diesem Zusammenhang: Der Gesetzgeber ist in seiner Entscheidung offen, ob er ökologische Akteure, Güter oder Medien der Eigentumsgarantie entzieht oder dieser zuordnet. Es kann gerade auch mit Blick auf die effektive Gewährleistung des Schutzes von ökologischen Akteuren, Gütern oder Medien sinnvoll sein, diese unter die Eigentumsgarantie zu fassen;[284] und sodann die ökologische Verantwortung für diese ökologischen Akteure, Güter oder Medien über die Inhalts- und Schrankenbestimmung des

Eigentums rechtlich zu steuern. Die zweite Inhaltsfunktion des Eigentums betrifft die Frage, wie einmal anerkannte Eigentumspositionen durch den Gesetzgeber rechtlich ausgestaltet werden. In diesem Zusammenhang geht es um die konstituierenden Regelungen des Eigentums, die einzelne Eigentumspositionen für den Rechtsverkehr operational gestalten. Auch diese konstituierenden inhaltlichen Regelungen sind sowohl im Fall von ökologischen Akteuren, Gütern oder Medien als auch im Fall von nicht-ökologischen Eigentumspositionen am ökologischen Allgemeinwohl ausgerichtet. Es handelt sich um ökologische Inhalts-, also nicht um ökologische Schrankenbestimmungen des Eigentums. Ein Beispiel hierfür bildet die Regelung, das Eigentum an einer (nicht-)ökologischen Eigentumsposition aus Gründen des ökologischen Allgemeinwohls nur in einer bestimmten Weise zu übertragen oder zu behandeln. So bildet der artgerechte Umgang mit Tieren bereits den Inhalt und nicht erst die Schranke von Eigentum, soweit es (überhaupt) an Tieren bestehen kann. Das Bundesverwaltungsgericht hat diesen Grundgedanken mit Blick auf die ökologische Situationsgebundenheit von Grundstücken wie folgt formuliert: „Der Gesetzgeber entfremdet damit das Eigentum dem Grunde nach nicht seinem Zwecke, den Interessen des Eigentümers zu dienen, sondern macht Bedingungen geltend, die sich aus der naturgegebenen Lage des Grundstücks in seiner Beziehung zur Natur ergeben."[285] Auch dieser Gedanke lässt sich verallgemeinern und auf andere ökologische Akteure, Güter oder Medien übertragen.

Auf der zweiten Ebene – den *Schranken der Eigentumsgarantie* (Art. 14 Abs. 1 Satz 2 Alt. 2 GG) – rechtfertigt das ökologische Allgemeinwohl verhältnismäßige Einschränkungen des Gebrauchs des Eigentums. Auch dies gilt sowohl für ökologische als auch für nicht-ökologische Eigentumspositionen, also im zweiten Fall beispielsweise für die Emissionsbeschränkungen für Kraftfahrzeuge oder Betriebe.

Auf der dritten Ebene – der *Enteignung* (Art. 14 Abs. 3 GG) und *Sozialisierung* (Art. 15 GG) – bildet das ökologische Allgemeinwohl ein zentrales Kriterium, um zunächst eine Enteignung (Art. 14 Abs. 3 Satz 1 GG) oder Sozialisierung (Verhältnismäßigkeitsgrundsatz)[286] zu rechtfertigen und sodann die Höhe der Entschädigung für die Enteignung oder Sozialisierung zu bestimmen (Art. 14 Abs. 3 Satz 3 [i. V. m. Art. 15 Satz 2] GG).

Die klarstellende Konkretisierung des ökologischen Allgemeinwohls in Art. 14 Abs. 2 GG-E bildet die Grundlage für die ökologische Transformation der Eigentumsordnung in der Bundesrepublik.

6. Die Rechte der Natur

Der sechste Baustein für die Entfaltung ökologischer Rechte im Grundgesetz besteht in der Einführung der „Rechte der Natur“, die mit der Anerkennung ökologischer Personen in Art. 19 Abs. 3 GG verankert werden:[287]

Art. 19 GG-E

[...]

(3) Die Grundrechte gelten auch für *ökologische und* inländische juristische Personen, soweit sie ihrem Wesen nach auf diese anwendbar sind.

[...]

Durch diese Novellierung des Art. 19 Abs. 3 GG-E erhalten ökologische Personen die Möglichkeit, sich auf Grundrechte zu berufen, um ihre Interessen effektiv schützen zu können. Die Diskussion der Rechte der Natur wird seit langem äußerst kontrovers geführt[288] – vor allem seit *Christopher Stone* im Jahr 1972 die Frage „Should Trees Have Standing?“[289] aufgeworfen hat. In den 1970er und 1980er Jahren erlebte die Debatte eine erste Hochphase.[290] Angesichts der anthropozänen Herausforderungen steht die Frage nach den Rechten der Natur heute wieder ganz oben auf der verfassungspolitischen Tagesordnung.[291] Dabei scheinen sich nur auf den ersten Blick wieder einmal ökozentrische und anthropozentrische Positionen diametral gegenüberzustehen. Für den Ökozentrismus stellen die Rechte der Natur kein Problem dar, weil sie den Eigenwert der Natur anerkennen. Gerade dies bewertet der Anthropozentrismus jedoch als eine „Remythisierung der Natur“[292], die nicht in eine säkulare Gesellschafts- und Verfassungsordnung passen soll. Doch zugleich muss auch der Anthropozentrismus einräumen, dass das Grundgesetz Rechtssubjektivität und Grundrechte keineswegs für den Menschen reserviert. Wirtschaft und Kapital können sich als juristische Personen auf Grundrechte berufen. Warum sprechen die Vertreterinnen und Vertreter des Anthropozentrismus dann hier nicht auch von einer

„Mythisierung des Kapitals“? Seltsam … Doch schauen wir uns zunächst einmal das Konzept der Rechtssubjektivität an, um sodann auf dieser Grundlage die Gestaltungsmöglichkeiten der Rechte der Natur im Grundgesetz zu diskutieren.

Das *Konzept der Rechtssubjektivität* setzt in verfassungsrechtlicher Perspektive bei der Menschenwürdegarantie (Art. 1 Abs. 1 GG) an. Aufgrund ihrer Würde sind Menschen Rechtssubjekte, die sich auf Grundrechte berufen können.[293] Doch das bedeutet nicht, dass nach der Konzeption des Grundgesetzes nur Menschen über Rechtssubjektivität und damit auch über Grundrechte verfügen. Nach Art. 19 Abs. 3 GG stehen Grundrechte auch inländischen juristischen Personen zu, soweit sie ihrem Wesen nach auf diese anwendbar sind. Zwar versucht das Bundesverfassungsgericht über die so genannte „Lehre vom personalen Substrat“ die Grundrechtsfähigkeit allein auf solche juristische Personen zu beschränken, hinter denen natürliche – menschliche – Personen stehen. Dies lässt sich durchaus als Versuch einer anthropozentrischen Rückbindung jedenfalls des Grundrechtsschutzes an den Menschen lesen: Juristischen Personen sollen nach dieser Auffassung nur dann Grundrechte zustehen, „wenn ihre Bildung und Betätigung Ausdruck der freien Entfaltung der natürlichen Personen sind, besonders wenn der ‚Durchgriff‘ auf die hinter den juristischen Personen stehenden Menschen dies als sinnvoll oder erforderlich erscheinen läßt.“[294] Allerdings hält das Bundesverfassungsgericht seine eigene Rechtsprechung vom personellen Substrat selbst nicht durch. Es gewährt auch Stiftungen – also reinen Kapital- und Vermögensmassen – als juristischen Personen Grundrechtsschutz.[295] Darüber hinaus muss man bezweifeln, inwiefern beispielsweise im Fall großer wirtschaftlicher Unternehmungen oder Banken der Verweis auf die „hinter“ diesen stehenden natürlichen Personen überhaupt eine empirisch wahrnehmbare Größe darstellt, denen im wirtschaftlichen Leben eine wirksame Funktion zukommt. Es dürfte sich gerade bei großen Wirtschaftsunternehmen oder Banken eher um eine schlichte juristische Fiktion, als um die ökonomische Realität eines personalen Substrats handeln. Die Vermittlung von Grundrechten an juristische Personen sollte deshalb in erster Linie auf ein weiteres Kriterium abstellen, das ebenfalls von dem Bundesverfassungsgericht entwickelt wurde: die grundrechtsgleiche Gefährdungslage. In dieser funktionalen Perspektive kommt es darauf an, ob sich eine juristische Person in einer grundrechtlichen Gefährdungslage befindet, die menschlichen Personen vergleichbar ist.[296] Wenn sich dies in einer konkreten Konfliktlage bejahen lässt, kann sich die juristische Person auf das entsprechende Grundrecht berufen. Legt man dieses funktionale

Kriterium zugrunde, stellt sich die weiterführende Frage, warum der Begriff der „juristischen Person“ in Art. 19 Abs. 3 GG für soziale und wirtschaftliche Vereinigungen reserviert sein sollte. In einer systematischen Auslegung ließe sich argumentieren, dass sich die natürlichen Lebensgrundlagen und die Tiere (Art. 20a GG) ebenfalls als juristische Personen i. S. d. Art. 19 Abs. 3 GG qualifizieren können.[297] Hiergegen mag man sicherlich einwenden, dass der verfassungsändernde Gesetzgeber das Staatsziel „Umweltschutz“ allein objektiv-rechtlich profiliert hat: Aus Art. 20a GG sollen sich keine subjektiven Rechte ergeben.[298] Doch die Replik auf diesen Einwand liegt eben auch nahe: Das Bundesverfassungsgericht hat in seinem Klima-Beschluss vom 24. März 2021 durch eine kombinierte Prüfung der Allgemeinen Handlungsfreiheit (Art. 2 Abs. 1 GG) in Verbindung mit dem Staatsziel „Umweltschutz“ (Art. 20a GG) einen ersten Schritt in Richtung einer Subjektivierung dieser Staatszielbestimmung unternommen.[299] Diesem könnte – im Wege des weiteren Verfassungswandels[300] – ein zweiter Subjektivierungsschritt mit Blick auf die Herleitung von subjektiven Rechten der natürlichen Lebensgrundlagen und der Tiere aus Art. 20a i. V. m. Art. 19 Abs. 3 GG folgen. Doch ungeachtet dieser verfassungsdogmatischen Option ist eine ausdrückliche verfassungsrechtliche Regelung der Rechte der Natur sicherlich vorzugswürdig.[301]

In *rechtsvergleichender Perspektive* zeigt sich, dass die Anerkennung der Rechte der Natur gerade keinen normativen Fremdkörper in geltenden Verfassungsordnungen darstellt. Die von *Christopher Stone* im Jahr 1972 aufgeworfene Frage „Should Trees Have Standing?“ konnte *Niklas Luhmann* im Jahr 1986 noch schlicht ironisch abtun: „Wir sind weit davon entfernt, ‚der Umwelt‘ Rechte gegen die Gesellschaft zuzuerkennen, Bäume für rechtsfähig zu halten oder das Dioxin durch ordnungsgemäße Verbrennung für seine Giftigkeit zu bestrafen.“[302] Doch diese apodiktische Feststellung lässt sich heute angesichts des von *Andreas Gutmann* vollkommen zu Recht diagnostizierten globalen Trends zu Rechten der Natur kaum noch aufrecht erhalten:[303] In der Rechtspraxis hat beispielsweise Ecuador die Natur (Pacha Mama) als Rechtssubjekt verfassungsrechtlich anerkannt und ihr auch Rechte zugesprochen:[304] Die Natur genießt als Rechtssubjekt alle Rechte, die in der Verfassung für sie vorgesehen sind (Art. 10 Abs. 2 i. V. m. Art. 71–74 Verfassung Ecuador). Dabei kommt der Regelung des Art. 71 Verfassung Ecuador programmatische Bedeutung zu: Die Natur (Pacha Mama) hat das Recht auf einen umfassenden Respekt ihrer Existenz und auf die Erhaltung und Regeneration ihres Lebenskreislaufs, ihrer Struktur und Funktionen sowie ihrer evolutionären Prozesse (Art. 71 Satz 1 Verfassung Ecuador). Alle Personen, Gemeinschaften, Völker und Nationen können sich an die öffentlichen Autoritäten wenden, um die Rechte der Natur durchzusetzen (Art. 71 Satz 2 Verfassung Ecuador). Bei der Auslegung und Anwendung der Rechte der Natur sind die Rechte und Prinzipien, die in der Verfassung niedergelegt sind, zu beachten, soweit dies angemessen ist (Art. 71 Satz 3 Verfassung Ecuador). Der Staat soll für natürliche und juristische Personen und Gemeinschaften Anreize setzen, um die Natur zu schützen und den Respekt für alle Elemente zu fördern, die ein Ökosystem umfasst (Art. 71 Satz 4 Verfassung Ecuador). In Bolivien wurden die Rechte der Natur zwar nicht in der Verfassung, aber in zwei Gesetzen verankert, „welche der Mutter Erde (Madre Tierra) sieben verschiedene Rechte zusprechen, darunter das Recht auf Leben und ein natürliches Gleichgewicht."[305] In Argentinien, Kolumbien und in den USA werden die Rechte von Tieren anerkannt, in Indien, Kolumbien und Neuseeland die Rechte von Flüssen.[306]

Die *Gründe für die Rechte der Natur* liegen im Eigenwert der Natur und im Wert der Natur für den Menschen.[307] Es sind also natur- und menschenbezogene Motive, die für die Rechte der Natur sprechen. Die naturbezogenen Motive verweisen auf den Eigenwert der Natur, den die Verfassung anerkennen kann, ohne ihn dabei gleich absolut setzen zu müssen. Die Rechte der Natur sind in dieser Perspektive ökologisch, nicht aber ökozentrisch begründet.[308] Die menschenbezogenen Motive unterstreichen die Notwendigkeit, den Eigenwert der Natur anzuerkennen, um den Menschen vor sich selbst zu schützen, konkret: vor der konsumistischen Vernichtung seiner natürlichen Lebensgrundlagen. Wir sollten – im wahrsten Sinn des Wortes – nicht an dem Ast sägen, auf dem wir sitzen, sondern dem Baum lieber das Recht verleihen, sich vor uns zu schützen, damit wir nicht an ihm sägen. Die Rechte der Natur sind in dieser Perspektive ebenfalls ökologisch begründet, weil der Anthropozentrismus über sich hinauswächst. Sowohl eine naturbezogene als auch eine menschenbezogene Perspektive können also die Rechte der Natur begründen. Dass die natur- und zugleich menschenbezogene Begründung der Rechte der Natur keinen Widerspruch darstellt, veranschaulicht auch die Zielsetzung des Bundesnaturschutzgesetzes: Natur und Landschaft sind auf Grund ihres eigenen Wertes *und* als Grundlage für Leben und Gesundheit des Menschen auch in Verantwortung für die künftigen Generationen im besiedelten und unbesiedelten Bereich zu schützen (§ 1 Abs. 1 BNatSchG).

Das *Konzept der Rechte der Natur* lässt sich verfassungsrechtlich unterschiedlich umsetzen.[309] So wäre es beispielsweise möglich, ein „Grundrecht der Natur“ in einer eigenständigen Regelung des Grundgesetzes zu gewährleisten. *Jörg Leimbacher* hat bereits in den 1980er Jahren vorgeschlagen, das Recht der Natur auf Existenz verfassungsrechtlich zu normieren.[310] *Andreas Buser* und *Hermann Ott* regen an, die Eigenrechte der Natur in Anknüpfung an die Verfassung von Ecuador in Form der Rechte von Ökosystemen und Tieren in neu zu schaffenden Art. 20b ff. GG zu regeln.[311] Demgegenüber wählt der hier unterbereitet Vorschlag einen anderen Ansatz, der auf eine Ergänzung des Art. 19 Abs. 3 GG setzt: Die Grundrechte gelten für ökologische (und inländische juristische) Personen, soweit sie ihrem Wesen nach auf diese anwendbar sind. In dieser Novelle des Art. 19 Abs. 3 GG-E werden die ökologischen Personen den sozialen und ökonomischen juristischen Personen gleichgestellt. Dieser Novellierungsvorschlag folgt zwei Grundgedanken. Erstens haben wir umfassende Erfahrungen mit dieser Form der Übertragung von Grundrechten auf nicht-menschliche Personen: Was uns mit Blick auf die Rechtssubjektivität und Grundrechtsfähigkeit von totem Kapital möglich ist, wird uns auch hinsichtlich der Rechtssubjektivität und Grundrechtsfähigkeit der Natur gelingen. Dies wirft in juristischer Perspektive keine kategorialen Probleme auf, sondern ist schlicht eine Frage der Gewöhnung. Zweitens setzt die Gleichstellung von ökologischen Personen einerseits mit sozialen und ökonomischen Personen andererseits in Art. 19 Abs. 3 GG-E den rechtsstaatlichen Grundsatz der Fairness um: Soziale und ökonomische juristische Personen – also Mensch und Wirtschaft – verfügen über Rechtssubjektivität, um ihre Interessen grundrechtlich gegenüber der Natur durchzusetzen. Deshalb ist es nur fair, wenn der Natur ebenfalls Rechtssubjektivität und Grundrechte zukommen. Der Streit zwischen sozialen, ökonomischen und ökologischen Interessen muss auf gleicher juristischer Augenhöhe ausgetragen werden. Die Regelung des Art. 19 Abs. 3 GG-E stellt also nichts Anderes als „juristische Waffengleichheit“ her.

Die *Ausgestaltung der Rechte der Natur* erfolgt durch den parlamentarischen Gesetzgeber. Der Bundestag muss zunächst die Rechtssubjektivität ökologischer Personen ausdifferenzieren. Auf dieser Grundlage können sich ökologische Personen sodann auf die Grundrechte berufen, die ihrem Wesen nach auf sie anwendbar sind (Art. 19 Abs. 3 GG-E). Den faktischen und rechtlichen Anknüpfungspunkt für diese Pflicht des Gesetzgebers, die Rechtssubjektivität ökologischer Personen auszugestalten, bildet der ökologische Verantwortungsgrundsatz (Satz 1 Präambel, Art. 1

Abs. 2 GG-E) in Verbindung mit dem ökologischen Staatsprinzip (Art. 20 Abs. 1 GG-E) und der ökologischen Staatszielbestimmung (Art. 20a GG-E). Dabei gibt die ökologische Staatszielbestimmung des Art. 20a Abs. 1 GG-E dem Gesetzgeber den entscheidenden regelungstechnischen Hinweis. Es geht nicht darum, „die" Natur insgesamt als eine einheitliche ökologische Entität zu verstehen.[312] Vielmehr ist es möglich, zwischen verschiedenen ökologischen Akteuren, Gütern und Medien zu differenzieren, also zwischen den Tieren und Pflanzen (Art. 20a Abs. 1 Satz 1 GG-E), den Arten (Art. 20a Abs. 1 Satz 2 GG-E) sowie den Meeren und dem Klima (Art. 20a Abs. 1 Satz 3 GG-E). Diese Aufzählung von unterschiedlichen ökologischen Akteuren, Gütern und Medien in Art. 20a Abs. 1 GG-E ist nicht abschießend. Deshalb kann der Gesetzgeber den inklusiven Naturbegriff (Art. 20a Abs. 1 Satz 1 GG-E) zum Anlass nehmen, noch weitere ökologische Akteure, Güter und Medien zu unterscheiden, um ihnen Rechtssubjektivität zu vermitteln. Die Legislative findet also faktisch sehr unterschiedliche Akteure, Güter und Medien vor, die sie normativ in verschiedene Typen von ökologischen Personen fassen kann. So entsteht ein ökologisches Gesellschaftsrecht, das in seiner Vielgestaltigkeit dem ökonomischen Gesellschaftsrecht in nichts nachsteht.

Der Grund dafür liegt in dem Spannungsverhältnis zwischen dem abstrakten Konzept der Rechtssubjektivität und der konkreten Ausgestaltung von Rechtssubjektivität.[313] In seiner abstrakten Bedeutung meint Rechtssubjektivität „nur", dass eine menschliche, soziale, ökonomische und ökologische Person über Rechte und Pflichten verfügt. Alle diese Personen erhalten die rechtliche Fähigkeit, die Rechtsordnung im eigenen oder fremden Interesse in Bewegung zu setzen.[314] In seiner konkreten Ausgestaltung kann und muss Rechtssubjektivität jedoch sehr unterschiedliche Formen annehmen, um den spezifischen Eigenschaften und Kontexten einer Person angemessen gerecht zu werden: Im Fall von Menschen – also von natürlichen Personen – hat ein erwachsener Mensch andere Rechte und Pflichten als ein Kind. Natürliche Personen verfügen über andere Rechte und Pflichten als juristische Personen; und juristische Personen unterscheiden sich wiederum in der Ausgestaltung von Rechten und Pflichten voneinander, beispielsweise ein Verein von einer GmbH oder von einer Aktiengesellschaft. Damit wird deutlich: Rechtssubjektivität ist in ihrer konkreten Umsetzung kein absolutes, sondern ein relationales Konzept. Diese Relationalität entfaltet sich in der Rechtsordnung, weil diese die unterschiedlichsten Rechtssubjekte durch differenzierte Rechtsverhältnisse miteinander verbindet. Auf der Ebene der konkreten Ausgestaltung gibt es also gerade nicht „die“ Rechtssubjektivität. Es existiert vielmehr eine sehr vielgestaltige Typologie von Rechtssubjektivitäten, die in ihrer Zusammenschau eine sehr vielfältige Rechtsgemeinschaft bilden. Deshalb ist es auch die Aufgabe des Gesetzgebers, unter Ausschöpfung des ihm zustehenden rechtspolitischen Gestaltungsspielraums ein ökologisches Gesellschaftsrecht in einem Ökologischen Gesetzbuch zu regeln (vgl. Art. 74 Abs. 1 Nr. 24 GG-E),[315] das den sehr unterschiedlichen ökologischen Personen gerecht wird. So liegt es nahe, mit Blick auf Tiere ein auf jedes Individuum bezogenes Verständnis von Rechtssubjektivität gesetzgeberisch umzusetzen. Im Fall von Pflanzen könnte es naheliegen, bei besonders gefährdeten, seltenen oder charismatischen Arten ebenfalls ein individuelles Verständnis von Rechtsubjektivität zu verfolgen, darüber hinaus jedoch auf einen Schutz von Pflanzen durch die Ausgestaltung der Rechtssubjektivität von Ökosystemen zu setzen. Im Hinblick auf Naturmedien – wie Boden, Klima, Landschaften, Luft und Wasser – lassen sich ebenfalls unterschiedliche Regelungskonzepte von juristischen Personen denken: sicherlich in Form einer ökomedialen Rechtssubjektivität. Aber auch eine ökosystemische Rechtssubjektivität kommt in Betracht, die beispielsweise Flüsse oder Landschaften als ökologische Personen anerkennt. Der Gesetzgeber muss also unterschiedliche Formen von ökologischen Personen ausgestalten, indem er zunächst den Typus definiert, um sodann dessen Rechtsstatus zu bestimmen, Rechte und Pflichten zu konkretisieren und die Vertretung zu regeln, was wiederum von einer Vertretung durch individuell bestimmte Personen oder Verbände bis zu Popularvertretungen und damit letztlich Popularklagen reichen kann.[316]

Der *Umfang der Rechte der Natur* ergibt sich für die einzelne ökologische Person aus Art. 19 Abs. 3 GG-E:[317] Eine ökologische Person kann sich auf die Grundrechte berufen, die ihrem Wesen nach auf sie anwendbar sind. Eine Übertragung der Menschenwürdegarantie (Art. 1 Abs. 1 GG) auf ökologische Personen ist jedoch ausgeschlossen. Sie bleibt dem Menschen vorbehalten.[318] Doch abgesehen davon sind die folgenden Grundrechte ihrem Wesen nach grundsätzlich auch auf ökologische Personen anwendbar: Entfaltungsfreiheit (Art. 2 Abs. 1 GG-E), körperliche Integrität und Leben (Art. 2 Abs. 2 Satz 1 GG-E), Bewegungsfreiheit (Art. 2 Abs. 2 Satz 1 GG), Gleichheit (Art. 3 Abs. 1 GG), Versammlungsfreiheit (Art. 8 Abs. 1 GG), Vereinigungsfreiheit (Art. 9 Abs. 1 GG), Unverletzlichkeit der ökologischen Wohnung (Art. 13 Abs. 1 GG) und Petitionsrecht (Art. 17 GG). Darüber hinaus erscheint es auch grundsätzlich möglich, dass die Natur wirtschaftliche Freiheiten für sich in

Anspruch nehmen könnte, also vor allem die Berufsfreiheit (Art. 12 Abs. 1 GG) und die Eigentumsgarantie (Art. 14 Abs. 1 GG). So wäre es beispielsweise nicht ausgeschlossen, dass etwa Tiere oder Landschaften ihren eigenen Naturpark bewirtschaften, der in ihrem Eigentum steht. Auch die Inanspruchnahme von Justizgewährleistungsrechten ist ökologischen Personen problemlos möglich. Dies gilt für die Garantie des effektiven Rechtschutzes (Art. 19 Abs. 4 GG), die Geltendmachung einer Verfassungsbeschwerde (Art. 93 Abs. 1 Nr. 4a GG) sowie das Recht auf den gesetzlichen Richter (Art. 101 Abs. 1 Satz 2 GG) und auf rechtliches Gehör (Art. 103 Abs. 1 GG).

Die *Anwendung der Rechte der Natur* wird durch den Verhältnismäßigkeitsgrundsatz bestimmt. Dies bedeutet, dass die Anerkennung der Rechtssubjektivität von ökologischen Personen nicht dazu führt, dass die Rechte der Natur im Konflikt mit sozialen oder wirtschaftlichen Interessen stets gewinnen müssen oder werden. Für die Rechte von ökologischen Personen gelten insofern die gleichen Grundsätze, die auch bei der Anwendung der Grundrechte für menschliche sowie soziale und ökonomische juristische Personen einschlägig sind: Wenn zwei oder mehrere Rechte miteinander kollidieren, findet eine Abwägung statt. Mit Hilfe des Verhältnismäßigkeitsprinzips ist ein angemessener Ausgleich zwischen den konfligierenden Rechtspositionen der einzelnen Rechtssubjekte zu finden. Nach dem Grundgesetz gilt nur die Menschenwürdegarantie (Art. 1 Abs. 1 GG) absolut, weil sie jeder Form der Abwägung entzogen ist.[319] Ökologische Personen können sich – wie soeben dargelegt – nicht auf die Menschenwürdegarantie berufen, weil sie allein Menschen zukommt. Darüber hinaus werden sich jedoch für die Kollision von grundrechtlich geschützten sozialen, ökonomischen und ökologischen Interessen im Rahmen der Anwendung des Verhältnismäßigkeitsgrundsatzes neue Abwägungsregeln entwickeln.[320] So sind beispielweise Regressionsverbote denkbar, etwa für den Fall der Gefährdung oder Zerstörung eines Ökosystems. In der Abwägung können aber auch Entwicklungsgebote und Rückschrittsverbote zur Geltung kommen, wenn es um die Steigerung der Resilienz eines Ökosystems geht. Es versteht sich von selbst, dass in diesen Abwägungen die Interessen von Menschen ebenfalls eine entscheidende Rolle spielen: Auch wenn ein Tierpark in Zukunft den Tieren gehören sollte, können diese nicht schlicht die Tierpflegerinnen und Tierpfleger entlassen, wenn dies zu einer Gefährdung von Menschen führt. Vielmehr stellt sich in der Abwägung die Frage, ob die Tiere ihren Park mit den von ihnen eingenommenen Mitteln nicht so gestalten wollen, dass es ihrer tierlichen

Persönlichkeit besser entspricht, und darüber entscheiden, welche Entlassungen in die freie Wildbahn in Betracht kommen.

Die *Verfassungskonformität der Rechte der Natur* wird teilweise in Frage gestellt. Der zentrale verfassungsrechtliche Einwand lautet:[321] Die Rechte von Menschen und Natur würden unreflektiert gleichgesetzt. Darüber hinaus seien die Rechte der Natur nicht mit dem Menschenbild des Grundgesetzes zu vereinbaren. Die Rechte der Natur verstießen im Ergebnis gegen die Menschenwürdegarantie (Art. 1 Abs. 1 GG). Damit sei die Einführung von Rechten der Natur in das Grundgesetz durch die „Ewigkeitsgarantie" ausgeschlossen (Art. 79 Abs. 3 GG). Doch dieser Rechtsauffassung kann nicht beigetreten werden:[322] Eine Änderung des Grundgesetzes ist nach Art. 79 Abs. 3 GG unzulässig, wenn sie die in Art. 1 GG niedergelegten Grundsätze berührt. Doch durch die Einführung der Rechtssubjektivität von ökologischen Personen in Art. 19 Abs. 3 GG-E wird die Menschenwürdegarantie aus drei Gründen nicht tangiert: Erstens berührt die Gewährleistung der Rechtssubjektivität und Grundrechtsfähigkeit ökologischer Personen nicht die verfassungsrechtliche Garantie der Menschenwürde (Art. 1 Abs. 1 GG). Die Menschenwürdegarantie steht allein den Menschen zu. Ökologische Personen können sich auch bei Geltung des Art. 19 Abs. 3 GG-E nicht auf Art. 1 Abs. 1 GG berufen. Aus diesem Grund ist sichergestellt, dass der Subjektstatus von Menschen unangetastet bleibt. Damit können Menschen auch in einer ökologischen Verfassungsordnung nicht auf ein bloßes Objekt reduziert werden, weil dies gegen die Menschenwürdegarantie verstoßen würde.[323] Zweitens stellt die Gewährleistung der Rechtssubjektivität und Grundrechtsfähigkeit von ökologischen Personen auch nicht das Menschenbild des Grundgesetzes in Frage. Das Menschenbild des Grundgesetzes setzt nicht auf ein isoliertes, souveränes Individuum.[324] Es begreift den Menschen als eine gemeinschaftsbezogene und gemeinschaftsgebundene Person, ohne dabei dessen Eigenwert anzutasten. Die Formulierung dieses Menschenbilds durch das Bundesverfassungsgericht versteht den Menschen folglich als ein soziales Individuum, das sich in seinen gesellschaftlichen Beziehungen entfaltet. Dies ist als eine entwicklungsoffene Erweiterung des menschlichen Selbstverständnisses mit Blick auf Gemeinschaft und Gesellschaft formuliert. Durch diese Fassung des Menschenbilds wird aber gerade nicht ausgeschlossen, dass sich Menschen auch in weiteren und damit auch in ökologischen Bezügen verstehen (Art. 20a GG-E). Der Mensch ist nicht nur eine gemeinschaftsbezogene und gemeinschaftsgebundene, sondern zugleich auch eine naturbezogene und naturverbundene Person. Die einzige Grenze in der Fortschreibung dieses Menschenbilds liegt im unantastbaren Eigenwert der menschlichen Person, der aber – wie soeben dargelegt – gewahrt wird. Drittens findet mit der Anerkennung der Rechtssubjektivität und Grundrechtsfähigkeit von ökologischen Personen keine undifferenzierte Gleichsetzung der Rechte von Mensch und Natur statt. Es wird durch Art. 19 Abs. 3 GG-E „nur" die Geltung der Grundrechte auf ökologische Personen erstreckt, die ihrem Wesen nach auf diese anwendbar sind. Dadurch erfolgt jedoch weder eine faktische noch eine rechtliche Gleichsetzung von Mensch und Natur. Dies wird deutlich, wenn man sich vergegenwärtigt, dass sich auch soziale und ökonomische juristische Personen nach Art. 19 Abs. 3 GG-E auf Grundrechte berufen können, ohne dass dadurch eine Gleichsetzung von menschlichen Personen einerseits und sozialen und ökonomischen juristischen Personen andererseits erfolgt. Vielmehr wird allein eine Anwendung von Grundrechten für soziale und ökonomische juristische und nun eben auch für ökologische Personen eröffnet, um in rechtlichen Konflikten die eigenen Interessen effektiv wahrnehmen zu können. Auch die Verwendung des Wesensbegriffs in Art. 19 Abs. 3 GG-E unterstreicht dies noch einmal.[325] Dieser Terminus bringt zum Ausdruck, dass bestimmte Grundrechte „wesensmäßig" nur auf den Menschen anwendbar sind.[326] Dies ist beispielsweise bei der Menschenwürdegarantie (Art. 1 Abs. 1 GG) der Fall. Zugleich lässt sich dem Wesensbegriff des Art. 19 Abs. 3 GG-E aber auch entnehmen, dass eine Anwendung von Grundrechten, die eigentlich auf den Menschen zugeschnitten sind, nur auf aufgrund spezifischer – „wesensmäßiger" – Dispositionen für soziale und ökonomische juristische sowie ökologische Personen in Betracht kommt. Dies bedarf – wiederum im Unterschied zu Menschen – einer besonderen Begründung. Von einer undifferenzierten Übertragung der Rechte von Menschen auf ökologische Personen kann deshalb ebenso wenig die Rede sein wie im Fall der Anwendung von Grundrechten auf soziale und ökonomische juristische Personen.

Die Einführung der Rechte der Natur in Form der Anerkennung der Rechtssubjektivität und der Grundrechtsfähigkeit ökologischer Personen ist verfassungskonform; und kann deshalb zu einer ökologischen Transformation unserer Gesellschaft beitragen.

IV. Die ökologischen Verfassungsprinzipien

Die Ökologie wird als Staatsprinzip verankert und in einer neu gefassten ökologischen Staatszielbestimmung konkretisiert.

1. Das ökologische Staatsprinzip

Die Bundesrepublik ist ein ökologischer Verfassungsstaat, was in der Ergänzung der Staatsprinzipien des Grundgesetzes zum Ausdruck kommt:[327]

> **Art. 20 GG-E**
>
> (1) Die Bundesrepublik Deutschland ist ein demokratischer, sozialer *und ökologischer* Bundesstaat.
>
> [...]

In Art. 20 Abs. 1-3 GG sind die Staatsprinzipien unserer Verfassung geregelt: Demokratie, Rechts- und Sozialstaatlichkeit, Republik und Föderalismus. Diese fünf Prinzipien bilden die Grundlage des Verfassungsstaats „Bundesrepublik Deutschland“. Sie werden nun mit der Ökologie durch ein sechstes Staatsprinzip ergänzt. Bisher war der Umweltschutz „nur“ ein Staatsziel (Art. 20a GG), das das Handeln des demokratischen, rechtsstaatlichen, sozialen, republikanischen und föderalen Verfassungsstaats des Grundgesetzes bestimmen sollte. Als Staatsprinzip gehört die Ökologie jedoch auch zur „genetischen DNA“ der Bundesrepublik, die zur umfassenden Begründung und Ausübung verfassungsstaatlicher Herrschaft beiträgt.

Das ökologische Staatsprinzip entfaltet in der Verfassungsordnung der Bundesrepublik vier Funktionen. Erstens, eine Legitimationsfunktion: Das ökologische Staatsprinzip legitimiert den Verfassungsstaat. Auf diese Weise trägt es zur politischen Rechtfertigung verfassungsstaatlicher Herrschaft bei, was sowohl in den ökologischen Grundrechten als auch im ökologischen Staatsorganisationsrecht zum Ausdruck kommt. Zweitens, eine Strukturfunktion: Das ökologische Staatsprinzip prägt den organisatorischen Staatsaufbau der Bundesrepublik. Es schlägt sich beispielhaft in der ökologischen Regierungserklärung der Bundeskanzlerin und in der ökologischen Haushaltsdebatte nieder (Art. 43 Abs. 3 GG-E). Darüber hinaus bildet der Bundestag einen Ausschuss für Natur (Art. 45e GG-E) und wählt eine Naturbeauftragte (Art. 45f GG-E). Die Bundeskanzlerin bestimmt die ökologischen Richtlinien der Politik (Art. 65 Abs. 1 Satz 1 i. V. m. Art. 43 Abs. 3 GG-E), während dem Bundesminister für Natur ein ökologisches Widerspruchsrecht im Bundeskabinett zusteht (Art. 63 Abs. 2 GG-E). Der Bundesrat wirkt in den Angelegenheiten der ökologischen Entwicklung mit (Art. 50 GG-E) und bildet dafür eine Ökologische Kammer (Art. 52a GG-E). Der Bundespräsident achtet als Ausdruck des ökologischen Republikprinzips auf das ökologische Allgemeinwohl (Art. 59a Abs. 1 GG-E). Er beruft einen Rat für ökologische Entwicklung, der über das Recht zur Gesetzesinitiative verfügt (Art. 76 Abs. 1 GG-E). Drittens, eine Handlungsfunktion: Das ökologische Staatsprinzip bestimmt das Handeln des Staats. Es formuliert also automatisch auch eine ökologische Staatszielbestimmung, die alle nationalen, europäischen und internationalen Politikbereiche bestimmt.[328] Ein zentrales Beispiel hierfür ist der verfassungsrechtliche Auftrag, ein Ökologisches Gesetzbuch (ÖGB) auszuarbeiten und zu verabschieden, das alle ökologischen Dimensionen unserer Gesellschaft regelt (Art. 74 Abs. 1 Nr. 24 GG-E). Viertens, eine Abwägungsfunktion: Das ökologische Staatsprinzip ist in allen staatlichen Abwägungsentscheidungen zu berücksichtigen. Mit diesen vier Dimensionen strahlt das ökologische Staatsprinzips auf die gesamte verfassungsstaatliche Ordnung der Bundesrepublik Deutschland aus.

Der Einführung des ökologischen Staatsprinzips in Art. 20 Abs. 1 GG-E steht die so genannte „Ewigkeitsgarantie" des Grundgesetzes nicht entgegen. Die „Ewigkeitsgarantie" (Art. 79 Abs. 3 GG) erklärt Verfassungsänderungen für unzulässig, wenn sie die Grundsätze berührt, die in Art. 20 GG niedergelegt sind. Doch die „Ewigkeitsgarantie" schließt eine Ergänzung der Staatsprinzipien des Art. 20 Abs. 1 GG nicht aus. Schon der Wortlaut des Art. 79 Abs. 3 GG verdeutlicht, dass Art. 20 Abs. 1 GG nicht in der Formulierung konserviert werden muss, die ihm der Parlamentarische Rat im Jahr 1949 gegeben hat: Die in Art. 20 GG niedergelegten Grundsätze dürfen nach Art. 79 Abs. 3 GG durch eine Verfassungsänderung nicht berührt werden. Dies bedeutet aber zugleich, dass der verfassungsändernde Gesetzgeber die Formulierung des Art. 20 GG sehr wohl ergänzen darf, solange und soweit damit keine „Berührung" der demokratischen, rechts- und sozialstaatlichen, republikanischen und föderalen Prinzipien des Grundgesetzes verbunden ist. Doch die Einführung des ökologischen Staatsprinzips beeinträchtigt keineswegs den normativen Kerngehalt, den das Grundgesetz Demokratie, Rechts- und Sozialstaatlichkeit, Republik und Föderalismus beilegt. Das ökologische Staatsprinzip steht keinem der übrigen Staatsprinzipien entgegen. Ganz im Gegenteil: Durch die Aufnahme des ökologischen Staatsprinzips in das Grundgesetz wird die Bundesrepublik als demokratischer, rechtsstaatlicher, sozialer, republikanischer und föderaler Verfassungsstaat den anthropozänen Herausforderungen gerecht. Die ökologische Ergänzung unserer Staatsprinzipien ist die Voraussetzung dafür, dass Demokratie, Rechts- und Sozialstaat, Republik und Föderalismus überhaupt erst die ökologische Entgleisung unserer Gesellschaft überleben können. Zweifellos wird es zu normativen Konflikten zwischen dem ökologischen und den übrigen Staatsprinzipien kommen. Ein solcher Konflikt entsteht beispielweise, wenn der Gesetzgeber eine Umweltschutzregelung erlassen möchte, in der etwa ökologische und soziale Interessen in Widerspruch zueinander geraten. Doch ein solcher Fall ist durch eine Abwägung des ökologischen und des sozialen Staatsprinzips nach dem Grundsatz der „praktischen Konkordanz"[329] zu lösen. Es bedarf folglich einer einzelfallbezogenen Abwägung, die einen möglichst schonenden verfassungsrechtlichen Ausgleich zwischen den beiden konfligierenden Staatsprinzipien herstellt, ohne dass dabei deren Kerngehalt angetastet werden darf.

So wenig die „Ewigkeitsgarantie" des Art. 79 Abs. 3 GG der Einführung des ökologischen Staatsprinzips in Art. 20 Abs. 1 GG-E entgegensteht, so wenig wird das ökologische Staatsprinzip nach seiner Aufnahme in Art. 20 Abs. 1 GG-E allerdings durch Art. 79 Abs. 3 GG geschützt. Das ökologische Staatsprinzip könnte folglich auch wieder durch den verfassungsändernden Gesetzgeber aus Art. 20 Abs. 1 GG gestrichen werden, ohne dass darin ein Verstoß gegen die „Ewigkeitsgarantie" zu sehen wäre. Nur die verfassungsgebende Gewalt des Volkes (pouvoir constituant), nicht aber die verfassungsändernde Gesetzgeber (pouvoir constitué) kann den Anwendungsbereich der „Ewigkeitsgarantie" des Art. 79 Abs. 3

GG verändern, also bestimmte Grundsätze unserer Verfassung für unabänderbar erklären. So genießt beispielsweise auch das Widerstandsrecht (Art. 20 Abs. 4 GG), das im Rahmen der so genannten „Notstandsgesetzgebung" im Jahr 1968 in das Grundgesetz eingeführt wurde,[330] nicht den Schutz der „Ewigkeitsgarantie".[331] Dies ist auch bei dem ökologischen Staatsprinzip nicht der Fall, wenn der verfassungsändernde Gesetzgeber es in Art. 20 Abs. 1 GG-E aufnimmt. Dies ändert allerdings nichts an der umfassenden normativen Wirkung, die das ökologische Staatsprinzip für die gesamte Verfassungsordnung entfaltet: Die Bundesrepublik Deutschland wird zu einem ökologischen Verfassungsstaat.

2. Die ökologischen Staatsziele

Das ökologische Staatsziel in Art. 20a GG muss neu formuliert werden: zum einen um die ökologischen Staatsziele konkreter zu fassen; zum anderen um den Grundsatz der Umweltgerechtigkeit in das Grundgesetz aufzunehmen:[332]

Art. 20a GG-E

(1) Die Natur und die Tiere sind zu achten und zu schützen. Die Artenvielfalt ist zu erhalten. Die Meere und das Klima sind zu bewahren.

(2) Der Staat gewährleistet umweltgerechte Lebensverhältnisse für die gegenwärtigen und künftigen Generationen.

Staatsziele sind von allen staatlichen Organen bei der Ausübung ihrer jeweiligen legislativen, exekutiven und judikativen Kompetenzen inhaltlich zu berücksichtigen und aktiv umzusetzen.[333] Wir haben bereits gesehen, dass das ökologische Staatsprinzip des Art. 20 Abs. 1 GG-E „automatisch" auch eine ökologische Staatszielbestimmung enthält.[334] Diese ökologische Staatszielbestimmung wird durch eine Neufassung des Art. 20a GG-E konkretisiert, die eine Naturschutzbestimmung (Absatz 1) mit dem Grundsatz der Umweltgerechtigkeit (Absatz 2) verbindet.

Die *Naturschutzbestimmung* erkennt den Eigenwert der Natur in Art. 20a Abs. 1 GG-E an: Die Natur und insbesondere die Tiere sind zu achten und zu schützen (Art. 20a Abs. 1 Satz 1 GG-E). Der Begriff der „Natur" ist dabei weit zu verstehen. Er umfasst Tiere und Pflanzen, Boden und Landschaften, Klima, Luft und Wasser. Die Tiere werden besonders erwähnt, weil sie empfindsame Mitgeschöpfe sind, aber von Menschen auf besondere Weise gequält werden. In diesem Zusammenhang kommen dem ökologischen Staatsziel zwei Funktionen zu: Erstens schützt es Natur und Tiere als Ausdruck des ökologischen Verantwortungsprinzips (Satz 1 Präambel, Art. 1 Abs. 2 GG).[335] Zweitens konkretisiert es diesen Schutzauftrag mit Blick auf die Erhaltung der Artenvielfalt (Art. 20a Abs. 1 Satz 2 GG-E) sowie die Bewahrung der Meere und des

Klimas (Art. 20a Abs. 1 Satz 3 GG-E). Dem muss die Bundesrepublik auf kommunaler, regionaler, nationaler, europäischer und globaler Ebene nachkommen.

Die *Umweltgerechtigkeit* wird in Art. 20a Abs. 2 GG-E als Staatsziel geregelt: Der Staat gewährleistet in Verantwortung für die gegenwärtigen und künftigen Generationen umweltgerechte Lebensverhältnisse. Als ökologischem Staatsziel kommt der Umweltgerechtigkeit eine naturbezogene, soziale, generationelle, historische und globale Dimension zu.

Die naturbezogene Dimension der Umweltgerechtigkeit verpflichtet den Staat, die Lebensverhältnisse so zu gestalten, dass sie der Natur gerecht werden. Das erfordert insbesondere eine ökologische Transformation der Infrastrukturen, in denen wir alltäglich leben.

Die soziale Dimension der Umweltgerechtigkeit verlangt, das soziale und das ökologische Staatsprinzip (Art. 20 Abs. 1 GG-E) in allen Lebens-, Wirtschafts- und Politikfeldern gerecht miteinander abzuwägen.[336] Die ökologische Frage hat die soziale Frage nicht ersetzt oder überholt. Soziale Ungleichheit und ökologische Risiken verstärken sich gegenseitig. In historischer Perspektive ist das Konzept der Umweltgerechtigkeit aus der Feststellung der amerikanischen Bürgerrechtsbewegung entstanden, dass soziale Benachteiligung und Diskriminierung regelmäßig mit schlechteren ökologischen Lebensverhältnissen einhergehen.[337] Vor diesem Hintergrund ist die Umweltgerechtigkeit als eine Verpflichtung des Staats zu verstehen, gleichwertige und ökologische Lebensverhältnisse im gesamten Bundesgebiet zu sichern und zu fördern, also in der Stadt und auf dem Land. Darüber hinaus bedeutet der Grundsatz der Umweltgerechtigkeit, dass der Staat bei der Gestaltung und Verteilung der ökonomischen Kosten für die ökologische Transformation unserer Gesellschaft einen sozialen Lastenausgleich herstellt. Die ökologische Transformation unserer Gesellschaft muss sozial *und* ökologisch gerecht gestaltet werden. Sie darf weder zulasten der sozialen noch der ökologischen Gerechtigkeit gehen.

Die generationelle Dimension der Umweltgerechtigkeit ist auf einen gerechten Ausgleich zwischen den Bedürfnissen der gegenwärtigen und der Freiheit der künftigen Generationen gerichtet. Das Bundesverfassungsgericht hat dies in seiner Klima-Entscheidung auf die Formel des „intertemporalen Freiheitsschutzes"[338] gebracht. Dieses Prinzip ist jedoch über die gegenwärtig lebenden, jungen und älteren Generationen hinaus auch auf die künftigen, heute noch nicht lebenden Menschen zu beziehen.[339] Mit dieser generationellen Dimension intertemporaler Freiheitsgewährleistung wirkt der Grundsatz der Umweltgerechtigkeit der sozialen und ökologischen Selbstprivilegierung der jeweils gegenwärtig vorherrschenden Generationen mit Blick auf Ressourcenverbrauch und Naturzerstörung entgegen.

Die historische und zugleich postkoloniale Dimension der Umweltgerechtigkeit verpflichtet den Staat dazu, in historischer Perspektive die Verantwortung für die ökologische Entgleisung der Welt zu übernehmen, die von den Wohlstandsgesellschaften des Globalen Nordens mit desaströsen sozialen, ökonomischen, politischen und ökologischen Folgen für den Globalen Süden verursacht wurde und wird.[340] In diesem Kontext kommt dem Prinzip der „common but differentiated responsibilities" (Prinzip 7 Rio-Deklaration über Umwelt und Entwicklung) bzw. „common but differentiated responsibilities and respective capabilities" (Art. 3 Nr. 1 Klimarahmenkonvention, Präambel Pariser Klimaschutzabkommen) zentrale Bedeutung zu.[341] Damit wird eine gemeinsame globale Verantwortung für das Klima anerkannt, hinsichtlich der Verantwortungsgrade jedoch zugleich differenziert. Zentrale Kriterien für die globale Lastenverteilung sind insbesondere das (historische) Verantwortungsprinzip, ökonomische Gewinne, technische Problemlösungskapazitäten, gesellschaftlicher Reichtum und finanzielle Ressourcen.[342] Dieser Grundsatz wirkt über den Klimaschutz hinaus. Die gemeinsame, aber differenzierte Verantwortung muss auch zur Bewahrung der Arten und der Meere sowie zur Beseitigung der Globalvermüllung herangezogen werden. Damit ist die besondere Verantwortung der Gesellschaften und Staaten des Globalen Nordens für die globale ökologische Entwicklung klar an- und ausgesprochen. Durch die Regelung des Art. 20a Abs. 2 GG-E nimmt die Bundesrepublik ihre Verantwortung für globale Umweltgerechtigkeit an. Sie muss ihren sozialen und technischen, ökonomischen und ökologischen Beitrag zu einer global verantwortungsvollen Umweltpolitik leisten – und dies über den Klimaschutz hinaus mit Blick auf die Bewahrung der Artenvielfalt und der Meere.

Die neue Fassung der ökologischen Staatszielbestimmung des Art. 20a GG-E verpflichtet die drei Gewalten des ökologischen Verfassungsstaats – also Legislative, Exekutive und Judikative – auf eine ständige Naturverträglichkeitsprüfung aller staatlichen Politiken. Die Legislativen – also die Gesetzgeber auf Bundes- und Landesebene – erhalten durch Art. 20a GG-E den verfassungsrechtlichen Auftrag, die ökologischen Staatsziele effektiv in Regelungen umzusetzen, beispielweise in einem Ökologischen Gesetzbuch (ÖGB), im Biodiversitäts- und Tierschutzrecht, im gesamten Produkt- und Wirtschafts- sowie im Planungs- und Regulierungs-, Energie- und Verkehrsrecht. Die Exekutiven – also die Regierungen und Verwaltungen – erhalten wiederum auf Bundes-, Landes- und Gemeindeebene den Auftrag, eine aktive Natur- und Umweltschutzpolitik zu betreiben und dabei auch der europäischen und globalen Umweltgerechtigkeit Rechnung zu tragen. Die Gerichtsbarkeit – die Judikative – muss die ökologischen Staatsziele bei der Auslegung und Anwendung des Grundgesetzes und des „einfachen" Gesetzesrechts berücksichtigen. So fließen die ökologischen Staatsziele auch in die Abwägungen ein, die bei zivilrechtlichen Streitigkeiten vorzunehmen sind, wenn es beispielsweise um Unterlassungs- und Schadensersatzansprüche geht. Dementsprechend wirken die ökologischen Staatsziele auch mittelbar zwischen Privaten.

In der hier vorgeschlagenen Neufassung der Regelung des Art. 20a GG-E wird aber zugleich deutlich, dass das Nachhaltigkeitsprinzip nicht in das Grundgesetz aufgenommen werden sollte. Die ökologische Entwicklung kann sich schnell ändern und neue Leitprinzipien können dadurch ebenso schnell ihre normative Steuerungswirkung verlieren. Gerade dies ist – wie wir gesehen haben – im Fall des Nachhaltigkeitsgrundsatzes geschehen.[343] Über viele drängende ökologische Probleme – wie das Artensterben, die Klimakatastrophe und die Globalvermüllung – lässt sich nichts Nachhaltiges (mehr) sagen. Wenn man in einer solchen Situation am Nachhaltigkeitsgrundsatz als zentralem Verfassungsgrundsatz festhält, kann dies zu rechtlichen Illusionen und faktischen Verschlechterung der ökologischen Situation führen. Dies spricht dagegen, ökologische Leitprinzipien in der Verfassung zu regeln. Vielmehr sollte der „einfache" Gesetzgeber sie vor dem Hintergrund des ökologischen Staatsprinzips (Art. 20 Abs. 1 GG-E) und der ökologischen Staatszielbestimmung (Art. 20a GG) ausdifferenzieren und mit der ökologischen Entwicklung fortzuschreiben. Dies gilt auch für das Nachhaltigkeitsprinzip, das der Gesetzgeber – dem Vorschlag von *Ivo Appel* folgend – in seiner ökologischen Dimension schärfen sollte.[344] Darüber hinaus ist es dem Gesetzgeber möglich, neue Kategorien für die Bewältigung der komplexen anthropozänen Herausforderungen zu entwickeln, die sich nicht (mehr) über das Nachhaltigkeitsprinzip bewältigen lassen, beispielsweise die Differenzierung zwischen riskanten, resilienten und robusten Systemen oder die Unterscheidung zwischen der Fragilität, Vulnerabilität und Resilienz der ökologischen Entwicklungen.[345]

V. Das ökologische Mehrebenensystem

Das ökologische Staatsprinzip (Art. 20 Abs. 1 GG-E) strahlt auf alle Ebenen der politischen Ordnung normativ aus: auf die europäische Integration, die internationale Gemeinschaft, die bundesstaatliche Ordnung und die kommunale Selbstverwaltung.

1. Die ökologische Integration der Europäischen Union

Die Bundesrepublik Deutschland ist ein europäisch integrierter Verfassungsstaat, der sich das Ziel gesetzt hat, Teil eines vereinten Europas zu werden (Satz 1 Präambel GG-E). Um das ökologische Staatsprinzip (Art. 20 Abs. 1 GG-E) auch im europäischen Verfassungsverbund zur Geltung zu bringen, muss es in die europäische Struktursicherungsklausel (Art. 23 Abs. 1 S. 1 GG-E) aufgenommen werden:

Art. 23 GG-E

(1) Zur Verwirklichung eines vereinten Europas wirkt die Bundesrepublik Deutschland bei der Entwicklung der Europäischen Union mit, die demokratischen, rechtsstaatlichen, sozialen, *ökologischen* und föderativen Grundsätzen und dem Grundsatz der Subsidiarität verpflichtet ist und einen diesem Grundgesetz im wesentlichen vergleichbaren Grundrechtsschutz gewährleistet. [...]

(2) [...]

Die europäische Integration ist ein politisches Wesens- und verfassungsrechtliches Strukturmerkmal der Bundesrepublik und folglich auch des Grundgesetzes. Damit die europäische Integration verfassungsrechtlich anschlussfähig erfolgen kann, formuliert Art. 23 Abs. 1 GG eine Struktursicherungsklausel, welche die beiden politischen Ebenen des Verfassungsstaats und der Europäischen Union seitens des Grundgesetzes miteinander verbindet. In dieser Struktursicherungsklausel werden die Staatsprinzipien des Art. 20 Abs. 1 GG als verfassungsrechtliche Grundsätze für die europäische Integration ausgewiesen. Die Einführung des ökologischen Staatsprinzips (Art. 20 Abs. 1 GG-E) wirkt sich mithin auch auf die europäische Struktursicherungsklausel (Art. 23 Abs. 1 Satz 1 GG-E) aus, die um das ökologische Verfassungsprinzip zu ergänzen ist.

Aus der Sicht der Europäischen Union ist diese Ergänzung des Grundgesetzes längst überfällig. Die Europäischen Verträge haben das ökologische Prinzip bereits zu einem wesentlichen Grundsatz des europäischen Verfassungsrechts gemacht: Das Ziel der Errichtung des Binnenmarktes ist auf eine nachhaltige Entwicklung Europas ausgerichtet, die auf ein hohes Maß an Umweltschutz und Verbesserung der Umweltqualität hinwirkt (Art. 3 Abs. 3 UAbs. 1 Satz 2 EUV). Darüber hinaus gewährleistet die Charta der Grundrechte der Europäischen Union, dass ein hohes Umweltschutzniveau und die Verbesserung der Umweltqualität in die Politik der Europäischen Union einbezogen und nach dem Grundsatz der nachhaltigen Entwicklung sichergestellt werden (Art. 37 GRCh).[346] Aus diesem Grund verfolgt die Europäische Union eine Umweltpolitik, die vier Zielen verpflichtet ist: erstens der Erhaltung und dem Schutz der Umwelt sowie der Verbesserung der Umweltqualität, zweitens dem Schutz der menschlichen Gesundheit, drittens der umsichtigen und rationellen Verwendung der natürlichen Ressourcen und viertens der Förderung von Maßnahmen auf internationaler Ebene zur Bewältigung regionaler oder globaler Umweltprobleme und insbesondere zur Bekämpfung des Klimawandels (Art. 191 Abs. 1 AEUV). Die Umweltpolitik der Europäischen Union hat sich inzwischen zu einem Motor des Umwelt- und Naturschutzes in ganz Europa entwickelt.[347] Sie zielt unter Berücksichtigung der unterschiedlichen Gegebenheiten in den einzelnen Regionen der Union auf ein hohes ökologisches Schutzniveau (Art. 191 Abs. 2 UAbs. 1 Satz 1 AEUV).

Mit der Einführung des ökologischen Verfassungsprinzips in die europäische Struktursicherungsklausel (Art. 23 Abs. 1 Satz 1 GG-E) findet das Grundgesetz Anschluss an das europäische Primärrecht, das der Ökologie bereits einen sehr viel zentraleren Stellenwert als die deutsche Verfassungsordnung einräumt.

2. Die ökologische Verantwortung in der internationalen Gemeinschaft

Die Bundesrepublik Deutschland muss sich auch in der internationalen Gemeinschaft für das ökologische Verfassungsprinzip engagieren. Um die anthropozänen Herausforderungen effektiv anzunehmen, ist die Bundesrepublik bereit, Hoheitsrechte auf zwischenstaatliche Einrichtungen zu übertragen oder sich zum Schutz der Natur in ein System gemeinsamer ökologischer Verantwortung einzuordnen. Um die Wahrnehmung dieser globalen Verantwortung für die Natur ausdrücklich zu unterstreichen, kann die Regelung des Art. 24 GG wie folgt ergänzt werden:

Art. 24 GG-E
(1) Der Bund kann durch Gesetz Hoheitsrechte auf zwischenstaatliche Einrichtungen übertragen.

[...]

(2) Der Bund kann sich zur Wahrung des Friedens einem System gegenseitiger kollektiver Sicherheit *und zum Schutz der Natur einem System gemeinsamer ökologischer Verantwortung* einordnen; er wird hierbei in die Beschränkungen seiner Hoheitsrechte einwilligen, die eine friedliche, *ökologische* und dauerhafte Ordnung in Europa und zwischen den Völkern der Welt herbeiführen und sichern.

[...]

Eine Übertragung von Hoheitsrechten auf zwischenstaatliche Einrichtungen zum Schutz der Natur ist aufgrund des ökologischen Staatsprinzips (Art. 20 Abs. 1 GG-E) nach Art. 24 Abs. 1 GG möglich. Dies kann beispielsweise mit Blick auf den Schutz von grenzüberschreitenden ökologischen Medien (z. B. Klima, Luft, Wasser) oder den Schutz der Natur vor Zerstörung oder Vermüllung erfolgen. Um der globalen ökologischen Verantwortung der Bundesrepublik gerecht zu werden, eröffnet Art. 24 Abs. 1 GG die Möglichkeit, Hoheitsrechte – also Funktionen der Gesetzgebung, der Verwaltung und der Rechtsprechung – auf bestehende oder neu zu gründende supra- oder internationale Institutionen zu übertragen.[348] Darüber hinaus vermag die Bundesrepublik nach Art. 24 Abs. 2 GG-E, zum Schutz der Natur einem internationalen System gemeinsamer ökologischer Verantwortung beizutreten, um eine europäische und globale ökologische Ordnung zu gründen, zu fördern und zu sichern. Dies kann ebenfalls im Rahmen bestehender internationaler Systeme, wie beispielsweise den Vereinten Nationen,[349] oder durch neu zu gründende internationale bzw. globale Systeme zum Schutz der Natur erfolgen. Auch für die Gestaltung einer ökologischen Energiewende ist eine institutionell abgesicherte internationale Kooperation erforderlich: „'Grüner' Wasserstoff benötigt zu seiner Herstellung große Mengen von Wind- und Sonnenstrom. Sehr große Mengen. Das erfordert die Kooperation mit Standorten in Osteuropa und Nordafrika und darüber hinaus. Daraus folgen große Herausforderungen für Logistik, für Investitionsstrategien, Infrastrukturentscheidungen, Wirtschaftspolitiken, Handelsvereinbarungen und Sicherheitsabkommen."[350] Für die Wahrnehmung der ökologischen Verantwortung in globaler Perspektive kann die Bundesrepublik beide Formen der internationalen Zusammenarbeit – also die Übertragung von Hoheitsrechten (Art. 24 Abs. 1 GG) und die Einordnung in ein System gemeinsamer ökologischer Verantwortung (Art. 24 Abs. 2 GG-E) – nutzen, um insbesondere das Staatsziel globaler Umweltgerechtigkeit (Art. 20a Abs. 2 GG) einzulösen.[351]

3. Der ökologische Bundesstaat

Das ökologische Staatsprinzip (Art. 20 Abs. 1 GG-E) prägt auch die föderale Ordnung der Bundesrepublik. Aus diesem Grund wird es in die bundesstaatliche Struktursicherungsklausel des Art. 28 Abs. 1 Satz 1 GG-E aufgenommen:[352]

> **Art. 28 Abs. 1 GG-E**
> (1) Die verfassungsmäßige Ordnung in den Ländern muß den Grundsätzen des republikanischen, demokratischen, *ökologischen* und sozialen Rechtsstaats entsprechen. [...]
>
> (2) [...]

Die Bundesrepublik ist ein Bundesstaat, in dem auch die Länder über Staatsqualität und über eine Verfassung verfügen. Damit die föderale Verfassungsordnung in der Bundesrepublik funktionieren kann, müssen das Grundgesetz und die Landesverfassungen strukturell anschlussfähig sein. Dies wird durch die föderale Struktursicherungsklausel des Art. 28 Abs. 1 Satz 1 GG gewährleistet. Diese Regelung erkennt einerseits die Verfassungsautonomie der Länder an. Sie fordert von diesen aber zugleich auch eine verfassungsrechtliche Homogenität mit Blick auf das Grundgesetz ein. Dies wird dadurch sichergestellt, dass die Landesverfassungen ebenfalls auf den zentralen Staatsprinzipien der Demokratie und der Republik, des Rechts- und Sozialstaats beruhen, die auch das Grundgesetz als Bundesverfassung bestimmen (Art. 20 Abs. 1-3 GG). In diesem Zusammenhang ist verfassungsrechtliche Homogenität nicht im Sinn von verfassungsrechtlicher Uniformität von Grundgesetz und Landesverfassungen zu verstehen. Vielmehr verfügen die Länder bei der Ausgestaltung ihrer Verfassungen über einen weiten politischen Spielraum, solange und soweit sie sich grundsätzlich an Demokratie und Republik, Rechts- und Sozialstaat orientieren. Zugleich bildet das föderale Homogenitätsgebot keine verfassungsrechtliche Einbahnstraße. Auch der Bund kann und sollte verfassungspolitische Anregungen aus den Ländern aufgreifen, um die föderale Ordnung der Bundesrepublik insgesamt weiterzuentwickeln. Dies gilt gerade auch für das ökologische Staatsprinzip. Die Länder Brandenburg, Bremen, Mecklenburg-Vorpommern, Niedersachsen, Sachsen, Sachsen-Anhalt und Thüringen haben den Schutz der natürlichen Lebensgrundlagen bereits in ihre Staatsprinzipien integriert.[353] Dies kann wiederum den Bund ermutigen, das ökologische Staatsprinzip über Art. 20 Abs. 1 GG-E hinaus in das Homogenitätsgebot des Art. 28 Abs. 1 Satz 1 GG-E aufzunehmen. So wird es für die Landesverfassungen verbindlich, die diesen Schritt in Richtung einer ökologischen Verfassungsordnung noch nicht gegangen sind.

Doch in der föderalen Ordnung der Bundesrepublik sollten Bund und Länder nicht „nur" das ökologische Staatsprinzip implementieren. Es ist vielmehr notwendig, dieses in einem gemeinsamen föderalen Lernprozess verfassungsrechtlich weiter zu konkretisieren und auszugestalten. In diesem föderalen Lernprozess kommt den Ländern Brandenburg, Mecklenburg-Vorpommern, Sachsen, Sachsen-Anhalt und Thüringen eine verfassungspolitische Vorreiterstellung zu, weil sie das ökologische Staatsprinzip bereits in ihre Landesverfassungen aufgenommen haben.[354] Die ostdeutschen Landesverfassungen enthalten bereits eine Vielfalt von ökologischen Grundrechten, Grundrechtsschranken und Grundpflichten, ökologischen Staatszielbestimmungen und Staatszielkonkretisierungen und von ökologischen Prinzipen, Konzepten und Instrumenten.

Die *ökologischen Rechte* werden von den Landesverfassungen sehr unterschiedlich ausgestaltet. So garantiert die Brandenburgische Verfassung ein Umweltgrundrecht: Jeder hat das Recht auf Schutz seiner Unversehrtheit vor Verletzungen und unzumutbaren Gefährdungen, die aus Veränderungen der natürlichen Lebensgrundlagen entstehen (Art. 39 Abs. 2 Verfassung Brandenburg).[355] Darüber hinaus kennen Brandenburg, Mecklenburg-Vorpommern, Sachsen, Sachsen-Anhalt und Thüringen ein Recht auf ökologische Informationen.[356] In Bayern und Sachsen haben die Bürgerinnen und Bürger ein Recht auf Naturgenuss.[357] Demgegenüber garantieren Brandenburg und Mecklenburg-Vorpommern den Zugang zur Natur durch objektiv-rechtliche Regelungen.[358] Doch die Landesverfassungen garantieren nicht nur ökologische Grundrechte. Sie formulieren auch *ökologische Grundrechtsschranken*, um zur Ökologisierung der Verfassungs- und Rechtsordnung beizutragen: So sehen die Verfassungen Brandenburgs und Mecklenburg-Vorpommerns gesetzliche Einschränkungsmöglichkeiten der Forschungsfreiheit zum Schutz der natürlichen Lebensgrundlagen vor.[359] Die Verfassungen von Brandenburg, Sachsen und Sachsen-Anhalt regeln die ökologische Verpflichtung des Eigentums. Die am weitesten gehende Regelung findet sich in der Verfassung Sachsen-Anhalts: Die Eigentumsgarantie soll zugleich dem Wohl der Allgemeinheit und insbesondere dem Schutz der natürlichen Lebensgrundlagen dienen (Art. 18 Abs. 2 Satz 2 Verfassung Sachsen-Anhalt). Auch die sächsische Verfassung enthält eine ökologische Verpflichtung des Eigentums, verwendet dafür aber die etwas „schwächere" Formulierung der Schonung der natürlichen Lebensgrundlagen (Art. 31 Abs. 2 Verfassung Sachsen). Brandenburg erkennt die Umwelt als Eigentumsschranke an, wenn durch den Gebrauch des Eigentums rechtswidrig die Umwelt schwer geschädigt oder gefährdet wird (Art. 39 Abs. 5 Satz 3 Verfassung Brandenburg). Neben dieser spezifisch eigentumsrechtlichen Grundrechtsschranke verpflichtet die Brandenburgische Verfassung das gesamte Wirtschaftsleben auf den Schutz der natürlichen Umwelt (Art. 42 Abs. 2 Satz 1 Verfassung Brandenburg). Die besondere Bedeutung der ökologischen Entwicklung und damit auch der ökologischen Transformation unserer Gesellschaft kommt in den *ökologischen Bildungszielen* der Landesverfassungen zum Ausdruck.[360]

Praktisch alle Landesverfassungen verfügen über eine *ökologische Staatszielbestimmung*, die parallel zu Art. 20a GG die natürlichen Lebensgrundlagen auch in Verantwortung für künftige Generationen schützt.[361] Der Schutz und die Achtung von Tieren als Lebewesen und Mitgeschöpfe werden gewährleistet.[362] Diese Staatszielbestimmungen wenden sich grundsätzlich an den Staat. Einige Landesverfassungen heben in diesem Zusammenhang ausdrücklich die *ökologische Dimension der kommunalen Selbstverwaltung* hervor: Die Gemeinden sind verpflichtet, die natürlichen Lebensgrundlagen zu schützen.[363] Darüber hinaus werden teilweise spezifische ökologische Aufgaben für die Gemeinden im Umweltschutz vorgesehen.[364] Eine weitere Besonderheit in der Ausgestaltung der Staatszielbestimmung „Umweltschutz" besteht in einigen Landesverfassungen darin, dass diese als *ökologische Grundpflicht* auch an die Bürgerinnen und Bürger adressiert wird.[365] So heißt es beispielsweise in der Verfassung von Rheinland-Pfalz: Der Schutz von Natur und Umwelt als Grundlage gegenwärtigen und künftigen Lebens ist Pflicht des Landes, der Gemeinden und Gemeindeverbände sowie aller Menschen (Art. 69 Abs. 1 Verfassung Rheinland-Pfalz). Diese ökologische Grundpflicht steht zwar prinzipiell unter einem gesetzgeberischen Konkretisierungsvorbehalt.[366] Doch Exekutive und Judikative können diese allgemeine ökologische Grundpflicht in die von ihnen vorzunehmenden zivil- oder verwaltungsrechtlichen Abwägungen ebenfalls unmittelbar einfließen lassen, um ökologische Konflikte zu lösen. Im Gegensatz zur Regelung des Staatsziels „Umweltschutz" in Art. 20a GG belassen es die Länder aber nicht bei dem abstrakten Schutz der natürlichen Lebensgrundlagen. Sie konkretisieren die zu schützenden Umweltgüter bereits ausdrücklich auf der verfassungsrechtlichen Ebene. Solche Staatszielkonkretisierungen erfolgen beispielsweise mit Blick auf den Schutz von Pflanzen und Tieren,[367] Boden, Wasser und Luft[368] sowie speziell für Landschaften[369] und Naturdenkmäler.[370] Darüber hinaus gewährleisten die Landesverfassungen die Bewahrung und Verbesserung der Leistungsfähigkeit des Naturhaushalts,[371] den Wald aufgrund seiner besonderen Funktion für den Naturhaushalt[372] und artgerechte Lebensräume für (heimische) Pflanzen und Tiere.[373] Hamburg, Niedersachsen und Sachsen-Anhalt haben auch den Klimaschutz verfassungsrechtlich verankert: Die Hamburgische Verfassung unterstreicht in ihrer Präambel, dass die Freie und Hansestadt Hamburg ihre Verantwortung für die Begrenzung der Erderwärmung wahrnimmt.[374] Niedersachsen schützt auch in Verantwortung für die künftigen Generationen das Klima und mindert die Folgen des Klimawandels (Art. 6b Verfassung Niedersachsen).[375] Die Verfassung Sachsen-Anhalts verpflichtet das Land und die Gemeinden, das Klima als Grundlage menschlichen Lebens zu schützen und einer globalen Erwärmung ebenfalls im Rahmen des Möglichen entgegenzuwirken (Präambel, Art. 35 Abs. 1 Satz 2 Verfassung Sachsen-Anhalt). Demgegenüber ist die Aufnahme des Klimaschutzes in die Verfassung Bayerns und Schleswig-Holsteins vorerst politisch gescheitert.[376]

Eine weitere Konkretisierung der ökologischen Verfassungsordnung nehmen die Länder im Hinblick auf ökologische Prinzipien, Konzepte und Instrumente vor. Die *ökologischen Prinzipien* sehen sich wiederum sehr vielfältig in den Landesverfassungen ausgestaltet: Die Länder Hessen und Schleswig-Holstein haben den Grundsatz der Nachhaltigkeit in ihre Landesverfassungen integriert.[377] Daneben fordern einige Landesverfassungen den sparsamen und schonenden Umgang mit Naturgütern ein,[378] was teilweise im Hinblick auf Energie,[379] Wasser[380] und Rohstoffe (einschließlich der Wiederverwertung und damit des Recyclings) konkretisiert wird.[381] Thüringen sieht den Grundsatz einer umweltgerechten Energieversorgung vor.[382] Auch an *ökologischen Konzepten* fehlt es in den Landesverfassungen nicht, wenn beispielsweise Prävention, Beseitigung und Ausgleich von Umweltbelastungen und -schäden vorgesehen sind.[383] *Ökologische Instrumente* sind mit einem Umweltverträglichkeitsnachweis für öffentliche und private Vorhaben,[384] einem ökologischen Informationsrecht[385] und einer Umweltverbandsklage präsent.[386] Sektorenspezifisch sehen sich Abfallvermeidung[387] und der Abfallimport[388] geregelt. Eine Besonderheit weist schließlich wiederum das Land Brandenburg auf, indem es den Grundsatz einer ökologischen Haushaltswirtschaft in seine Finanzverfassung aufgenommen hat.[389]

Dieser Einblick in den ökologischen Bundesstaat zeigt: An Ideen und Regelungen fehlt es nicht. Doch gerade dies wirft im gemeinsamen föderalen Lernprozess von Bund und Ländern umso mehr die Frage nach den tragenden Strukturprinzipien auf, die jenseits traditionell lieb gewonnener Regelungsbestände – wie beispielsweise das bayerische und sächsische Recht auf Naturgenuss – die ökologische Transformation unserer Gesellschaft verfassungsrechtlich anleiten können. Welche Regelungsbausteine sollten als föderales Gemeingut sowohl in das Grundgesetz als auch in die Landesverfassungen als ökologisches Verfassungsminimum aufgenommen werden? Für die Beantwortung dieser Frage bietet es sich zunächst an, (möglichst) klar zwischen der verfassungsrechtlichen und der einfachgesetzlichen Ebene zu unterscheiden: Ökologische Prinzipien, Konzepte und Instrumente gehören nicht in die Verfassung. Es ist vielmehr Aufgabe der Legislative, sie im Umweltrecht einfachgesetzlich auszugestalten. Dies wird freilich insbesondere für den Nachhaltigkeitsgrundsatz umstritten sein. Es ist im Kontext der Diskussion um die Neugestaltung der ökologischen Staatszielbestimmung (Art. 20a GG-E) bereits deutlich geworden, dass der Nachhaltigkeitsgrundsatz angesichts der anthropozänen Herausforderungen des Artensterbens, der Klimakatastrophe und der Globalvermüllung längst seine normative Steuerungskraft eingebüßt hat.[390] Aus diesem Grund sollte er auch nicht in Verfassungen aufgenommen werden. Die Ausgestaltung ökologischer Leitprinzipien ist vor dem Hintergrund des ökologischen Staatsprinzips und ökologischer Staatszielbestimmungen in erster Linie Sache des Gesetzgebers. Dieser kann auf den anthropozänen Wandel der Welt mit einer Ausdifferenzierung ökologischer Leitprinzipien regieren, anstatt sich auf die Verfolgung eines faktisch wie normativ vollkommen überforderten Nachhaltigkeitsprinzips zu konzentrieren.

Fasst man den föderalen Regelungsbestand zusammen, so zählen aktuell die folgenden Rechte, Prinzipien und Institute zum ökologischen Verfassungsminimum der Bundesrepublik: ökologische Rechte, ökologische Pflichten (insbesondere für Eigentum und Wirtschaft), das ökologische Staatsprinzip und eine ökologische Staatzielbestimmung (mit naturmedialer Konkretisierung). An diesem minimalen Maßstab gemessen besteht für das Verfassungsrecht auf Bundes- und Landesebene ökologischer Reformbedarf, der über die genannten Punkte hinaus auch das Staatsorganisationsrecht nicht aus dem Blick verlieren darf.[391]

4. Die ökologischen Kommunen

Das ökologische Verfassungsprinzip ist auch auf kommunaler Ebene zu verankern. Dies erfolgt durch eine Ergänzung der verfassungsrechtlichen Garantie der kommunalen Selbstverwaltung:[392]

Art. 28 GG-E

(1) [...]

(2) Den Gemeinden muß das Recht gewährleistet sein, alle Angelegenheiten der örtlichen Gemeinschaft im Rahmen der Gesetze *und unter Wahrung des ökologischen Wohls der Allgemeinheit* in eigener Verantwortung zu regeln. [...]

[...]

Die Gemeinden und Städte gestalten das soziale und politische, wirtschaftliche und ökologische Zusammenleben „vor Ort". Deshalb ist die Beachtung des ökologischen Verfassungsprinzips durch die Gemeinden essenziell. Aus diesem Grund wird die ökologische Verantwortung der Gemeinden ausdrücklich in Art. 28 Abs. 2 GG-E aufgenommen. Mehr als die Hälfte der Länder hat die ökologische Verantwortung der Gemeinden bereits in ihren Landesverfassungen geregelt. Diese ökologische Dimension der kommunalen Selbstverwaltung betrifft insbesondere die infrastrukturelle Daseinsvorsorge der Gemeinden. Die Daseinsvorsorge umfasst die öffentlichen Güter und Infrastrukturen, welche die Bürgerinnen und Bürger für die freie Entfaltung ihrer Persönlichkeit benötigen und die zugleich den Zusammenhalt der Gesellschaft sichern: Bildung und Gesundheit, Kommunikation und Mobilität, Energie, Wasser und Abfallentsorgung.[393] Die meisten Sektoren dieses Kernbereichs der Daseinsvorsorge fallen (jedenfalls auch) in den Kompetenzbereich der Gemeinden. Zugleich weisen sie eine ökologische Dimension auf, sodass bei der Erbringung der Daseinsvorsorge das ökologische Gemeinwohl zu achten ist. Die meisten Gemeinden haben sich bereits auf den Weg gemacht, ihr grünes Profil gerade auch in der Daseinsvorsorge zu schärfen. Sie stoßen dabei aber auch immer wieder an ihre faktischen und politischen Grenzen, beispielsweise was die Schnittstelle von Immobilieneigentum und ökologischer Daseinsvorsorge mit Blick auf den Klimaschutz angeht.[394] Doch die Regelung der ökologischen Selbstverwaltungsgarantie und damit zugleich der ökologischen Selbstverwaltungsverantwortung der Kommunen ist auch noch aus einem anderen Grund wichtig: Es geht hier nicht nur um eine ökologische Transformation der klassischen Daseinsvorsorge der Industriegesellschaft.[395] Vielmehr kommt es darauf an, die Ausdifferenzierung von Ökostrukturen selbst als einen ganz entscheidenden Baustein der Daseinsvorsorge zu begreifen.[396] Auch diese ökologische Dimension des Infrastrukturbegriffs hat der Gesetzgeber bereits anerkannt, wenn er von einer „umweltbezogenen Daseinsvorsorge" (§ 2 Abs. 1 Nr. 2 UIG) spricht.[397] Für die Gewährleistung von ökologischen Infrastrukturen wurden bereits erste Schritte unternommen, etwa durch die gesetzliche Anerkennung des zentralen Stellenwerts, der Umweltbelangen in der kommunalen Bauleitplanung zukommt (§ 1 Abs. 6 Nr. 7, § 1a, § 2 Abs. 4, § 2a, BauGB).[398] Dabei ist die demokratische Partizipation der Bürgerinnen und Bürger bei der Gestaltung ökologischer Infrastrukturen besonders hervorzuheben (§ 3, § 4a BauGB). Doch trotz dieser sehr positiven Ansätze liegt noch ein weiter Weg vor den Kommunen, was die ökologische Stadtentwicklung angeht. Ein wichtiges Beispiel dafür ist die Gewährleistung von urbaner Biodiversität. Diese erschöpft sich gerade nicht in einer schlichten Stadtbegrünung. Vielmehr müssen die Städte ganz gezielt eine biodiverse Infrastrukturpolitik verfolgen.[399] Diese umfassende ökologische Transformation unserer Gemeinden und Städte wird durch die verfassungsrechtliche Anerkennung der ökologischen Dimension der kommunalen Selbstverwaltungsgarantie in Art. 28 Abs. 2 GG-E gezielt gefördert.

VI. Das ökologische Regierungssystem

Das Grundgesetz verfasst ein parlamentarisches Regierungssystem. Die Bürgerinnen und Bürger wählen die Abgeordneten (Art. 38 Abs. 1 Satz 1 GG), die das Volk im Bundestag repräsentieren (Art. 38 Abs. 1 Satz 2 GG). Als einzigem Verfassungsorgan, das unmittelbar von den Bürgerinnen und Bürgern demokratisch legitimiert wird, kommt dem Bundestag eine zentrale Stellung im demokratischen System der Bundesrepublik zu: Der Bundestag ist *der* Ort für die demokratische Diskussion und Entscheidung politischer Fragen, die das Allgemeinwohl betreffen (Art. 42 GG). Der Bundestag debattiert und verabschiedet die Gesetze (Art. 76-78 GG) und verfügt über das Budget- und Haushaltsrecht (Art. 110 GG). Vor allem wählen die Abgeordneten des Bundestags die Bundeskanzlerin (Art. 63 GG). Die Bundeskanzlerin bildet die Bundesregierung, die aus den Bundesministern besteht (Art. 62, Art. 64 Abs. 1 GG). Sie bestimmt die Richtlinien der Politik (Art. 65 Satz 1 GG), die von den Bundesministern in ihrem jeweiligen Geschäftsbereich in eigener Verantwortung umgesetzt werden (Art. 65 Satz 2 GG). Dafür trägt wiederum allein die Bundeskanzlerin die parlamentarische Verantwortung vor dem Bundestag (Art. 65 Satz 1, Art. 67, Art. 68 GG). Die Bundesregierung bedarf der demokratischen Kontrolle durch die parlamentarische Opposition, beispielsweise durch Untersuchungsausschüsse (Art. 44 GG) und Beauftragte (Art. 45b GG). Die Länder wirken durch den Bundesrat als zweite, föderale Kammer bei der Gesetzgebung und Verwaltung des Bundes und in Angelegenheiten der Europäischen Union mit (Art. 50 GG). Dem Bundespräsidenten kommt als republikanischem Staatsoberhaupt eine Integrations- und Reservefunktion im parlamentarischen Regierungssystem der Bundesrepublik zu (Art. 54-61 GG).

Dieser kurze Überblick über das parlamentarische Regierungssystem der Bundesrepublik zeigt: Eine ökologische Transformation unserer Gesellschaft wird mit Blick auf die Bewältigung der anthropozänen Herausforderungen nur gelingen, wenn wir die Ökologie als querschnittsförmiges Politikfeld an den entscheidenden Stellen unseres parlamentarischen Regierungssystems institutionell verankern. Nur dies gewährleitet eine Politik, in der das ökologische Allgemeinwohl nicht mehr schlicht zugunsten gesellschaftlicher oder ökonomischer Interessen übergangen wird. Es kommt also darauf an, aus dem parlamentarischen Regierungssystem (zumindest auch) ein ökologisches Regierungssystem zu machen. Deshalb müssen Bundestag, Bundesregierung, Bundesrat und Bundespräsident ökologische Verfassungsaufgaben wahrnehmen.

1. Der Bundestag

Der Bundestag ist das demokratische Verfassungsorgan der Bundesrepublik, das unmittelbar von den Bürgerinnen und Bürgern gewählt wird (Art. 38 Abs. 1 Satz 1 GG). Die Abgeordneten sind Vertreterinnen und Vertreter des ganzen Volkes, an Aufträge und Weisungen nicht gebunden und nur ihrem Gewissen unterworfen (Art. 38 Abs. 1 Satz 2 GG). Aus diesem Grund kommt dem Bundestag die Aufgabe zu, über das ökologische Allgemeinwohl zu debattieren und zu entscheiden. Diese zentrale ökologische Funktion des Bundestags muss angesichts der anthropozänen Herausforderungen weiter gestärkt werden: erstens durch die ökologische Regierungserklärung der Bundeskanzlerin und die ökologische Haushaltsdebatte, zweitens durch die Einführung eines Ausschusses für Natur und drittens durch die Wahl einer Naturbeauftragten.

a) Die ökologische Regierungserklärung und die ökologischen Haushaltsberatungen

Der Bundestag hat die Aufgabe, über die ökologische Entwicklung der Bundesrepublik im Allgemeinwohl zu beraten und zu entscheiden. Dem dient die ökologische Regierungserklärung der Bundeskanzlerin und die ökologische Haushaltsdebatte, die nach Art. 43 Abs. 3 GG-E alljährlich stattfindet:

Art. 43 GG-E
(1) Der Bundestag und seine Ausschüsse können die Anwesenheit jedes Mitgliedes der Bundesregierung verlangen.

(2) Die Mitglieder des Bundesrates und der Bundesregierung sowie ihre Beauftragten haben zu allen Sitzungen des Bundestages und seiner Ausschüsse Zutritt. Sie müssen jederzeit gehört werden.

(3) Der Bundeskanzler erläutert einmal im Jahr im Bundestag die ökologischen Richtlinien der Politik der Bundesregierung. Die Bundesminister geben dem Bundestag Auskunft über die Umsetzung der ökologischen Richtlinien der Politik in ihrem Verantwortungsbereich.

Die ökologische Haushaltsdebatte beginnt mit der ökologischen Regierungserklärung der Bundeskanzlerin. Sie erläutert die ökologischen Richtlinien der Politik der Bundesregierung für das ökologische Haushaltsjahr, aber selbstverständlich auch darüber hinaus. Alle Bundesminister geben Auskunft über die Umsetzung der ökologischen Richtlinien der Politik in dem von ihnen verantworteten Ressort. So werden die ökologischen Dimensionen der Arbeits-, Außen-, Bau-, Bildungs-, Digitalisierungs-, Energie-, Entwicklungs-, Finanz-, Forschungs-, Gesundheits-, Innen-, Infrastruktur-, Kultur-, Justiz-, Landwirtschafts-, Natur-, Sozial-, Verkehrs-, Wirtschafts-, Verbraucher- und Verteidigungspolitik unmittelbar sichtbar. An die Erklärung der Bundeskanzlerin und der Bundesminister schließt sich jeweils eine parlamentarische Debatte an, in der die Abgeordneten des Bundestags die Möglichkeit der Nachfrage und die Fraktionen die Möglichkeiten zur Stellungnahme erhalten. Auf diese Weise kann die parlamentarische Opposition die ökologischen Politiken der Bundesregierung kritisieren und alternative Handlungs- und Regelungsoptionen aufzeigen. Die ökologische Regierungserklärung der Bundeskanzlerin und die ökologische Haushaltsdebatte des Bundestags zeigen der politischen Öffentlichkeit die ökologische Entwicklung der Bundesrepublik auf.

b) Der Ausschuss für Natur

Der Bundestag bestellt einen Ausschuss für Natur, in dem neben Mitgliedern des Bundestags naturpolitischer und naturwissenschaftlicher Sachverstand vertreten ist:[400]

Art. 45e GG-E

(1) Der Bundestag bestellt einen Ausschuß für Natur.

(2) Der Ausschuß für Natur besteht aus Mitgliedern des Bundestages und einer gleichen Zahl von ehrenamtlichen Mitgliedern, die von dem Bundespräsidenten auf Vorschlag von anerkannten Naturschutzverbänden und der Nationalen Akademie der Wissenschaften für die Dauer einer Wahlperiode ernannt werden.

(3) Der Ausschuß für Natur hat auch die Rechte eines Untersuchungsausschusses. Auf Antrag eines Viertels seiner Mitglieder hat er die Pflicht, eine Angelegenheit zum Gegenstand einer Untersuchung zu machen.

(4) Das Nähere regelt ein Bundesgesetz.

Der Bundestag versteht sich als ein „Arbeitsparlament".[401] Da die gesetzgeberische Tätigkeit des Bundestags alle gesellschaftlichen Lebensbereiche umfasst, ist eine parlamentarische Arbeitsteilung notwendig. Dafür bildet der Bundestag Fachausschüsse, in denen die parlamentarische Sacharbeit stattfindet. Die sehr starke politische Stellung der Fachausschüsse des Bundestags beruht darauf, dass sie politische Entscheidungen und gesetzgeberische Beschlüsse des Bundestagsplenums vorbereiten. Auch wenn nur der Bundestag selbst politische Entscheidungen treffen und Gesetze verabschieden kann, prägen die Empfehlungen eines Fachausschusses diese politischen Entscheidungen und Gesetzesbeschlüsse faktisch vor.

Die *Aufgabe* des Ausschusses für Natur liegt in der sachverständigen Beratung von ökologischen Politiken und Gesetzen. Als federführender Ausschuss erstattet der Ausschuss für Natur bei den zentralen ökologischen Fragen und Gesetzesentwürfen dem Bundestag Bericht (§ 63 Abs. 1 GOBT). Darüber hinaus wird der Ausschuss für Natur an der Beratung von Gesetzentwürfen beteiligt, die ökologisch relevant sind (§ 63 Abs. 2 GOBT).

Die *Zusammensetzung* des Ausschusses für Natur geht neue Wege, um naturpolitischen und naturwissenschaftlichen Sachverstand in die sachkundige Beratung von ökologischen Politiken und Gesetzen einzubeziehen. Wissenschaftlicher und technischer Sachverstand ist für die ökologische Entscheidungsfindung und Rechtsetzung essenziell.[402] Dies wird auch ausdrücklich von dem Bundesverfassungsgericht hervorgehoben, wenn es in seinem Klima-Beschluss vom 24. März 2021 heißt: „Durch Art. 20a GG ist dem Gesetzgeber eine permanente Pflicht aufgegeben, das Umweltrecht den neuesten Entwicklungen und Erkenntnissen in der Wissenschaft anzupassen."[403] Aus diesem Grund weicht die Zusammensetzung des Ausschusses für Natur vom Spiegelbildlichkeitsgrundsatz ab. Nach diesem Prinzip müssen die Ausschüsse die Stärkeverhältnisse der Fraktionen des Bundestagsplenums abbilden (§ 57 Abs. 1 Satz 1 GOBT).[404] In der Regel verfügen die von ihren Fraktionen in einen Fachausschuss entsandten Bundestagsabgeordneten über eine umfassende fachbezogene Expertise. Um sich weitergehend über einen Beratungsgegenstand zu informieren, kann ein Ausschuss Sachverständige, Interessenvertreterinnen sowie andere Auskunftspersonen in öffentlicher Sitzung anhören (§ 70 Abs. 1 Satz 1 GOBT). Im Gegensatz zu dieser parlamentarischen Praxis besteht der Ausschuss für Natur jedoch aus Mitgliedern des Bundestages und einer gleichen Zahl von ehrenamtlichen Mitgliedern, die von dem Bundespräsidenten auf Vorschlag von anerkannten Naturschutzverbänden und der Nationalen Akademie der Wissenschaften für die Dauer einer Wahlperiode ernannt werden (Art. 43e Abs. 2 GG-E). Durch die ehrenamtlichen Mitglieder des Ausschusses wird naturpolitischer und naturwissenschaftlicher Sachverstand von vornherein in die Ausschussberatungen integriert. Die ehrenamtlichen Mitglieder des Ausschusses für Natur besitzen zwar nicht die gleiche demokratische Legitimation wie die Bundestagsabgeordneten, die von den Bürgerinnen und Bürgern in den Bundestag gewählt wurden (Art. 38 Abs. 1 Satz 1 GG). Doch die ehrenamtlichen Mitglieder des Ausschusses sind für ihr Amt mit hinreichender demokratischer Legitimation ausgestattet: In personeller Hinsicht werden sie durch den demokratisch legitimierten Bundespräsidenten ernannt. Dabei steht anerkannten Naturschutzverbänden und der Nationalen Akademie der Wissenschaften ein Vorschlagrecht zu, was die parteipolitische Einflussnahme auf die Auswahl der ehrenamtlichen Mitglieder minimiert. Naturpolitische und naturwissenschaftliche Expertise sollen im Mittelpunkt dieser demokratischen Personalentscheidung des Bundespräsidenten stehen. In struktureller Hinsicht ist zu berücksichtigen, dass den ehrenamtlichen Mitgliedern des Ausschusses für Natur keinerlei Entscheidungsrecht zukommt. Die Ausschüsse bereiten die Beschlüsse des Bundestagsplenums nur vor, das sodann abschließend entscheidet. Dem steht auch nicht entgegen, dass die Ausschüsse die Entscheidungen des Plenums faktisch vorprägen. Das Bundestagsplenum ist verpflichtet, die Beschlussempfehlungen des Ausschusses für Natur politisch zu würdigen und darüber demokratisch zu beschließen. In materieller Hinsicht gestaltet der Bundestag die Berufung der ehrenamtlichen Mitglieder des Ausschusses durch Gesetz aus (Art. 45e Abs. 4 GG-E). In diesem Zusammenhang bleibt es der parlamentarischen Entscheidung des demokratischen Gesetzgebers vorbehalten, beispielsweise über die Anzahl und die Amtsdauer der ehrenamtlichen Ausschussmitglieder zu entscheiden, die vorschlagsberechtigten Naturschutzverbände selbst anzuerkennen, die Notwendigkeit der Stellvertretung und die Möglichkeit wiederholter Ernennung zu regeln sowie Inkompatibilitäts- und Befangenheitsvorschriften vorzusehen. Aus allen diesen Gründen wird durch das Stimmrecht der ehrenamtlichen Mitglieder des Ausschusses für Natur der Grundsatz demokratischer Repräsentation (Art. 38 Abs. 1 Satz 2 GG) nicht durchbrochen. Vielmehr erreicht Art. 45e GG genau das, was ein ökologisches Grundgesetz verfassungspolitisch anstreben muss: Eine besondere Achtsamkeit für die Interessen und Rechte der Natur im Deutschen Bundestag.

Der Ausschuss für Natur verfügt auch über ein *parlamentarisches Untersuchungsrecht*, um ökologischen Problemen, Konflikten und Skandalen nachzugehen (Art. 45e Abs. 3 Satz 1 GG-E). Um einen entsprechenden parlamentarischen Minderheitsschutz zu gewährleisten, ist der Ausschuss für Natur auf Antrag eines Viertels seiner Mitglieder verpflichtet, eine bestimmte Angelegenheit zum Gegenstand einer Untersuchung zu machen (Art. 45e Abs. 3 Satz 2 GG-E). Für den Fall, dass der Ausschuss für Natur als Untersuchungsausschuss tagt, stehen ihm auch die Rechte eines Untersuchungsausschusses zu, die in Art. 44 GG geregelt sind (Art. 45e Abs. 3 Satz 1 GG-E). So kann er beispielsweise in einer öffentlichen Verhandlung Beweise über einen Untersuchungsgegenstand erheben (Art. 45e Abs. 3 Satz 1 GG-E i. V. m. Art. 44 Abs. 1 Satz 1 und Abs. 2 GG). Gerichte und Verwaltungsbehörden sind zur Amtshilfe verpflichtet (Art. 45e Abs. 3 Satz 1 GG-E i. V. m. Art. 44 Abs. 3 GG).

c) Die Naturbeauftragte

Der Bundestag wählt eine Naturbeauftragte, um seine parlamentarischen Kontrollkompetenzen zur Gewährleistung ökologischer Rechte und für die Umsetzung der ökologischen Staatsziele effektiv und professionell wahrzunehmen:

Art. 45f GG-E

(1) Der Bundestag bestellt einen unabhängigen Naturbeauftragten, um zum Schutz der ökologischen Rechte und Staatsziele die parlamentarische Kontrolle auszuüben.

(2) Der Bundestag wählt auf Vorschlag des Ausschusses für Natur den Naturbeauftragten ohne Aussprache in geheimer Wahl mit den Stimmen der Mehrheit seiner Mitglieder für eine Amtsdauer von fünf Jahren.

(3) Dem Naturbeauftragten obliegt die Behandlung der ökologischen Bitten und ökologischen Beschwerden, die an den Bundestag gerichtet werden. Der Ausschuß für Natur hat bei Eingaben, die das öffentliche Interesse und insbesondere das ökologische Allgemeinwohl betreffen und von mehr als 50.000 Personen unterzeichnet werden, den Petenten in öffentlicher Sitzung anzuhören, und der Bundestag hat über die Petition zu beraten und zu beschließen.

(4) Der Naturbeauftragte muß auf Weisung des Bundestags oder des Ausschußes für Natur und kann aufgrund eigener Entscheidung eine Untersuchung durchführen, wenn Umstände auf eine Verletzung ökologischer Rechte und Staatsziele schließen lassen.

(5) Der Naturbeauftragte erstattet Einzel-, Monats- und Jahresberichte.

(6) Das Nähere regelt ein Bundesgesetz.

Die Naturbeauftragte ist ein Hilfsorgan des Bundestags, um die ökologische Transformation unserer Gesellschaft zu begleiten.[405] Art. 45f GG-E beschränkt sich auf die verfassungsrechtlich zentralen Regelungen des Amts der Naturbeauftragten. Diese Rahmenvorgaben müssen durch den Bundestag in einem Gesetz über die Rechtsstellung der Naturbeauftragten weiter konkretisiert und ausgestaltet werden: Das Amt, die Wahl, die Aufgaben, Kompetenzen und Ausstattung der Naturbeauftragten sind durch Bundesgesetz zu regeln (Art. 45f Abs. 6 GG-E).[406]

Das *Amt* der Naturbeauftragten hat seinen Sitz beim Deutschen Bundestag.[407] Wie der Wehrbeauftragte (Art. 45b GG) ist auch die Naturbeauftragte ein parlamentarisches Hilfsorgan. Die Naturbeauftragte nimmt ihr Amt unabhängig wahr: unabhängig vom Bundestag und vom Ausschuss für Natur, aber auch unabhängig von allen anderen Verfassungsorganen und insbesondere der Bundesregierung. Dies gilt auch dann, wenn die Naturbeauftragte auf Weisung des Bundestags oder des Ausschusses für Natur einen Vorgang untersucht, bei dem eine Verletzung ökologischer Rechte oder Staatsziele im Raum steht (Art. 45f Abs. 4 GG-E). Die Weisung bezieht sich hier allein auf die Wahrnehmung des Untersuchungsauftrags, nicht aber auf die Durchführung oder gar das Ergebnis der Untersuchung selbst, das ausschließlich die unabhängige Naturbeauftragte verantworten muss.[408]

Die *Wahl* der Naturbeauftragten erfolgt durch den Bundestag mit absoluter Mehrheit (Art. 45f Abs. 2 GG-E). Schon bei der Wahl müssen die Kompetenz und die Unabhängigkeit der Naturbeauftragten sichergestellt werden. Dies geschieht zunächst dadurch, dass der Ausschuss für Natur dem Bundestag einen Wahlvorschlag unterbreitet und die Wahl für eine Amtszeit von fünf Jahren, also über die vierjährige Legislaturperiode (Art. 39 Abs. 1 Satz 1 GG) hinaus erfolgt. Des Weiteren muss der Gesetzgeber auf der Grundlage des Art. 45f Abs. 6 GG-E die politische und wirtschaftliche Unabhängigkeit der Naturbeauftragten durch eine amtsbezogene Inkompatibilitätsregelung gewährleisten. Dies kann im Fall der Naturbeauftragten – wie im Fall des Wehrbeauftragten – dadurch geschehen, dass diese kein anderes administratives oder politisches Amt wahrnehmen und keiner wirtschaftlichen Tätigkeit nachgehen darf.[409] Dies bedeutet aber zugleich, dass angemessene Amtsbezüge und Versorgungsansprüche für die Naturbeauftragte geregelt werden müssen.[410]

Die *Aufgaben* der Naturbeauftragten umfassen das ökologische Petitionswesen, die ökologische Untersuchung und die ökologische Berichtspflichten.

Das *ökologische Petitionswesen* bildet die erste Aufgabe der Naturbeauftragten: Ihr obliegt die Behandlung der ökologischen Bitten und ökologischen Beschwerden, die an den Bundestag gerichtet werden (Art. 45f Abs. 3 Satz 1 GG-E). Die verfassungsrechtliche Grundlage von Eingaben, die ökologische Grundrechte oder Staatsziele betreffen, bildet das Petitionsrecht: Jede Person hat das Recht, sich einzeln oder in Gemeinschaft mit anderen schriftlich mit Bitten oder Beschwerden an die zuständigen Stellen und an die Volksvertretung zu wenden (Art. 17 GG). Für die Behandlung von Petitionen ist grundsätzlich der Petitionsausschuss des Deutschen Bundestags zuständig (Art. 45c GG). Doch es ist dem verfassungsändernden Gesetzgeber auch möglich, neben dem allgemeinen Petitionsausschuss des Bundestags spezielle parlamentarische Organe für die Behandlung von thematisch spezifizierten Petitionen vorzusehen. Dies ist beispielsweise im Fall von Petitionen von Soldatinnen und Soldaten geschehen, die bei dem Wehrbeauftragen eingereicht werden (§ 7 WBeauftrG). Dementsprechend ist es auch zulässig, wenn Art. 45f Abs. 3 Satz 1 GG-E Petitionen, die ökologische Rechte und Staatsziele betreffen, an die Naturbeauftragte als ein ökologisch spezialisiertes Hilfsorgan des Bundestags überweist.[411] Eine ökologische Petition kann von jeder menschlichen Person (unabhängig von ihrem Alter und folglich auch von Kindern) sowie von juristischen und ökologischen Personen eingereicht werden (Art. 45f Abs. 3 Satz 1 [i. V. m. Art. 19 Abs. 3] GG-E). Vor dem Hintergrund der anthropozänen Herausforderung ist es menschlichen, juristischen und ökologischen Personen möglich, sich unabhängig von ihrem Wohnort – also weltweit – mit einer ökologischen Petition an den Bundestag und damit an die Naturbeauftragte zu wenden. Dabei sind die Petenten keineswegs auf Eingaben im eigenen Interesse beschränkt. Sie können sich auch auf fremde Interessen oder das Allgemeinwohl beziehen.[412] Wie im allgemeinen Petitionsrecht lassen sich auch im Fall einer ökologischen Petition Bitten und Beschwerden unterscheiden.[413] Bei Bitten handelt es sich um Forderungen und Vorschläge für ein Handeln oder Unterlassen von staatlichen Organen, Behörden oder sonstigen Einrichtungen, die öffentliche Aufgaben wahrnehmen, einschließlich Gesetzgebungsvorschlägen.[414] Demgegenüber sind Beschwerden Beanstandungen, die sich gegen ein Handeln oder Unterlassen von staatlichen Organen, Behörden oder sonstigen Einrichtungen wenden, die öffentliche Aufgaben wahrnehmen.[415] Die Naturbeauftragte hat die Aufgabe, den Sachverhalt der Petition aufzuklären und eine Beschlussempfehlung für den Bundestag auszuarbeiten. Dafür sind Verfahrensregeln erforderlich, die die folgenden Punkte umfassen: die Abstimmung der Naturbeauftragten mit dem Ausschuss für Natur und weiteren Fachausschüssen, die Informationspflichten gegenüber der Bundesregierung, die Behandlung der Petition und der Beschlussempfehlung der Naturbeauftragten im Bundestag sowie die Benachrichtigung der Petenten über das Ergebnis ihrer Petition. Diese Verfahrensregeln müssen vom Bundesgesetzgeber (Art. 45f Abs. 6 GG-E) sowie im IX. Abschnitt der Geschäftsordnung des Deutschen Bundestags und durch Verfahrensgrundsätze konkretisiert werden. Eine besondere demokratische Durchschlagskraft entfaltet das Petitionsgrundrecht, wenn es von einer Vielzahl von menschlichen, juristischen und ökologischen Personen wahrgenommen wird.[416] In diesem Zusammenhang lassen sich im Fall von ökologischen Petitionen – wie bei Petitionen allgemein – drei Petitionstypen unterscheiden: erstens die Mehrfachpetitionen, also individuell abgefasste Eingaben mit demselben Anliegen; zweitens Sammelpetitionen, also Unterschriftensammlungen mit demselben Anliegen; und drittens Massenpetitionen, also Eingaben in größerer Zahl mit demselben Anliegen, deren Text ganz oder im Wesentlichen übereinstimmt.[417] Eine besondere Form der Sammelpetition stellt wiederum die öffentliche Petition dar,[418] bei der es sich um Bitten oder Beschwerden von allgemeinem Interesse an den Deutschen Bundestag handelt.[419] Die Besonderheit von öffentlichen Petitionen besteht darin, dass sie im Einvernehmen mit den Petenten auf der Internetseite des Petitionsausschusses veröffentlicht werden.[420] Der Zweck dieser digitalen Veröffentlichung liegt darin, weiteren Personen oder Personengruppen über das Internet die Gelegenheit zu eröffnen, die Petition diskursiv zu kommentieren und inhaltlich mitzuzeichnen.[421] Dieses Institut der öffentlichen Petition kann auf das ökologische Petitionswesen übertragen werden, wenn sich deren Inhalt auf das ökologische Allgemeinwohl bezieht. An diese diskursive Partizipation und plebiszitäre Mitzeichnung knüpft die Regelung des Art. 45f Abs. 3 Satz 2 GG-E an: Wenn die ökologische Petition das Allgemeinwohl betrifft und von mehr als 50.000 Personen mit- bzw. unterzeichnet wird, sind die Petenten zunächst in einer öffentlichen Sitzung des Ausschusses für Natur anzuhören. Auf der Grundlage eines Berichts und einer Beschlussempfehlung des Ausschusses für Natur muss der Bundestag sodann über die Petition beraten und beschließen.[422] Damit wird deutlich, dass es sich bei der ökologischen Petition um ein wichtiges demokratisches Instrument in einem ökologischen Verfassungsstaat handelt. Es werden drei Elemente demokratischer Legitimation in der ökologischen Petition gebündelt: erstens Elemente der partizipativen Demokratie durch die Kommentierung und Diskussion der ökologischen Petition; zweitens Elemente der plebiszitären Demokratie durch die Mitzeichnung der ökologischen Petition; und drittens Elemente der repräsentativen Demokratie durch die öffentliche

Anhörung der Petenten im Ausschuss für Natur und durch die öffentliche Beratung der Petition und den parlamentarischen Beschluss über die Petition im Bundestagsplenum.[423] Mit diesem demokratischen Profil ist die ökologische Petition den klassischen Formen der unmittelbaren Demokratie überlegen, weil das Volksbegehren, die Volksinitiative und der Volksentscheid verfahrenstechnisch sehr schwerfällig und aufwendig sind und sich darüber hinaus nur für wenige „populäre" ökologische Themen, aber nicht für das Alltagsgeschäft der ökologischen Gesetzgebung eignen.[424]

Die *ökologische Untersuchung* stellt die zweite Aufgabe der Naturbeauftragten dar. Die Naturbeauftragte kann Ermittlungen durchführen, wenn Umstände auf eine Verletzung ökologischer Rechte und Staatsziele schließen lassen (Art. 45f Abs. 4 GG-E). Der Zweck dieser Ermittlungen besteht darin, dass der Bundestag seinen parlamentarischen Kontrollauftrag mit Blick auf die ökologische Transformation unserer Gesellschaft effektiv wahrnimmt. Da es sich bei der Naturbeauftragten um ein parlamentarisches Hilfsorgan handelt, kann der Bundestag und der Ausschuss für Natur die Naturbeauftragte auch anweisen, eine bestimmte ökologische Ermittlung durchzuführen. Dies wird im Fall des Ausschusses für Natur angezeigt sein, wenn dieser seine Rechte als ökologischer Untersuchungsausschuss wahrnimmt (Art. 45e Abs. 3 GG-E). Insofern kommt dem Ausschuss für Natur ein Wahlrecht zu, ob er für eine bestimmte Untersuchung einen Ermittlungsbeauftragten einsetzt (§ 10 PUAG) oder die Naturbeauftragte zu einer Ermittlung anweist. Aber auch bei einer Anweisung des Bundestags oder des Ausschusses für Natur, eine ökologische Untersuchung durchzuführen, ist die Naturbeauftragte bei der Durchführung des Ermittlungsauftrags unabhängig. Aufgrund dieser Unabhängigkeit bleibt es der Naturbeauftragten auch unbenommen, aufgrund eigener Initiative und eigenem Ermessens eine ökologische Untersuchung aufzunehmen.

Die *ökologische Berichtspflicht* ist die dritte Aufgabe der Naturbeauftragten: Die Naturbeauftragte erstattet dem Bundestag Einzel-, Monats- und Jahresberichte (Art. 45f Abs. 5 GG-E). Einen Einzelbericht erstellt die Naturbeauftragte, wenn dieser von dem Bundestag oder dem Ausschuss für Natur zu einer bestimmten Frage angefordert wird. Auch die Zwischen- oder Endergebnisse eines ökologischen Untersuchungsauftrags (Art. 45f Abs. 4 GG-E) werden in einem Einzelbericht der Naturbeauftragten an den Bundestag oder an den Ausschuss für Natur übermittelt. Die Monatsberichte dienen dazu, dem Bundestag die behandelten Petitionen mit den entsprechenden Beschlussempfehlungen der Naturbeauftragten zur Entscheidungsfindung zukommen zu lassen.[425] Die Jahresberichte geben zusammenfassende Einblicke über die politische Gestaltung der ökologischen Entwicklung und weisen auf offene Regelungsfragen hin.

Die *Kompetenzen* der Naturbeauftragten sind durch Bundesgesetz auszugestalten (Art. 45f Abs. 6 GG-E), damit sie wiederum durch Verfahrensgrundsätze weiter konkretisiert werden können. Dies betrifft die Kompetenzen der Naturbeauftragten, Petenten, Zeugen und Sachverständige anzuhören, Auskünfte und Akteneinsicht zu verlangen sowie von Verwaltungen und Regierungen Amtshilfe zu erhalten. Schließlich muss die Naturbeauftragte über angemessene Personal- und Sachmittel verfügen, um die ihr übertragenen Aufgaben effektiv und unabhängig wahrzunehmen.[426]

2. Die Bundesregierung

Die Arbeit der Bundesregierung wird durch die ökologischen Richtlinien der Politik der Bundeskanzlerin bestimmt. Der Bundesminister für Natur erhält in Angelegenheiten von ökologischer Bedeutung ein Widerspruchsrecht, um die Umsetzung der ökologischen Richtlinien der Politik zu gewährleisten:[427]

Art. 65 GG-E

(1) Der Bundeskanzler bestimmt die Richtlinien der Politik und trägt dafür die Verantwortung. Innerhalb dieser Richtlinien leitet jeder Bundesminister seinen Geschäftsbereich selbständig und unter eigener Verantwortung. Über Meinungsverschiedenheiten zwischen den Bundesministern entscheidet die Bundesregierung. Der Bundeskanzler leitet ihre Geschäfte nach einer von der Bundesregierung beschlossenen und vom Bundespräsidenten genehmigten Geschäftsordnung.

(2) Der Bundesminister für Natur kann in einer Frage von ökologischer Bedeutung ausdrücklich Widerspruch gegen einen Beschluss der Bundesregierung erheben. Der Widerspruch kann durch die Mehrheit der Mitglieder der Bundesregierung zurückgewiesen werden, wenn auch der Bundeskanzler mit dieser Mehrheit stimmt.

Die Bundesregierung besteht aus der Bundeskanzlerin und den Bundesministern (Art. 62 GG). Die Bundeskanzlerin nimmt eine zentrale Stellung in der Bundesregierung ein: Sie wird vom Bundestag gewählt (Art. 63, Art. 67, Art. 68 GG). Weil allein die Bundeskanzlerin gegenüber dem Bundestag politisch verantwortlich ist, bestimmt sie die Richtlinien der Politik der Bundesregierung (Art. 65 Satz 1 GG). Diese Leitentscheidungen der Bundeskanzlerin geben der Bundesregierung einen politischen Rahmen vor, innerhalb dessen jeder Bundesminister seinen Geschäftsbereich in eigener Verantwortung führt (Art. 65 Satz 2 GG).

a) Die ökologischen Richtlinien der Politik

Die Richtlinien der Politik beziehen sich auf alle sozialen, ökonomischen und ökologischen Lebensbereiche. Sie können für die gesamte

Legislaturperiode, aber bei unvorhergesehenen Ereignissen auch ad hoc formuliert werden. Angesichts der anthropozänen Herausforderungen, vor denen unsere Gesellschaft steht, fordert das Grundgesetz eine ausdrückliche Formulierung der ökologischen Richtlinien der Politik, die in der ökologischen Haushaltsdebatte des Bundestags vorgestellt und diskutiert werden (Art. 43 Abs. 3 GG-E).[428]

Die konkrete Ausgestaltung der ökologischen Richtlinien der Politik fällt bei formaler Betrachtung ausschließlich in die Kompetenz der Bundeskanzlerin (Art. 65 Abs. 1 S. 1 GG-E).[429] In materieller Perspektive wird die Formulierung der ökologischen Richtlinien der Politik jedoch durch den Koalitionsvertrag und den Koalitionsausschuss geprägt. Bundesregierungen sind Koalitionsregierungen, die auf der Grundlage eines Koalitionsvertrags gebildet werden. Diesen Koalitionsvertrag handeln die politischen Parteien aus, deren parlamentarische Fraktionen die Bundesregierung tragen. Bei politischen Konflikten oder neuen Entwicklungen, die nach der Bildung einer Bundesregierung auftauchen, entscheidet in der Regel der Koalitionsausschuss über die weitere politische Linie der Bundesregierung. Obwohl der Koalitionsausschuss im Grundgesetz keine Erwähnung findet, ist er eine der mächtigsten politischen Institutionen im parlamentarischen Regierungssystem der Bundesrepublik. Ihm gehören regelmäßig die Bundeskanzlerin und der Vizekanzler sowie die Partei- oder Fraktionsvorsitzenden der Regierungskoalition an. Zwar kann sich die Bundeskanzlerin aufgrund ihrer zentralen demokratischen Stellung mittels einer souveränen Bestimmung der (ökologischen) Richtlinien der Politik über den Willen aller übrigen Bundesminister und auch des oder der Koalitionspartner hinwegsetzen. Doch dies führt zu einer politischen Machtprobe, die in einem Zerfall der Koalition enden kann – verfassungsrechtlich: in der Bildung einer Minderheitsregierung, in der Wahl einer neuen Bundeskanzlerin über ein konstruktives Misstrauensvotum (Art. 67 GG) oder in einer Neuwahl nach einer Vertrauensfrage der Bundeskanzlerin, die auf die Auflösung des Bundestags gerichtet ist (Art. 68 GG). Aus diesem Grund sind die (ökologischen) Richtlinien der Politik faktisch wie rechtlich für eine stabile und effektive (ökologische) Regierungspolitik essenziell. Damit wird zugleich deutlich, wie wichtig die ökologische Regierungserklärung und die ökologische Haushaltsdebatte im Bundestag für eine transparente Kontrolle der Bundesregierung sind (Art. 43 Abs. 3 GG-E).

b) Das ökologische Widerspruchsrecht des Bundesministers für Natur

Der Bundesminister für Natur erhält durch Art. 65 Abs. 2 Satz 1 GG-E das Recht, Entscheidungen und Vorhaben der Bundesregierung von ökologischer Bedeutung zu widersprechen. Der Zweck dieses Widerspruchsrechts besteht darin, dass die ökologischen Richtlinien der Politik in der Regierungspraxis nicht übergangen werden. Dem Bundesminister für Natur kommt somit ein politisches Wächteramt für die ökologische Transformation unserer Gesellschaft zu.

Für die Umsetzung dieses Wächteramts wird teilweise gefordert, dass der für Umwelt zuständige Bundesminister ökologisch bedeutsamen Entscheidungen und Vorhaben der Bundesregierung ausdrücklich zustimmen muss.[430] Doch ein ausdrückliches Zustimmungserfordernis führt angesichts der unübersehbaren Vielzahl von ökologisch bedeutsamen Entscheidungen und Vorhaben, die von praktisch allen Bundesministern und der Bundesregierung im Rahmen der ökologischen Transformation unserer Gesellschaft getroffen werden müssen, nur zu einem ungeheuren bürokratischen Regierungsaufwand. Das Bundesministerium für Natur müsste praktisch zu einer zweiten (ökologischen) Regierungszentrale neben dem Bundeskanzleramt ausgebaut werden, die alle übrigen Bundesministerien ebenfalls „spiegelt". Doch dieser Bürokratieaufbau bringt keinen politischen Vorteil für eine ökologische Transformation unserer Gesellschaft.

Es genügt ein Widerspruchsrecht des Bundesministers für Natur, um dessen ökologisches Wächteramt in der Bundesregierung zu gewährleisten. Dieses Widerspruchsrecht muss allerdings systemkonform in die komplexe politische Verantwortungsstruktur der Bundesregierung eingebettet werden. Dies erfolgt durch die Einführung des Art. 65 Abs. 2 GG-E, der das Widerspruchsrecht des Bundesministers für Natur regelt. Diese Regelung lehnt sich an die Geschäftsordnung der Bundesregierung an, die ein Widerspruchsrecht der Bundesfinanzministerin gegen Beschlüsse der Bundesregierung in Fragen von finanzieller Bedeutung kennt (§ 26 Abs. 1 GO-BReg). Auch der Bundesinnenministerin oder dem Bundesjustizminister steht ein Widerspruchsrecht gegen einen Gesetz- und Verordnungsentwurf sowie eine Maßnahme der Bundesregierung wegen deren Unvereinbarkeit mit geltendem Recht zu (§ 26 Abs. 2 GO-BReg). Diese Regelungen der Geschäftsordnung der Bundesregierung zeigen zunächst, dass das Widerspruchsrecht einer Fachministerin oder eines Fachministers keine staatsrechtliche Besonderheit darstellt.

Es ist in der Verfassungspraxis bereits etabliert. Angesichts der anthropozänen Herausforderungen und der Notwendigkeit einer effektiven ökologischen Transformation unserer Gesellschaft ist auch ein Widerspruchsrecht des Bundesministers für Natur in Fragen von ökologischer Bedeutung angezeigt, das unmittelbar auf verfassungsrechtlicher Ebene zu gewährleisten ist. Das Regelungskonzept des § 26 GO-BReg wird in Art. 65 Abs. 2 GG-E auf den Bundesminister für Natur übertragen: Wenn die Bundesregierung in einer Frage von ökologischer Bedeutung gegen oder ohne die Stimme des Bundesministers für Natur einen Beschluss fasst, kann dieser im Rahmen der ökologischen Richtlinien der Politik gegen diesen Beschluss Widerspruch erheben. Dies gilt für Gesetzes- und Verordnungsentwürfe, aber selbstverständlich auch für alle weiteren Maßnahmen der Bundesregierung (vgl. 15 Abs. 1 GO-BReg). Im Fall eines Widerspruchs ist seitens der Bundesregierung erneut über die Angelegenheit abzustimmen. Der Widerspruch des Bundesministers für Natur kann nur durch eine Mehrheit der Mitglieder der Bundesregierung einschließlich der Bundeskanzlerin aufgehoben werden. Wird der Widerspruch des Bundesministers für Natur demgegenüber nicht mit dieser qualifizierten Mehrheit von der Bundesregierung zurückgewiesen, muss die Maßnahme unterbleiben.

3. Der Bundesrat

Der Bundesrat beteiligt sich ebenfalls an der ökologischen Transformation der Bundesrepublik und richtet dafür eine Ökologische Kammer ein.

a) Der ökologische Föderalismus

Die Aufgabe des Bundesrats, in Angelegenheiten der ökologischen Entwicklung mitzuwirken, wird in Art. 50 GG aufgenommen:

> **Art. 50 GG-E**
> Durch den Bundesrat wirken die Länder bei der Gesetzgebung und Verwaltung des Bundes und in Angelegenheiten *der ökologischen Entwicklung und* der Europäischen Union mit.

Der Bundesrat bildet neben dem Bundestag die zweite, föderale Kammer im parlamentarischen Regierungssystem des Grundgesetzes. Er besteht aus Mitgliedern der Landesregierungen (Art. 51 Abs. 1 Satz 1 GG), die über ein imperatives Mandat verfügen (Art. 51 Abs. 3 GG). Aus diesem Grund handelt es sich bei dem Bundesrat nicht um ein parlamentarisches, sondern um ein exekutivföderales Verfassungsorgan, das in der Verfassungspraxis von parteipolitischen Interessen der Landesregierungen bestimmt wird.[431] Der Bundesrat hat die Aufgabe, administrativen und exekutiven Sachverstand in die Bundesgesetzgebung einzubringen. In dieser gesetzgebenden Funktion nimmt der Bundesrat eine wichtige Stellung für die ökologische Transformation unserer Gesellschaft ein. Die damit verbundene ökologische Verantwortung des Bundesrats wird durch die Neuregelung des Art. 50 GG-E ausdrücklich anerkannt: Der Bundesrat wirkt aktiv an der ökologischen Entwicklung der Bundesrepublik und – weiter gefasst – der Europäischen Union mit. Zugleich ist es aber gerade mit Blick auf die parteipolitische Überformung des deutschen Exekutivföderalismus notwendig, auch die Landesparlamente in die ökologische Verantwortung des Bundesrats einzubinden. Dies erfolgt durch die verfassungsrechtliche Einrichtung einer Ökologischen Kammer des Bundesrats.

b) Die Ökologische Kammer

Der Bundesrat bildet eine Ökologische Kammer, um die ökologische Entwicklung der Bundesrepublik aktiv mitzugestalten.

> **Art. 52a GG-E**
>
> *(1) Für Angelegenheiten der ökologischen Entwicklung bildet der Bundesrat eine Ökologische Kammer, deren Beschlüsse als Beschlüsse des Bundesrates gelten.*
>
> *(2) Jedes Land entsendet ein Mitglied und ein stellvertretendes Mitglied des Bundesrates in die Ökologische Kammer; die Anzahl der einheitlich abzugebenden Stimmen der Länder bestimmt sich nach Artikel 51 Abs. 2.*
>
> *(3) Die Volksvertretung jedes Landes entsendet auf Vorschlag von anerkannten Naturschutzverbänden oder der Nationalen Akademie der Wissenschaften ein unabhängiges und stimmberechtigtes Mitglied für die Dauer von vier Jahren in die Ökologische Kammer.*

Der Bundesrat richtet eine Ökologische Kammer ein, deren Beschlüsse als Beschlüsse des Bundesrats gelten (Art. 52a Abs. 1 GG-E). Im Gegensatz zur Bildung einer Europakammer des Bundesrats (Art. 52 Abs. 3a GG) steht die Bildung der Ökologischen Kammer also nicht im verfassungspolitischen Ermessen des Bundesrats, sondern ist verfassungsrechtlich verpflichtend.

Die *Aufgabe* der Ökologischen Kammer liegt in der föderalen Mitgestaltung der Gesetzgebung und Verwaltung des Bundes in allen Angelegenheiten der ökologischen Entwicklung (Art. 50 GG-E). Eine solche ökologische Angelegenheit liegt regelmäßig dann vor, wenn ökologische Grundrechte (z. B. Art. 2 Abs. 2 Satz 1, Art. 2a GG-E) und ökologische Staatszielbestimmungen (Art. 20a GG-E) betroffen sind. In diesen Fällen entscheidet die Ökologische Kammer für den Bundesrat. Der Zweck dieser speziellen Zuweisung von Angelegenheiten der ökologischen Entwicklung an die Ökologische Kammer besteht in einer intensiven Verhandlung ökologischer Fragen unter Einbeziehung naturpolitischen und naturwissenschaftlichen Sachverstands (Art. 52a Abs. 3 GG-E). Die konkretisierende Abgrenzung zwischen ökologischen Angelegenheiten einerseits und anderen, beispielsweise sozialen oder wirtschaftlichen Angelegenheiten andererseits kann durch die Geschäftsordnung des Bundesrats erfolgen, die auch die aktive Begleitung von Entscheidungen der Ökologischen Kammer durch die Ausschüsse des Bundesrats regelt.

Die *Zusammensetzung* der Ökologischen Kammer soll die intensive Beratung und Gestaltung der ökologischen Entwicklung sicherstellen. Aus diesem Grund entsendet jedes Land nur ein Mitglied, das die Stimmen des Landes in der Ökologischen Kammer wahrnimmt (Art. 52a Abs. 2 Hs. 2 GG-E i. V. m. Art. 51 Abs. 2 GG). Idealerweise bringen diese Mitglieder des Bundesrats über ihre parteipolitischen Überzeugungen und Kalküle hinaus (zumindest) auch die legislativen und administrativen Erfahrungen der Länder und Gemeinden in die Verhandlungen der Ökologischen Kammer ein. Neben diesen Mitgliedern des Bundesrats gehört eine gleiche Anzahl von unabhängigen Mitgliedern der Ökologischen Kammer an. Die Volksvertretung jedes Landes entsendet auf Vorschlag von anerkannten Naturschutzverbänden und der Nationalen Akademie der Wissenschaften für die Dauer von vier Jahren ein unabhängiges und stimmberechtigtes Mitglied in die Ökologische Kammer (Art. 52a Abs. 3 GG-E). Mit dieser Entsendung von unabhängigen Mitgliedern durch die Landesparlamente wird mehreren strukturellen Problemen entgegengewirkt, die den parteipolitisch überformten Exekutivföderalismus in der Bundesrepublik prägen.[432] Erstens stellt die Wahl der unabhängigen Mitglieder der Ökologischen Kammer durch die Landtage eine stärkere Einbindung der Landesparlamente in den Föderalismus sicher, der in Deutschland traditionell ein politisches Reservat der Landesexekutiven ist. Zweitens gewährleistet das Vorschlagsrecht von anerkannten Naturschutzverbänden und der Nationalen Akademie der Wissenschaften, dass sich parteipolitische Bindungen nicht unvermittelt in der Wahl eines unabhängigen Mitgliedes der Ökologischen Kammer durch einen Landtag niederschlagen. Auch die deutschen Länder verfügen über parlamentarische Regierungssysteme, sodass die Landesregierungen von einer Mehrheit in den Landtagen politisch getragen werden. Damit besteht strukturell das politische Risiko, dass die Regierungsmehrheiten in den Landtagen kein parteipolitisch unabhängiges, sondern „ihr" Mitglied in die Ökologische Kammer des Bundesrats entsenden. Aus diesem Grund obliegt das personelle Vorschlagsrecht für die Wahl von unabhängigen Mitgliedern der Ökologischen Kammer in den Landtagen anerkannten Naturschutzverbänden und der Nationalen Akademie der Wissenschaften. Das Vorschlagsrecht und das Vorschlagsverfahren werden durch Landesgesetz ausgestaltet. In diesem Landesgesetz ist die Frage zu regeln, welchen Naturschutzverbänden ein Vorschlagsrecht zukommt. Es bietet sich an, dass mehrere Wahlvorschläge eingebracht werden, damit der jeweilige Landtag eine Auswahl unter mehreren vorgeschlagenen Personen treffen kann. Darüber hinaus ist durch Landesgesetz die Frage zu entscheiden, ob eine Wiederwahl eines unabhängigen Mitglieds der Ökologischen Kammer durch einen Landtag möglich sein soll. Mit Blick auf die Unabhängigkeit der Amtswahrnehmung liegt es nahe, eine Wiederwahl entweder vollkommen auszuschließen oder nur eine Wiederwahl zuzulassen. In jedem Fall bedarf die Wiederwahl eines erneuten Vorschlags der Person durch einen anerkannten Naturschutzverband oder die Nationale Akademie der Wissenschaften. Drittens muss die Unabhängigkeit der von den Landtagen gewählten Mitglieder der Ökologischen Kammer auch durch eine landesgesetzliche Inkompatibilitätsregelung sichergestellt werden. Ein von den Landtagen gewähltes Mitglied der Ökologischen Kammer ist nur dann politisch unabhängig, wenn es keine wirtschaftlichen oder parteipolitischen Interessen vertritt. Deshalb können keine Personen gewählt werden, die der Volkvertretung oder Regierung eines Landes oder des Bundes angehören oder die ein kommunales Amt wahrnehmen. Die unmittelbare Wahl der unabhängigen Mitglieder durch die Landtage gewährleistet ein angemessenes demokratisches Legitimationsniveau (Art. 20 Abs. 1 und 2 GG) für deren Stimmrecht in der Ökologischen Kammer.

Für das *Verfahren* in der Ökologischen Kammer gelten die verfassungsrechtlichen Regeln, die das Grundgesetz für den Bundesrat vorsieht. So verhandelt die Ökologische Kammer öffentlich (Art. 52 Abs. 3 Satz 3 GG), wobei die Öffentlichkeit in den Fällen ausgeschlossen werden kann, die der Geheimhaltung bedürfen (Art. 52 Abs. 3 Satz 4 GG). Die Ökologische Kammer fasst ihre Beschlüsse mit mindestens der Mehrheit ihrer Stimmen (Art. 52 Abs. 3 Satz 1 GG). Aufgrund der asymmetrischen Verteilung der Stimmen unter den exekutiven Bundesratsmitgliedern (Art. 52a Abs. 2 Hs. 2 GG-E i. V. m. Art. 51 Abs. 2 GG) und dem „einfachen" Stimmrecht der unabhängigen Mitglieder (Art. 52a Abs. 3 GG-E) ist die Transparenz der Abstimmungen der Ökologischen Kammer des Bundesrats besonders wichtig. Wenn sich beispielsweise die Mehrheit der Länder über die Stimmen der unabhängigen Mitglieder hinwegsetzt, könnte dies ein Hinweis für die Öffentlichkeit sein, dass die umstrittene ökologische Frage einer weiteren kritischen Diskussion bedarf.

4. Der Bundespräsident

Dem Bundespräsidenten kommt als republikanisches Staatsoberhaupt der Bundesrepublik Deutschland eine politische Repräsentations- und Integrationsfunktion zu,[433] deren ökologische Dimension angesichts der anthropozänen Herausforderungen ausdrücklich geregelt wird:

Art. 59a GG-E

(1) Der Bundespräsident achtet auf das ökologische Wohl der Allgemeinheit.

(2) Der Bundespräsident beruft einen unabhängigen Rat für ökologische Entwicklung. Das Nähere regelt ein Bundesgesetz.

Der Bundespräsident „repräsentiert Staat und Volk der Bundesrepublik Deutschland nach außen und innen und soll die Einheit des Staates verkörpern."[434] Doch im Gegensatz zu dieser „starken" Beschreibung durch das Bundesverfassungsgericht verfügt der Bundespräsident im parlamentarischen Regierungssystem des Grundgesetzes aufgrund der historischen Erfahrungen mit dem Amt des Reichspräsidenten am Ende der Weimarer Republik über nur sehr eingeschränkte verfassungsrechtliche Kompetenzen,[435] beispielweise die Reservefunktion für das parlamentarische Regierungssystem (Art. 63 Abs. 1 und Abs. 4 Satz 3, Art. 65 S. 4, Art. 68 Abs. 1 Satz 1, Art. 81 Abs. 1 Satz 1 GG), die völkerrechtliche Vertretungsmacht (Art. 59 Abs. 1 GG) sowie das Ernennungs- und Begnadigungsrecht (Art. 60 GG). Der Bundespräsident wirkt weniger aufgrund der ihm zustehenden Kompetenzen als vielmehr über die informelle Entfaltung seiner Repräsentations- und Integrationsfunktion. Weit mehr als bei anderen verfassungsrechtlichen Ämtern gilt für das Amt des Bundespräsidenten: Es kommt darauf an, was ein Amtsinhaber aus diesem Amt macht. Die hier vorgeschlagene Regelung der ökologischen Dimension der Integrations- und Repräsentationsaufgabe des Bundespräsidenten verbindet das ökologische Republikprinzip (Art. 59a Abs. 1 GG-E) mit der Institutionalisierung eines Rats für ökologische Entwicklung (Art. 59a Abs. 2 GG-E).

a) Die ökologische Republik

Das ökologische Republikprinzip wird in Art. 59a Abs. 1 GG-E geregelt. Das Amt des Bundespräsidenten ist der personelle Ausdruck des Republikprinzips (Art. 20 Abs. 1 GG): Kein Monarch, sondern ein gewählter Präsident ist das republikanische Staatsoberhaupt der Bundesrepublik. Eine wesentliche Aufgabe des Bundespräsidenten besteht – so das Bundesverfassungsgericht – darin, „durch sein öffentliches Auftreten die Einheit des Gemeinwesens sichtbar zu machen und diese Einheit mittels der Autorität des Amtes zu fördern.“[436] Dies begründet die besonders auf die öffentlichen Dinge – die öffentlichen Güter und das Gemeinwohl – gerichtete Funktion des Bundespräsidenten in der Verfassungsordnung des Grundgesetzes. Hieran knüpft das ökologische Republikprinzip unmittelbar an: Der Bundespräsident achtet auf das ökologische Wohl der Allgemeinheit (Art. 59a Abs. 1 GG-E).[437] Es wird aufgrund der drängenden ökologischen Herausforderungen und Transformation unserer Gesellschaft ausdrücklich in der Verfassung verankert. Aufgrund ihrer besonderen Vulnerabilität verdienen die Natur und die Ökosysteme als Gemeinwohlbelange und öffentliche Güter besondere Achtsamkeit, gerade weil sie in der Konkurrenz mit menschlichen und insbesondere mit sozialen und ökonomischen Interessen im politischen Prozess schnell überspielt und übergangen werden. Darüber hinaus handelt es sich bei dem Verständnis des Republikprinzips im Sinne einer Achtsamkeit für das ökologische Allgemeinwohl um eine zurückhaltende Formulierung, welche die Natur von vornherein in einem interaktiven Verhältnis zu sozialen und ökonomischen Interessen sieht.[438] Die Regelung des Art. 59a Abs. 1 GG-E rechnet folglich ein, dass es neben den ökologischen auch soziale und ökonomische Belange des Gemeinwohls gibt. Aber es gilt eben auch umgekehrt: Das soziale und ökonomische Gemeinwohl kann nicht unabhängig vom ökologischen Wohl der Allgemeinheit gesehen werden. Dies verdeutlicht: Der Begriff des „Allgemeinwohls“ bezieht sich nicht allein auf die menschliche Gesellschaft. Vielmehr legt er einen weiten Gesellschaftsbegriff zugrunde, der auch ökologische Personen und ihre Interessen einschließt (Art. 19 Abs. 3 GG-E). Vor diesem Hintergrund unterstreicht Art. 59a Abs. 1 GG-E mit dem ökologischen Republikprinzip die Aufgabe des Bundespräsidenten, die ökologischen Probleme und Konflikte, Fehlentwicklungen und Gefahren zum Thema des Allgemeinwohls in der Öffentlichkeit zu machen. Dabei verfügt der Bundespräsident über einen weiten Gestaltungsspielraum hinsichtlich der Themenwahl und der Kommunikationsformen.[439] Dieser weite politische Gestaltungsspielraum, der dem Bundespräsidenten für die Umsetzung des ökologischen Republikprinzips zukommt, wird vom Grundgesetz in zwei Fällen näher konkretisiert: zum einen in der Kompetenz des Bundespräsidenten, die ehrenamtlichen Mitglieder des Ausschusses für Natur auf Vorschlag von anerkannten Naturschutzverbänden und der Nationalen Akademie der Wissenschaft zu ernennen (Art. 45e Abs. 2 GG-E);[440] zum anderen durch die Einberufung des unabhängigen Rats für ökologische Entwicklung (Art. 59a Abs. 2 GG-E).

b) Der Rat für ökologische Entwicklung

Beim Bundespräsidenten wird ein Rat für ökologische Entwicklung eingerichtet (Art. 59a Abs. 2 GG-E). Der Rat hat die Aufgabe, Sachverhalte und Konflikte des ökologischen Gemeinwohls festzustellen und zu diskutieren, um auf dieser Grundlage Handlungsoptionen zu entwickeln und diese öffentlich zu kommunizieren. Dafür kann der Rat die ökologische Entwicklung auf lokaler, regionaler, nationaler, europäischer und globaler Ebene in den Blick nehmen. So unterstützt der Rat den Bundespräsidenten in der öffentlichen Diskussion des ökologischen Wohls der Allgemeinheit (Art. 59a Abs. 1 GG-E). Darüber hinaus verfügt der Rat über das Recht, eine Gesetzesinitiative in den Bundestag einzubringen, um das ökologische Allgemeinwohl zu fördern (Art. 76 Abs. 1 GG-E).

Es wurden und werden sehr unterschiedliche *Modelle* für die Institutionalisierung der ökologischen Langzeitverantwortung im parlamentarischen Regierungssystem des Grundgesetzes vorgeschlagen. So hat das „Kuratorium für einen demokratisch verfassten Bund deutscher Länder" im Zuge der Verfassungsreform nach der deutschen Einheit das Modell eines „Ökologischen Rats" ausgearbeitet:[441] Ein „Ökologischer Rat" sollte an der Gesetzgebung und Verwaltung des Bundes mitwirken. Die unabhängigen Mitglieder des Rats waren nach dem Vorschlag des „Kuratoriums" je zur Hälfte von den Volksvertretungen der Länder und von dem Bundestag für die Dauer von neun Jahren zu wählen. Nach Auffassung des „Kuratoriums" kam dem Ökologischen Rat die Aufgabe zu, eigeninitiativ oder auf Ersuchen eines Fünftels der Mitglieder des Bundestages oder des Bundesrates Gutachten zu ökologischen Fragen zu erstellen. Darüber hinaus sollte der „Ökologische Rat" zu Gesetzesvorlagen, die in den Bundestag eingebracht werden, und zu Gesetzesbeschlüssen des Bundestags Stellung nehmen. Im Zuge der Beratungen der Verfassungsreform nach der deutschen Einheit fand der Vorschlag, einen „Ökologischen Rat" in das Grundgesetz einzuführen, jedoch keine Zustimmung. Die Mitglieder der Gemeinsamen Verfassungskommission (1993) lehnten die Einrichtung eines „Ökologischen Rats“ ab, „da ein solcher Rat als Nebenparlament keine Legitimation durch den Wählerauftrag habe. Es führe letztlich zu einer Schwächung der repräsentativen Demokratie, wenn das Parlament mit einer Flut von Räten außerhalb des parlamentarischen Bereichs umgeben wäre. Ein Ökologischer Rat könne allenfalls Empfehlungs- oder Gutachtenkompetenzen haben, und insofern nur diejenigen Funktionen wahrnehmen, die innerhalb des parlamentarischen Verfahrens Enquete-Kommissionen wahrnehmen könnten.“[442] Auf Landesebene wurde im Rahmen der Verfassungsgebung in Brandenburg das strukturell verwandte Modell eines „Ökologischen Senats“ diskutiert,[443] das jedoch ebenfalls keinen Eingang in die Brandenburgische Verfassung fand.[444]

Im Gegensatz zum Modell eines „Ökologischen Rats“ oder „Ökologischen Senats“ verfolgt der hier vorgeschlagene Rat für ökologische Entwicklung einen anderen institutionellen Ansatz. Es ist nicht notwendig, mit dem Rat für ökologische Entwicklung ein ökologisches „Nebenparlament“ zu schaffen, weil das parlamentarische Regierungssystem bereits insgesamt ökologisch sensibilisiert ist:[445] der Bundestag durch die ökologische Regierungserklärung und ökologische Haushaltsdebatte (Art. 43 Abs. 3 GG-E), den Ausschuss für Natur (Art. 45e GG-E) und die Naturbeauftragte (Art. 45f GG-E), die Bundesregierung durch die ökologischen Richtlinien der Politik der Bundeskanzlerin (Art. 65 Abs. 1 Satz 1 i. V. m. Art. 43 Abs. 3 GG-E) und das Widerspruchsrecht des Bundesministers für Natur (Art. 65 Abs. 2 GG-E), der Bundesrat durch den ökologischen Mitgestaltungsauftrag (Art. 50 GG-E)[446] und die Ökologische Kammer (Art. 52a GG-E) und der Bundespräsident durch das ökologische Republikprinzip (Art. 59a Abs. 1 GG-E). Vor diesem Hintergrund bedarf es keines weiteren speziellen Verfassungsorgans in Form eines „Ökologischen Rates“ neben Bundestag, Bundesregierung, Bundesrat und Bundespräsident, um das ökologische Allgemeinwohl im Gesetzgebungsverfahren zur Geltung zu bringen. Es „genügt“ ein Rat für ökologische Entwicklung i. S. d. Art. 59a Abs. 2 Satz 1 GG-E, der – im Gegensatz zu dem Vorschlag eines „Ökologischen Rats“ – jedoch über ein Recht zur ökologischen Gesetzesinitiative verfügt (Art. 76 Abs. 1 GG-E) und das weitere Gesetzgebungsverfahren informell – beispielsweise durch öffentliche Stellungnahmen – begleiten kann.[447]

Die *Stellung* des Rats für ökologische Entwicklung wird durch seinen unabhängigen verfassungsrechtlichen Status bestimmt. Der Rat ist beim Bundespräsidenten angesiedelt, der den „verfassungsrechtlichen Erwartungen“ und der „gefestigten Verfassungstradition seit Bestehen der

Bundesrepublik" entsprechend „eine gewisse Distanz zu Zielen und Aktivitäten von politischen Parteien und gesellschaftlichen Gruppen wahrt."[448] Vor diesem Hintergrund muss auch die Unabhängigkeit des Rats für ökologische Entwicklung verstanden und ausgestaltet werden: in Form der institutionellen Unabhängigkeit des Rats und der persönlichen Unabhängigkeit seiner Mitglieder.[449] Diese Ausgestaltung des Rats erfolgt durch Gesetz (Art. 59a Abs. 2 Satz 2 GG-E). Zwar bedarf die Ausübung der Repräsentations- und Integrationsfunktion des Bundespräsidenten, „auch soweit er auf Fehlentwicklungen hinweist oder vor Gefahren warnt und dabei die von ihm als Verursacher ausgemachten Kreise oder Personen benennt, über die seinem Amt immanente Befugnis zu öffentlicher Äußerung hinaus keiner gesetzlichen Ermächtigung."[450] Doch aufgrund der Reichweite der Aufgaben des Rats für ökologische Entwicklung ist auch angesichts seines Gesetzesinitiativrechts (Art. 76 Abs. 1 GG-E) eine gesetzliche Konkretisierung seiner unabhängigen Stellung notwendig. Deshalb muss der Bundesgesetzgeber auf der Grundlage des Art. 59a Abs. 2 Satz 2 GG-E beispielsweise in einem „Gesetz über die Einrichtung des Rats für ökologische Entwicklung" die Aufgaben, Zusammensetzung, Mitgliederbestellung, Verfahrensregelungen, Organisation, Öffentlichkeitsarbeit, Kosten und Geschäftsordnungsautonomie des Rats regeln. In diesem Zusammenhang hat der Gesetzgeber zu entscheiden, ob dem Rat für ökologische Entwicklung über dessen verfassungsrechtlich festgeschriebenen Aufgaben hinaus noch weitere Funktionen zukommen sollen. So könnte der Gesetzgeber auch beispielsweise vorsehen, dass der Rat auf Anfrage des Bundestages, der Bundesregierung oder des Bundesrats Stellungnahmen zu aktuellen Problemen des ökologischen Gemeinwohls erstattet.[451] Gegen eine solche Gutachterfunktion spricht jedoch die innovative Freiheit des Rats, sich den ökologischen Themen zuzuwenden, die er als wichtig oder dringend erachtet. Bundestag, Bundesregierung und Bundesrat verfügen über hinreichend eigene Möglichkeiten, um sich mit ökologischer Expertise zu versehen (z. B. Ausschuss für Natur, Naturbeauftragte, Enquetekommissionen, Sachverständigenanhörungen). Vor diesem Hintergrund sollte der Rat für ökologische Entwicklung nicht in die klassischen Formen der institutionalisierten Politikberatung eingebunden werden. Das ökologische Allgemeinwohl profitiert sehr viel mehr, wenn der Rat seine Themen frei wählen kann. Dies entspricht auch der institutionellen Zuordnung des ökologischen Rats zum Bundespräsidenten, der ebenfalls frei entscheiden kann, welche Fragen, Herausforderungen und Probleme des ökologischen Allgemeinwohls er ansprechen möchte. Deshalb ist bei der Findung weiterer Aufgaben für den ökologischen Rat eher Zurückhaltung angezeigt. Hinsichtlich der Zusammensetzung des Rats muss der Gesetzgeber das verfassungsrechtlich gewährleistete Berufungsrecht des Bundespräsidenten respektieren (Art. 59a Abs. 2 Satz 1 GG-E). Allerdings kann der Gesetzgeber das Berufungsrecht näher ausgestalten. Insofern liegt die gesetzgeberische Konkretisierung der pluralistischen und interdisziplinären Zusammensetzung des Rats nahe. Dies kann gesetzgebungstechnisch anhand von Beispielen verdeutlich werden, aus welchen wissenschaftlichen und gesellschaftlichen Lebensbereichen die Mitglieder des Rats kommen können. Eine Inkompatibilitätsvorschrift regelt, wer nicht in den Rat für ökologische Entwicklung berufen werden kann. So ist es beispielsweise aufgrund der verfassungsrechtlich in Art. 59a Abs. 2 Satz 1 GG-E vorgesehenen Unabhängigkeit ausgeschlossen, dass Personen in den Rat berufen werden, die der gesetzgebenden Körperschaft des Bundes oder eines Landes bzw. der Bundesregierung oder einer Landesregierung angehören. Hinsichtlich des Verfahrens muss der Gesetzgeber die Beratungsformen und die Entscheidungsfindung für die Einbringung einer Gesetzesinitiative durch den Rat für ökologische Entwicklung regeln (Art. 76 Abs. 1 GG-E).[452]

VII. Die ökologische Gesetzgebung

Die ökologische Gesetzgebung wird durch zwei Änderungen des Grundgesetzes bestimmt: zum einen materiell durch die Einführung einer Gesetzgebungskompetenz für ein Ökologisches Gesetzbuch, zum anderen durch eine Ergänzung des Gesetzgebungsverfahrens in Form eines Gesetzesinitiativrecht des Rats für ökologische Entwicklung.

1. Das Ökologische Gesetzbuch

Für das Recht der Ökologie wird eine konkurrierende Gesetzgebungskompetenz in das Grundgesetz aufgenommen, um eine sichere Rechtsgrundlage für den Erlass eines Ökologischen Gesetzbuchs (ÖGB) zu schaffen und damit zugleich einen erneuten Anstoß für dieses längst überfällige gesetzgeberische Reformprojekt zu geben:[453]

> **Art. 74 GG-E**
> (1) Die konkurrierende Gesetzgebung erstreckt sich auf folgende Gebiete:
>
> [...]
>
> Nr. 24 *das Recht der Ökologie;*
>
> [...]

Für die ökologische Transformation unserer Gesellschaft kommt der Ausarbeitung und dem Erlass eines Ökologischen Gesetzbuchs zentrale Bedeutung zu.[454] Nach der liberalen Transformation unserer Rechtsordnung durch das Bürgerliche Gesetzbuch und der sozialen Transformation unserer Rechtsordnung durch das Sozialgesetzbuch ist nun eine ökologische Transformation unserer Gesellschaft durch ein Ökologisches Gesetzbuch notwendig.

Seit über fünfzig Jahren wird über ein Umweltgesetzbuch in der Bundesrepublik diskutiert.[455] Zwei Anläufe eines Umweltgesetzbuchs sind gescheitert: im Jahr 2000 zunächst an der fehlenden Gesetzgebungskompetenz des Bundes. Sodann wurde durch die Föderalismusreform 2006 zwar keine umfassende, aber doch eine weitgehende Gesetzgebungskompetenz für ein Umweltgesetzbuch des Bundes geschaffen.[456] Nichtsdestotrotz scheiterte ein erneuter gesetzgeberischer Anlauf zu einem Umweltgesetzbuch im Jahr 2009 aufgrund der fehlenden Zustimmung im Bundesrat. Dafür waren parteipolitische Kalküle in Teilen der CDU/CSU sowie wahlpolitische Profilierungstaktiken in den Ländern und vor allem im Freistaat Bayern ausschlaggebend.[457] „Anschaulich wurde dieser Zustand des Umweltrechts" – so die treffende Zusammenfassung von *Hans Jarass* – „mit dem Heiligen Römischen Reich deutscher Nation im späten Mittelalter verglichen, in dem die Teilfürsten dominierten, ihre Eigenart besonders betonten und sorgsam darauf achteten, dass keiner der anderen Fürsten zu stark wurde."[458] Deshalb ist das Umweltrecht in der Bundesrepublik nach wie vor hypertroph und zersplittert, inkonsistent und inkohärent, unübersichtlich und unpraktisch. *Wolfgang Kahl* und *Klaus Ferdinand Gärditz* ergänzen dies mit Blick auf die Zukunft: „Die deutsche Umweltpolitik hat sich – im Gegenteil – offenbar, gestützt von den umweltrechtlichen ‚Fachbruderschaften' in Ministerien, Wirtschaft, Verbänden und Anwaltschaft, mit der Hyperkomplexität und Unübersichtlichkeit des deutschen Umweltrechts arrangiert"[459]; und auch der Gesetzgeber nahm und nimmt „– allen Bekenntnissen zur ‚Guten' bzw. ‚Besseren Rechtsetzung' zum Trotz – Überregulierung, Rechtszersplitterung, Intransparenz und Hyperkomplexität des Umweltrechts weiterhin in Kauf."[460] Doch gerade vor dem Hintergrund des demokratischen „Trauerspiels"[461] um die Verabschiedung eines Umweltgesetzbuchs können wir uns angesichts der ökologischen Probleme und anthropozänen Herausforderungen schlicht kein dysfunktional gestaltetes Umweltrecht mehr leisten. Die Forderung nach einem Umweltgesetzbuch bleibt also „unverändert aktuell"[462]. Sie gehört ganz oben auf die politische Tagesordnung des ökologischen Verfassungsstaats.

Deshalb wird eine umfassende konkurrierende Gesetzgebungskompetenz für das „Recht der Ökologie" in Art. 74 Abs. 1 Nr. 24 GG-E aufgenommen. Sie ist weit zu verstehen und umfasst das gesamte Recht der Natur einschließlich des Tierschutzes. In diesem umfassenden Verständnis spiegelt das Recht der Ökologie die ebenfalls sehr weit gefassten Gesetzgebungsmaterien des bürgerlichen Rechts (Art. 74 Abs. 1 Nr. 1 GG), des Rechts der Wirtschaft (Art. 74 Abs. 1 Nr. 11 GG) und der Sozialversicherung (Art. 74 Abs. 1 Nr. 12 GG). Aufgrund dieser weiten ökologischen Gesetzgebungskompetenz des Art. 74 Abs. 1 Nr. 24 GG-E sind die einzelnen umweltbezogenen konkurrierenden Gesetzgebungskompetenzen aufzuheben (Art. 74 Abs. 1 Nr. 17 [Küstenschutz], Nr. 20 [Pflanzen- und Tierschutz], Nr. 24 [Abfall, Luft, Lärm], Nr. 28 [Jagdwesen], Nr. 29 [Naturschutz, Landschaftspflege], Nr. 32 [Wasserhaushalt]). Demgegenüber bleibt die ausschließliche Gesetzgebungskompetenz des Bundes mit Blick auf die Kernenergie und insbesondere ionisierende Strahlung und die Beseitigung radioaktiver Stoffe bestehen (Art. 73 Abs. 1 Nr. 14 GG). Hierbei handelt es sich – im wahrsten Sinne des Wortes – um eine ökologische Sondermaterie, die nach der Auffassung des Bundesgesetzgebers einen bereits metaphysischen staatlichen Handlungshorizont von einer Million Jahren erfordert (§ 1 Abs. 2 Satz 2 StandAG).[463]

Mit der Einordnung des Rechts der Ökologie als konkurrierende Gesetzgebungsmaterie haben die Länder die Befugnis zur Gesetzgebung, solange und soweit der Bund von seiner Gesetzgebungszuständigkeit keinen Gebrauch macht (Art. 72 Abs. 1 GG). Die Erforderlichkeitsklausel gilt nicht, da die Kompetenz für das Recht der Ökologie (Art. 74 Abs. 1 Nr. 24 GG-E) nicht in Art. 72 Abs. 2 GG genannt wird. Die Zustimmung des Bundesrats für Gesetze, die auf der Grundlage der konkurrierenden Kompetenz für das Recht der Ökologie erlassen werden, ist prinzipiell nicht vorgesehen (Art. 74 Abs. 2 GG), kann sich aber nach allgemeinen Grundsätzen ergeben, beispielweise aus Art. 84 Abs. 1 Sätze 4 und 5 GG.

Insgesamt soll die Einführung einer konkurrierenden Gesetzgebungskompetenz für das Recht der Ökologie in Art. 74 Abs. 1 Nr. 24 GG-E den Anstoß für einen erneuten und hoffentlich erfolgreichen Anlauf zum Erlass eines Ökologischen Gesetzbuchs (ÖGB) geben. Ein Ökologisches Gesetzbuch hat die Aufgabe, das ökologische Recht zu vereinfachen, zu vereinheitlichen, zu straffen und zu harmonisieren.[464] Das Ökologische Gesetzbuch wird europa- und völkerrechtliche Vorgaben für den Natur- und Umweltschutz einheitlich umsetzen und für die ökologische Rechtspraxis handhabbar gestalten.[465] Für die Regelungstechnik eines Ökologischen Gesetzbuchs kann sich der Bundesgesetzgeber am Bürgerlichen Gesetzbuch und Sozialgesetzbuch orientieren – und folglich die Regelungen in unterschiedliche „Bücher“ aufteilen, die wie im Fall des Sozialgesetzbuchs auch als gesonderte Gesetze erlassen werden können.[466] An dieser Reglungstechnik hatten sich bereits die gescheiterten Entwürfe eines Umweltgesetzbuchs orientiert.[467] Sie bietet den Vorteil, dass sich in einem Ersten Buch der Allgemeine Teil des gesamten ökologischen Rechts (Prinzipien, Personen, Rechte, Informationen, Verfahren, Haftung und Rechtsschutz) regeln lassen. Auf diesen Allgemeinen Teil können sodann die Besonderen Teile des ökologischen Rechts aufbauen, die in den weiteren Büchern gesondert geregelt werden (Abfall, Energie, Emissionen, Klima, Landschaft, Natur, Wasser und Tiere). Diese Regelungstechnik ermöglicht zugleich eine dynamische Weiterentwicklung des ökologischen Rechts: Unter Rückbindung an die grundsätzlichen Regelungen des Allgemeinen Teils lassen sich die einzelnen Besonderen Teile entsprechend der faktischen ökologischen Entwicklung und ihrer eigenen normativen Rationalität gesetzgeberisch fortschreiben. Dabei werden neue Instrumente und Regelungsansätze, die sich in den Besonderen Teilen – etwa aufgrund europa- oder völkerrechtlichen Einflusses – entwickeln, wiederum generalisiert in den Allgemeinen Teil einfließen, von wo aus sie wiederum auf alle anderen Besonderen Teile des ökologischen Rechts ausstrahlen. Das Ökologische Gesetzbuch ist Ausdruck eines innovativ lernenden Rechtssystems.

2. Das ökologische Gesetzgebungsverfahren

Der Rat für ökologische Entwicklung (Art. 59a Abs. 2 Satz 1 GG-E) erhält das Recht, Gesetzesvorlagen in den Deutschen Bundestag einzubringen:[468]

Art. 76 GG-E
(1) Gesetzesvorlagen werden beim Bundestage durch die Bundesregierung, aus der Mitte des Bundestages, durch den Bundesrat *oder durch den Rat für ökologische Entwicklung* eingebracht.

[...]

(4) Vorlagen des Rats für ökologische Entwicklung sind vom Bundestag zunächst der Bundesregierung und dem Bundesrat zuzuleiten. Die Bundesregierung und der Bundesrat sind berechtigt, innerhalb von sechs Wochen zu diesen Vorlagen Stellung zu nehmen. Verlangen der Bundestag oder der Bundesrat aus wichtigem Grunde, insbesondere mit Rücksicht auf den Umfang einer Vorlage, eine Fristverlängerung, so beträgt die Frist neun Wochen. Bei Vorlagen zur Änderung dieses Grundgesetzes und zur Übertragung von Hoheitsrechten nach Artikel 23 oder Artikel 24 beträgt die Frist zur Stellungnahme neun Wochen.

Wie weit die Ökologisierung des Gesetzgebungsverfahrens geht, hängt bei einer Reform des Grundgesetzes auch sehr stark davon ab, ob und – wenn ja – welche gesetzgeberischen Formen der unmittelbaren Demokratie der verfassungsändernde Gesetzgeber einführt.[469] Werden beispielsweise Volksbegehren, Volksinitiative oder Volksentscheide in das Grundgesetz aufgenommen, eröffnet dies auch die Möglichkeit für ökologische Plebiszite. Doch die Frage, ob und gegebenenfalls welche Formen der unmittelbaren Demokratie auf Bundesebene eingeführt werden, ist nicht allein mit Blick auf die Ökologie zu diskutieren. Vielmehr kann diese Frage nur allgemein für alle Lebensbereiche und Politikfelder beantwortet werden. Selbst wenn das Grundgesetz ökologische Plebiszite ermöglichen würde, wären diese aufgrund ihres Verfahrens sehr aufwendig. Aus diesem Grund kämen sie nur für einzelne, „populäre" ökologische Fragestellungen in Betracht. Sie können folglich nur punktuell wirken, aber nicht das politische Alltagsgeschäft der ökologischen Gesetzgebung bestimmen.[470] Insofern ist das neugestaltete ökologische Petitionsrecht eine sehr viel einfachere, praktischere und effektivere Alternative zu den schwerfälligen klassischen Plebisziten, um einen unmittelbaren Zugang der Bürgerinnen und Bürger zum demokratischen Gesetzgebungsraum zu eröffnen (Art. 45f Abs. 3 GG-E).[471] Daneben stellt die Gesetzinitiative des Rats für ökologische Entwicklung ein neues legislatives Instrument dar.

a) Die ökologischen Gesetzesinitiativen

Gesetzesvorlagen werden (bisher) bei dem Bundestag durch die Bundesregierung, aus der Mitte des Bundestages, durch den Bundesrat und (künftig auch) durch den Rat für ökologische Entwicklung eingebracht (Art. 76 Abs. 1 GG-E). Diese vier Verfassungsorgane gewinnen durch die Neugestaltung des Staatsorganisationsrechts ein ökologisches Profil, das sich in ökologischen Gesetzesinitiativen manifestiert: Die Bundesregierung bringt in der Staatspraxis die meisten Gesetzesvorlagen in den Bundestag ein.[472] Sie wird durch die ausdrückliche Formulierung der ökologischen Richtlinien der Politik (Art. 65 Abs. 1 Satz 1 i. V. m. Art. 43 Abs. 3 GG-E) dazu motiviert, diese auch durch ökologische Gesetzgebungsinitiativen umzusetzen.[473] Dem Bundesrat kommt nun ausdrücklich die Aufgabe zu, auch in Angelegenheiten der ökologischen Entwicklung der Bundesrepublik mitzuwirken (Art. 50 GG-E), was sich in ökologischen Gesetzesinitiativen niederschlagen wird.[474] Auch aus der Mitte des Bundetages sind ökologische Gesetzesinitiativen zu erwarten, weil sich das Parlament durch die ökologische Haushaltsdebatte (Art. 43 Abs. 3 GG-E), den Ausschuss für Natur (Art. 45e GG-E) und die Naturbeauftragte (Art. 45f GG-E) seiner ökologischen Funktion und Verantwortung verfassungspolitisch sehr viel stärker bewusst sein wird.[475] In diesem Zusammenhang gewinnt auch das ökologische Petitionsrecht für ökologische Gesetzesinitiativen aus der Mitte des Bundestags eine quasi plebiszitäre Funktion:[476] Die ökologischen Petitionen, die an den Bundestag gerichtet sind, können auch ökologische Gesetzgebungsvorlagen enthalten (Art. 45f Abs. 3 Satz 1 GG-E). Bei einer Unterstützung von mehr als 50.000 Personen findet eine öffentliche Anhörung im Ausschuss für Natur statt, bevor der Bundestag die ökologische Gesetzesvorlage zu beraten und über sie zu beschließen hat (Art. 45f Abs. 3 Satz 2

GG-E). Eine solche Gesetzesvorlage kann aufgrund einer massenhaften elektronischen Mitzeichnung durch einen sehr breiten gesellschaftlichen Rückhalt legitimiert sein und damit eine hohe demokratische Durchschlagskraft im Gesetzgebungsverfahren entwickeln. Dies kommt einer klassischen Volksinitiative funktional sehr nahe, ohne jedoch deren verfahrensrechtliche Schwerfälligkeit aufzuweisen. Schließlich ist nun der Rat für ökologische Entwicklung beim Bundespräsidenten berechtigt, Gesetzesvorlagen in den Bundestag einzubringen (Art. 59a Abs. 2 Satz 1 i. V. m. Art. 76 Abs. 1 GG-E).[477] Damit eröffnet sich die Möglichkeit, Gesetzesinitiativen mit Blick auf ökologische Fragen, Probleme und Konflikte zu verfolgen, die jenseits der allgemeinen politischen Aufmerksamkeit oder des „populären" Interesses der Bürgerinnen und Bürger sowie der politischen Parteien liegen.

b) Das ökologische Stellungnahmeverfahren

Das ökologische Stellungnahmeverfahren wird in Art. 76 Abs. 4 GG-E geregelt. Es eröffnet der Bundesregierung und dem Bundesrat die Möglichkeit, zu den Gesetzesinitiativen des Rats für ökologische Entwicklung (Art. 76 Abs. 1 GG-E) Stellung zu nehmen. Dabei orientiert sich das ökologische Stellungnahmeverfahren grundsätzlich an den Regelungen des föderalen Stellungnahmeverfahrens (Art. 76 Abs. 2 und Abs. 3 GG). Nach den Stellungnahmen zu Gesetzesinitiativen des ökologischen Rats geht das Gesetzgebungsverfahren seinen weiteren vom Grundgesetz vorgezeichneten Gang. Alle beteiligten Verfassungsorgane – Bundestag, Bundesrat und Bundespräsident – verfügen nach der ökologischen Reform des parlamentarischen Regierungssystems über hinreichende ökologische Sensibilität und Kompetenz. Der Rat für ökologische Entwicklung kann auch das weitere Gesetzgebungsverfahren durch kritische Stellungnahmen konstruktiv begleiten (Art. 59a Abs. 2 Satz 1 GG-E).

VIII. Die ökologischen Politiken

Das Grundgesetz setzt der Politik einen verfassungsrechtlichen Rahmen. Es verteilt in erster Linie verfassungsrechtliche Gesetzgebungs- und Verwaltungskompetenzen auf Bund und Länder. Auf dieser Grundlage geht das Grundgesetz davon aus, dass die parlamentarischen Regierungen auf Bundes- und Landesebene ihre (ökologischen) Politiken entwickeln, verfolgen und umsetzen. Mit konkreten verfassungsrechtlichen Vorgaben für die Politik hält sich das Grundgesetz prinzipiell zurück, um der demokratischen Gesetzgebung und Regierung politischen Raum zu eröffnen. Dies gilt grundsätzlich auch für die Politiken der Natur, was nur noch einmal unterstreicht, wie wichtig die verfahrensförmige Ökologisierung des parlamentarischen Regierungssystems für die ökologische Transformation unserer Gesellschaft ist.[478] Doch in einigen Bereichen durchbricht das Grundgesetz sein Selbstverständnis als einer politischen Rahmenordnung. So formuliert es für die Infrastruktur-, Finanz- und föderalen Gemeinschaftspolitiken (teilweise) sehr konkrete inhaltliche Vorgaben, deren ökologische Dimension gestärkt werden muss, um den anthropozänen Herausforderungen gerecht zu werden.

1. Die ökologischen Infrastrukturen

Die Infrastrukturpolitik ist in besonderem Maß der „umweltbezogenen Daseinsvorsorge" (§ 2 Abs. 1 Nr. 2 UIG) verpflichtet.[479] Wir haben bereits gesehen, dass die ökologische Daseinsvorsorge eine zentrale Aufgabe darstellt, die insbesondere den Gemeinden und Städten als Ausdruck ihrer kommunalen Selbstverwaltungsgarantie obliegt (Art. 28 Abs. 2 GG-E).[480] Aber Infrastrukturen werden vom Grundgesetz auch jenseits der kommunalen Ebene reguliert. So enthält das Grundgesetz für die Eisenbahnen, die Post- und Telekommunikation, die Bundeswasserstraßen sowie die Bundesautobahnen und Bundesstraßen inhaltliche Vorgaben, die sich auf die sozialen und die wirtschaftlichen Dimensionen dieser Infrastrukturen beziehen. Diese sozialen und wirtschaftlichen Vorgaben werden nun um die Ökologiepflichtigkeit dieser Infrastrukturen ergänzt.

a) Die ökologische Bahn und die ökologischen Verkehrsverhältnisse

Die ökologische Dimension der Eisenbahnen des Bundes wird in Art. 87e Abs. 4 Satz 1 GG festgeschrieben:

Art. 87e GG-E

(1) Die Eisenbahnverkehrsverwaltung für Eisenbahnen des Bundes wird in bundeseigener Verwaltung geführt. Durch Bundesgesetz können Aufgaben der Eisenbahnverkehrsverwaltung den Ländern als eigene Angelegenheit übertragen werden.

(2) [...]

(3) Eisenbahnen des Bundes werden als Wirtschaftsunternehmen in privat-rechtlicher Form geführt. Diese stehen im Eigentum des Bundes, soweit die Tätigkeit des Wirtschaftsunternehmens den Bau, die Unterhaltung und das Betreiben von Schienenwegen umfaßt. [...]

(4) Der Bund gewährleistet, daß dem Wohl der Allgemeinheit, insbesondere den *ökologischen Verkehrsverhältnissen und* Verkehrsbedürfnissen, beim Ausbau und Erhalt des Schienennetzes der Eisenbahnen des Bundes sowie bei deren Verkehrsangeboten auf diesem Schienennetz, soweit diese nicht den Schienenpersonennahverkehr betreffen, Rechnung getragen wird. Das Nähere wird durch Bundesgesetz geregelt.

(5) [...]

Die Regelung des Art. 87e GG wurde im Zuge der Bahnreform 1993 in das Grundgesetz eingefügt, um die verfassungsrechtliche Grundlage der Privatisierung der Bahn in Deutschland zu regulieren.[481] In diesem Zusammenhang hält Art. 87e Abs. 4 Satz 1 GG-E fest, dass den Bund eine regulierungsrechtliche Gewährleistungsverantwortung trifft, das Wohl der Allgemeinheit und insbesondere den Verkehrsbedürfnissen mit Blick auf das Schienennetz sowie das Verkehrsangebot auf diesem Schienennetz regulierungsrechtlich zu garantieren. Diese Regelung wird nun dahingehend ergänzt, dass nicht die Verkehrsbedürfnisse an sich, sondern allein ökologische Verkehrsverhältnisse und Verkehrsbedürfnisse dem Allgemeinwohl Rechnung tragen. Damit formuliert Art. 87e Abs. 4 Satz 1 GG-E eine sehr wichtige materiale Vorgabe für die Mobilitätswende, die für die Gestaltung der ökologischen Transformation unserer Gesellschaft entscheidend ist – und dies in doppelter Hinsicht: Zum einen muss die verfassungsrechtliche Vorgabe, ökologische Verkehrsverhältnisse und Verkehrsbedürfnisse als Ausdruck des Allgemeinwohls zu gewährleisten (Art. 87e Abs. 4 Satz 1 GG-E), vom Bundesgesetzgeber für die Schieneninfrastruktur und die Schienenverkehrsangebote auf dieser Schieneninfrastruktur regulierungsrechtlich umgesetzt werden. Zum anderen weist der Regelungsgehalt des Art. 87e Abs. 4 Satz 1 GG-E aber auch zugleich über die Bahn hinaus: Die ökologischen Verkehrsverhältnisse und Verkehrsbedürfnisse werden in Art. 87e Abs. 4 Satz 1 GG-E als ein zentraler Belang des Allgemeinwohls angesehen („insbesondere"). Diese verfassungsrechtliche Wertung des Art. 87e Abs. 4 Satz 1 GG-E, dass ökologische Verkehrsbedürfnisse und Verkehrsverhältnisse als Ausdruck des Gemeinwohls zu garantieren sind, gilt neben der Bahn auch für die Mobilität auf der Straße, in der Luft und auf dem Wasser – und dies in wiederum drei regulierungsrechtlich relevanten Dimensionen. Erstens, der föderalen Dimension: Der ausdrückliche verfassungsrechtliche Ausweis der ökologischen Verkehrsverhältnisse und Verkehrsbedürfnisse ist allgemein formuliert. Er richtet sich nicht nur an den Bund. Auch die Länder einschließlich der Kommunen werden auf die Gewährleistung ökologischer Mobilität verpflichtet. Zweitens, die intersektorielle Dimension: Die staatliche Regulierung ökologischer Verkehrsverhältnisse und Verkehrsbedürfnisse verfolgt mit Blick auf die einzelnen Verkehrssektoren einen integrativen Ansatz. Der verfassungsrechtliche Regulierungsauftrag zielt darauf, die Mobilität auf Straße, Schiene und Wasser sowie in der Luft ökologisch aufeinander abzustimmen. Drittens, die intrasektorielle Dimension: Die Gewährleistung ökologischer Verkehrsverhältnisse und Verkehrsbedürfnisse gilt auch für Abwägungen, die innerhalb der einzelnen Verkehrssektoren vorzunehmen sind, also beispielsweise auf der Straße zwischen Fahrrad, PKW und ÖPNV sowie zwischen elektronischer und fossiler Mobilität. Damit wird deutlich, welche zentrale verfassungsrechtliche Bedeutung der Neuregelung der ökologischen Verkehrsbedürfnisse und Verkehrsverhältnisse als Belang des Gemeinwohls in Art. 87e Abs. 4 Satz 1 GG-E für die Gestaltung der ökologischen Mobilitätswende in der Bundesrepublik insgesamt zukommt.

b) Die ökologischen Post- und Telekommunikationsdienstleistungen

Die ökologische Dimension von Post- und Telekommunikationsdienstleistungen wird in Art. 87f Abs. 1 GG ausdrücklich als ein Belang des Allgemeinwohls anerkannt:

Art. 87f GG-E

(1) Nach Maßgabe eines Bundesgesetzes, das der Zustimmung des Bundesrates bedarf, gewährleistet der Bund im Bereich des Postwesens und der Telekommunikation flächendeckend angemessene und ausreichende Dienstleistungen, *die zugleich dem ökologischen Wohl der Allgemeinheit verpflichtet sind.*

[...]

Bei der Regelung des Art. 87f GG handelt es sich ebenfalls um Privatisierungsfolgenrecht. Die Vorschrift wurde im Zuge der Privatisierung von Postdienstleistungen in einem europarechtlich liberalisierten Post- und Telekommunikationsmarkt im Jahr 1994 in das Grundgesetz eingeführt.[482] Vor diesem Hintergrund soll Art. 87f Abs. 1 GG die flächendeckende und angemessene Grundversorgung mit Post- und Telekommunikationsdienstleistungen sicherstellen. Der Begriff der „Dienstleistungen" umfasst in diesem Zusammenhang die gesamte Netz- und Transportinfrastruktur,[483] deren Aufbau und Ausbau eine ganz wesentliche ökologische Dimension zukommt. Aus diesem Grund stellt

Art. 87f Abs. 1 GG-E nun klar: Die Netz- und Transportinfrastruktur ist dem ökologischen Wohl der Allgemeinheit verpflichtet. Mit dieser Ökologiepflichtigkeit von Post- und Telekommunikationsdienstleistungen wird verfassungsrechtlich zugleich festgestellt, dass das ökologische Allgemeinwohl sowohl für die Grundversorgung als auch für alle über diese hinausgehenden kommunikativen Angebote und Dienste gilt. Es ist wiederum die Aufgabe des demokratisch legitimierten Gesetzgebers, die Ökologiepflichtigkeit aller Post- und Telekommunikationsdienstleistungen regulierungsrechtlich zu garantieren.

c) Die ökologischen Bundeswasserstraßen

Die ökologische Dimension von Wasserstraßen wird ausdrücklich in Art. 89 Abs. 3 GG geregelt:[484]

> **Art. 89 GG-E**
> (1) Der Bund ist Eigentümer der bisherigen Reichswasserstraßen.
>
> (2) Der Bund verwaltet die Bundeswasserstraßen durch eigene Behörden. [...] Er kann die Verwaltung von Bundeswasserstraßen, soweit sie im Gebiete eines Landes liegen, diesem Lande auf Antrag als Auftragsverwaltung übertragen. Berührt eine Wasserstraße das Gebiet mehrerer Länder, so kann der Bund das Land beauftragen, für das die beteiligten Länder es beantragen.
>
> (3) Bei der Verwaltung, dem Ausbau und dem Neubau von Wasserstraßen *ist das ökologische Allgemeinwohl zu gewährleisten.* Die Bedürfnisse der Landeskultur und der Wasserwirtschaft sind im Einvernehmen mit den Ländern zu wahren.

Die Regelung des Art. 89 Abs. 3 Satz 1 GG-E weist das ökologische Allgemeinwohl als Grundsatz des Wasserstraßenrechts aus. Das Wasserstraßenrecht gehört – neben dem Wasserhaushaltsrecht – zu den ökologisch hochsensiblen Regelungsbereichen der deutschen Rechtsordnung (vgl. § 8 Abs. 1 Sätze 3-5 WaStrG). Es ist die Aufgabe des Gesetzgebers, dem ökologischen Allgemeinwohl in der Ausgestaltung des Wasserstraßenrechts effektiv Rechnung zu tragen. Nach einer Ergänzung des Art. 89 Abs. 3 GG-E um das ökologische Allgemeinwohl liegt eine entsprechende Ergänzung der Grundsatzregelung des § 4 WaStrG nahe. Diese Vorschrift greift den verfassungsrechtlichen Gehalt des Art. 89 Abs. 3 GG-E auf, um ihn als eine programmatische Regelung im Bundeswasserstraßengesetz umzusetzen. Auf diese Weise würde das ökologische Allgemeinwohl in einer Neufassung des § 4 WaStrG integriert und könnte von hier aus normativ auf das gesamte Wasserstraßenrecht ausstrahlen, beispielsweise auch was die Regelungen und Beschränkungen des Gemeingebrauchs an Wasserstraßen angeht (§ 5, § 6 i. V. m. § 46 Satz 1 Nr. 3 WaStrG).

d) Die ökologischen Bundesfernstraßen

Die ökologische Dimension der Bundesfernstraßen wird ausdrücklich in Art. 90 GG aufgenommen:

> **Art. 90 GG-E**
>
> (1) Der Bund bleibt Eigentümer der Bundesautobahnen und sonstigen Bundesstraßen des Fernverkehrs. Das Eigentum ist unveräußerlich.
>
> *(1a) Bei der Verwaltung, dem Ausbau und dem Neubau von Bundesautobahnen und sonstigen Bundesstraßen des Fernverkehrs ist das ökologische Wohl der Allgemeinheit zu gewährleisten.*
>
> [...]

Die Regelung des Art. 90 Abs. 1a GG-E stellt klar, dass bei der Verwaltung, dem Ausbau und dem Neubau von Bundesautobahnen und sonstigen Bundesstraßen des Fernverkehrs das ökologische Allgemeinwohl zu gewährleisten ist. Diese Klarstellung ist verfassungsrechtlich angezeigt: Die Ökologiepflichtigkeit der Bundesfernstraßen ergibt sich für den Bund nicht aus dessen Eigentümerstellung (Art. 90 Abs. 1 GG). Dieses Eigentum des Bundes an den Bundesfernstraßen ist privat- bzw. bürgerlich-rechtliches Eigentum, das durch öffentlich-rechtliches Straßenrecht überformt wird.[485] Demgegenüber gilt die verfassungsrechtliche Eigentumsgarantie (Art. 14 Abs. 1 GG) nicht für den Bund.[486] Die grundrechtliche Eigentumsgarantie schützt „nicht das Privateigentum, sondern das Eigentum Privater."[487] Dies bedeutet, dass der Bund sich mit Blick auf sein Eigentum an den Bundesfernstraßen nicht auf die grundrechtliche Eigentumsfreiheit des Art. 14 Abs. 1 GG berufen kann. Vice versa unterliegt der Bund dann aber auch nicht unmittelbar der Ökologiepflichtigkeit des Eigentums (Art. 14 Abs. 2 GG-E).[488] Will man also eine unmittelbare verfassungsrechtliche Verpflichtung des Eigentums des Bundes an den Bundesfernstraßen begründen, bietet es sich an, diese als Konkretisierung der ökologischen Staatszielbestimmung (Art. 20a GG-E) unmittelbar im Grundgesetz zu regeln. Dies erfolgt durch Art. 90 Abs. 1a GG-E: Bei der Verwaltung, dem Ausbau und dem Neubau von Bundesautobahnen und sonstigen Bundesstraßen des Fernverkehrs muss das ökologische Allgemeinwohl gewährleistet werden.

2. Die ökologische Geldpolitik

In Art. 88 Satz 2 GG wird klargestellt, dass die Aufgaben und Befugnisse der Bundesbank, die auf die Europäische Zentralbank übertragen werden können, auch in Verantwortung für das ökologische Allgemeinwohl wahrzunehmen sind:

> **Art. 88 GG-E**
> Der Bund errichtet eine Währungs- und Notenbank als Bundesbank. Ihre Aufgaben und Befugnisse können im Rahmen der Europäischen Union der Europäischen Zentralbank übertragen werden, die unabhängig ist und *auch in Verantwortung für das ökologische Wohl der Allgemeinheit* dem vorrangigen Ziel der Sicherung der Preisstabilität verpflichtet.

Die Aufgaben und Befugnisse der Bundesbank können nach Art. 88 Satz 2 GG auf die Europäische Zentralbank übertragen werden, soweit diese unabhängig und dem vorrangigen Ziel der Sicherung der Preisstabilität verpflichtet ist. In diesem Rahmen ist es der Europäischen Zentralbank bereits heute möglich, eine ökologische Geldtpolitik zu betreiben.[489] Gegenwärtig wird unter grüner Geldpolitik der Europäischen Zentralbank deren Ausrichtung auf Maßnahmen verstanden, die Klimarisiken und Klimaschäden reduziert. Dies kann durch Zinserleichterungen für Kreditinstitute geschehen, die selbst wiederum klimafreundliche Projekte finanzieren, oder durch den bevorzugten Ankauf von „grünen Anleihen". Grüne Geldpolitik lässt sich so gestalten, dass sie sich im Rahmen der europäischen Verfassungsordnung hält: Das vorrangige Ziel des Europäischen Systems der Zentralbanken und der Europäischen Zentralbank als dessen Leitungsorgan ist es, die Preisstabilität zu gewährleisten (Art. 127 Abs. 1 Satz 1, Art. 282 Abs. 1 Satz 1, Abs. 2 und Abs. 3 Satz 1 AEUV). Soweit die Preisstabilität nicht beeinträchtigt wird, unterstützt das Europäische System der Zentralbanken und damit wiederum auch die Europäische Zentralbank die europäische Wirtschaftspolitik, um die Ziele der Europäischen Union (Art. 3 EUV) zu verwirklichen (Art. 127 Abs. 1 Satz 2 AEUV). Zu diesen Zielen zählt auch eine nachhaltige

Entwicklung Europas, die sich durch ein hohes Maß an Umweltschutz und Verbesserung der Umweltqualität auszeichnet (Art. 3 Abs. 3 UAbs. 1 Satz 1 EUV).[490] Durch die Ergänzung des Art. 88 Satz 2 GG-E um die Verantwortung für das ökologische Allgemeinwohl wird die grüne Geldpolitik des europäischen Zentralbanksystems und der Europäischen Zentralbank auch verfassungsrechtlich abgesichert. Zugleich geht von der Änderung des Art. 88 Satz 2 GG-E das verfassungspolitische Signal aus, dass sich die grüne Geldpolitik nicht auf den „Klimawandel" beschränkt (Art. 3 Abs. 3 UAbs. 1 Satz 1 EUV, Art. 11 AEUV). Sie muss vielmehr insgesamt auf das ökologische Allgemeinwohl ausgerichtet sein.

3. Die ökologische Zusammenarbeit von Bund und Ländern

Die bundesstaatliche Ordnung des Grundgesetzes unterscheidet zwischen der Verwaltung des Bundes und der Länder (Art. 30, Art. 83 ff. GG).[491] Aus dieser klaren Trennung der Bundes- und Landesverwaltungen leitet das Bundesverfassungsgericht in Verbindung mit demokratieprinzipiellen Erwägungen das „grundsätzliche Verbot der Mischverwaltung“[492] ab. Doch statt dieser schlagwortartigen Bewertung des Verhältnisses der föderalen Verwaltungen ist eine verfassungsrechtlich differenzierende Betrachtung angezeigt: Die Verwaltungen von Bund und Ländern können durchaus miteinander kooperieren, soweit dadurch nicht die bundesstaatliche Kompetenzordnung des Grundgesetzes unterlaufen wird.[493] So eröffnet das Grundgesetz selbst die Möglichkeit der föderalen Zusammenarbeit, die ebenfalls ökologische Dimensionen aufweist: im Rahmen neuer ökologischer Gemeinschaftsaufgaben, mit Blick auf die Ökologie von Verwaltungsinformationssystemen und in Form des Vergleichs der ökologischen Leistungskraft der Bundes-, Landes- und Kommunalverwaltungen.

a) Die ökologischen Gemeinschaftsaufgaben

Das ökologische Profil der föderalen Gemeinschaftsaufgaben wird durch eine Ergänzung des Art. 91a GG geschärft:[494]

Art. 91a GG-E

(1) Der Bund wirkt auf folgenden Gebieten bei der Erfüllung von Aufgaben der Länder mit, wenn diese Aufgaben für die Gesamtheit bedeutsam sind und die Mitwirkung des Bundes zur Verbesserung *sozialer, wirtschaftlicher und ökologischer* Lebensverhältnisse erforderlich ist (Gemeinschaftsaufgaben):

1. Verbesserung der regionalen Wirtschaftsstruktur,

2. Verbesserung der Agrarstruktur und des Küstenschutzes,

3. *Verbesserung der regionalen Daseinsvorsorge,*

4. Verbesserung der regionalen Ökostruktur.

(2) Durch Bundesgesetz mit Zustimmung des Bundesrates werden die Gemeinschaftsaufgaben sowie Einzelheiten der Koordinierung näher bestimmt.

(3) Der Bund trägt in den Fällen des Absatzes 1 Nr. 1, *Nr. 3 und Nr. 4* die Hälfte der Ausgaben in jedem Land. In den Fällen des Absatzes 1 Nr. 2 trägt der Bund mindestens die Hälfte; die Beteiligung ist für alle Länder einheitlich festzusetzen. Das Nähere regelt das Gesetz. Die Bereitstellung der Mittel bleibt der Feststellung in den Haushaltsplänen des Bundes und der Länder vorbehalten.

Die Regelung des Art. 91a GG ermöglicht die Kooperation der Verwaltungen von Bund und Ländern in Form von Gemeinschaftsaufgaben, die eine föderale „Handlungs-, Gestaltungs- und Verantwortungseinheit"[495] begründen. Auf der verfassungsrechtlichen Ebene spielt die Ökologie mit Blick auf die Gemeinschaftsaufgaben bisher keine nennenswerte Rolle. Erst im Rahmen der einfachgesetzlichen Ausgestaltung der Gemeinschaftsaufgaben kommen ökologische Belange ins Spiel: So muss die Verbesserung der regionalen Wirtschaftsstruktur (Art. 91a Abs. 1 Nr. 1 GG) mit den Zielen und Erfordernissen der Raum- und Landesplanung übereinstimmen (§ 2 Abs. 1 Satz 1 GRWG), die einer ökologisch nachhaltigen Raumentwicklung verpflichtet sind (§ 1 Abs. 2, § 2, § 3 Abs. 1 Nr. 1-4 ROG). Die Gemeinschaftsaufgabe der Verbesserung der Agrarstruktur (Art. 91a Abs. 1 Nr. 2 Alt. 1 GG) umfasst nach herrschender Meinung (bisher) keine Einbeziehung von Umweltschutzmaßnahmen.[496] Doch auch in ihrem Fall wird auf der Ebene der einfachgesetzlichen Regelung die ökologische Dimension der Agrarstruktur bei der Förderung berücksichtigt: Erstens soll diese Gemeinschaftsaufgabe dazu dienen, die nachhaltige Leistungsfähigkeit ländlicher Gebiete zu gewährleisten, deren integraler Bestandteil eine umwelt- und ressourcenschonende Land- und Forstwirtschaft ist (§ 2 Abs. 1 Satz 1 Nr. 2 GAKG). Zweitens sind bei der Förderung der Verbesserung der Agrarstruktur ebenfalls die Ziele und Erfordernisse der Raumordnung, Landesplanung, des Umwelt- und Naturschutzes, der Landschaftspflege sowie des Tierschutzes zu beachten (§ 2 Abs. 2 Satz 2 GAKA).[497] Allein der Gemeinschaftsaufgabe der Verbesserung des Küstenschutzes kommt derzeit unmittelbar auf verfassungsrechtlicher Ebene eine ökologische Dimension zu. Diese Gemeinschaftsaufgabe umfasst Maßnahmen zur Erhöhung der Sicherheit an den Küsten der Nord- und Ostsee sowie an den fließenden oberirdischen Gewässern im Tidegebiet gegen Sturmfluten (§ 1 Abs. 1 Nr. 8 GAKG). Angesichts der Klimakatastrophe, die den Meeresspiegel ansteigen lässt und zu Extremwetterereignissen führt, wird die ökologische Dimension dieser Gemeinschaftsaufgabe unmittelbar deutlich, die sich einfachgesetzlich ebenfalls noch einmal unterstrichen sieht (§ 2 Abs. 2 Satz 2 GAKA).

Der *Zweck* der Neuregelung des Art. 91a GG-E besteht darin, das ökologische Profil der Gemeinschaftsaufgaben unmittelbar auf der verfassungsrechtlichen Ebene zu entfalten. Dies erfolgt zunächst dadurch, dass die Ökologie in die verfassungsrechtliche Legaldefinition der Gemeinschaftsaufgaben integriert wird: Gemeinschaftsaufgaben sind Aufgaben der Länder, an denen der Bund mitwirkt, weil diese erstens für die Gesamtheit bedeutsam und zweitens die Mitwirkung des Bundes zur Verbesserung der sozialen, wirtschaftlichen und ökologischen Lebensverhältnisse erforderlich ist (Art. 91a Abs. 1 GG-E).[498] Eine Aufgabe wird dann für die Gemeinschaft als bedeutsam angesehen, wenn sie „zumindest die Bevölkerung mehrerer Bundesländer"[499] betrifft und ihre „Lösung vordinglich ist."[500] Darüber hinaus muss gerade „die zusammengefaßte Kraft von Bund und Ländern erforderlich sein, um die Aufgaben mit den zur Verfügung stehenden Mitteln zur Verbesserung der Lebensverhältnisse in wirkungsvoller Weise zu erfüllen."[501] Zusammengefasst geht es also um Aufgaben, bei denen „das Gemeinwohl die gemeinsame Erfüllung [durch Bund und Länder] erfordert."[502] Um diese Anforderungen nun noch näher zu konkretisieren, wird der „Verfassungsauftrag"[503] der Gemeinschaftsaufgaben auf die sozialen, wirtschaftlichen und ökologischen Lebensverhältnisse bezogen. Dies führt in der systematischen Auslegung der sodann aufgezählten Gemeinschaftsaufgaben dazu, dass deren Förderung nicht nur – wie bisher – auf soziale und wirtschaftliche, sondern auch auf die ökologischen Lebensverhältnisse ausgerichtet sein muss. Auf diese Weise erhalten die verfassungsrechtlich anerkannten Gemeinschaftsaufgaben der Verbesserung der regionalen Wirtschaftsstruktur (Art. 91a Abs. 1 Nr. 1 GG) sowie der Verbesserung der Agrarstruktur und des Küstenschutzes (Art. 91a Abs. 1 Nr. 2 GG) bereits auf der verfassungsrechtlichen Ebene ein unmittelbar ökologisches Profil, das sodann vom Gesetzgeber durch eine Novellierung der allgemeinen Fördergrundsätze in § 2 GRWG und § 2 GAKG sehr viel pointierter als bisher auszugestalten ist.

Neben dieser ökologischen Profilierung des Begriffs der „Gemeinschaftsaufgaben" werden zwei neue Gemeinschaftsaufgaben in Art. 91a GG-E eingeführt, die beide auf das ökologische Gemeinwohl ausgerichtet sind: die Verbesserung der regionalen Daseinsvorsorge und die Verbesserung der regionalen Ökostruktur.

Die *Gemeinschaftsaufgabe der Verbesserung der regionalen Daseinsvorsorge* (Art. 91a Abs. 1 Nr. 3 GG-E) zielt auf die regionale Gewährleistung öffentlicher Güter und Infrastrukturen. Die Anerkennung der regionalen Daseinsvorsorge als Gemeinschaftsaufgabe reagiert zum einen auf den demografischen Wandel, der sowohl in Wachstums- als auch in Schrumpfungsregionen zu einem Wegbrechen von öffentlichen Gütern und Infrastrukturen geführt hat.[504] Zum anderen umfasst der Begriff der „regionalen Daseinsvorsorge" angesichts der anthropozänen Herausforderungen heute auch die ökologische Daseinsvorsorge („umweltbezogene Daseinsvorsorge" [§ 2 Abs. 1 Nr. 2 UIG]).[505] Wir haben bereits gesehen, dass die soziale, wirtschaftliche und ökologische Daseinsvorsorge Ausdruck der kommunalen Selbstverwaltung (Art. 28 Abs. 2 Satz 1 GG-E) ist.[506] Doch da es sich um soziale, wirtschaftliche und ökologische Infrastrukturen handelt, funktionieren sie nur dann vor Ort, wenn sie regional und gegebenenfalls auch landes- und bundesweit vernetzt sind – und umgekehrt gilt:[507] Nur wenn die soziale, wirtschaftliche und ökologische Daseinsvorsorge vor Ort belebt ist, funktioniert sie auch in der regionalen und föderalen Fläche. Deshalb ist die Gewährleistung der regionalen Daseinsvorsorge i. S. d. Art. 91a Abs. 1 GG-E für die Gesamtheit bedeutsam: Sie gewährleistet den sozialen, wirtschaftlichen und ökologischen Zusammenhalt der Gemeinden und Regionen und damit zugleich auch der Länder und des Bundes. Hier liegt der Grund, warum angesichts des demografischen Wandels und der anthropozänen Herausforderungen die Förderung der regionalen Daseinsvorsorge durch den Bund für die Verbesserung der sozialen, wirtschaftlichen und ökologischen Lebensverhältnisse zur Gewährleistung des Allgemeinwohls vordinglich und deshalb auch i. S. d. Art. 91a Abs. 1 GG-E erforderlich ist.

Die *Gemeinschaftsaufgabe der Verbesserung der regionalen Ökostruktur* (Art. 91a Abs. 1 Nr. 4 GG-E) zielt auf den systemischen Schutz von Natur und Tieren, von Arten, Boden, Klima, Luft und Wasser. Die Einführung einer Gemeinschaftsaufgabe Biodiversität, Klimaanpassung und Naturschutz wurde 2021 von der Umweltministerkonferenz vorgeschlagen und diskutiert.[508] Eine solche Gemeinschaftsaufgabe kann verfassungsrechtlich unmittelbar an die Staatszielbestimmung des Art. 20a GG-E anknüpfen, nach der Natur und Tiere zu achten und zu schützen, die Artenvielfalt zu erhalten und Meere und Klima zu bewahren sind, und der Staat umweltgerechte Lebensverhältnisse für die gegenwärtigen und künftigen Generationen gewährleistet.[509] Übersetzt man dies in die Begrifflichkeit und die Systematik des Art. 91a GG-E, so geht es um die Verbesserung der regionalen Ökostruktur. Auf den ersten Blick mag der Begriff der

„Ökostruktur" ungewohnt erscheinen.[510] Doch er greift nur die Terminologie des Art. 91a Abs. 1 Nr. 1 und 2 GG auf, der sich auf die Verbesserung der Wirtschafts- und der Agrarstruktur bezieht. Dementsprechend ist mit der Verbesserung der regionalen Ökostruktur eine strukturelle Verbindung von Ökosystemen gemeint. Analog zur Verbesserung der regionalen Wirtschaftsstruktur in Art. 91a Abs. 1 Nr. 1 GG verfolgt die Verbesserung der regionalen Ökostruktur einen integrierten und keinen sektoralen Förderansatz.[511] Nicht einzelne Umweltmedien oder Ökosysteme werden gefördert. Vielmehr zielt die Gemeinschaftsaufgabe auf einen ökologischen Mehrwert, der in der integralen Verbindung des Schutzes von Natur, Tieren und Umweltmedien besteht. Die Gemeinschaftsaufgabe des Art. 91a Abs. 1 Nr. 4 GG-E zielt also – beispielhaft – nicht schlicht auf den Schutz einer Moorlandschaft. Vielmehr kommt es bei der Förderung auf dessen ökostrukturellen Mehrwert für Artenvielfalt, Klima und Wasserhaushalt an. Auch dies stellt eine Gemeinschaftsaufgabe dar, weil die Förderung der regionalen Ökostruktur aufgrund der ökologischen Vernetzung über ein Bundesland hinausgeht und die Mitwirkung des Bundes zur Verbesserung sozialer, wirtschaftlicher und ökologischer Lebensverhältnisse erforderlich ist (Art. 91a Abs. 1 GG-E).

Die Finanzierung der beiden neuen Gemeinschaftsaufgaben der Verbesserung der regionalen (einschließlich ökologischen) Daseinsvorsorge (Art. 91a Abs. 1 Nr. 3 GG-E) und der Verbesserung der regionalen Ökostruktur (Art. 91a Abs. 1 Nr. 4 GG-E) erfolgt je zur Hälfte durch den Bund (Art. 91a Abs. 3 Satz 1 GG-E).[512] Es ist die Aufgabe des Gesetzgebers, die beiden neuen Gemeinschaftsaufgaben einschließlich ihrer Finanzierung zu konkretisieren (Art. 91a Abs. 2 und 3 Satz 2 GG). Dies kann analog zur gesetzlichen Ausgestaltung der bereits bestehenden Gemeinschaftsaufgaben der Verbesserung der regionalen Wirtschaftsstruktur (Art. 91a Abs. 1 Nr. 1 GG)[513] und der Verbesserung der Agrarstruktur und des Küstenschutzes (Art. 91a Abs. 1 Nr. 2 GG)[514] geschehen. Dementsprechend liegt es nahe, dass der Gesetzgeber ein „Gesetz über die Gemeinschaftsaufgabe ‚Verbesserung der regionalen Daseinsvorsorge'" (GRD-Gesetz – GRDG) und ein „Gesetz über die Gemeinschaftsaufgabe ‚Verbesserung der regionalen Ökostruktur'" (GRÖ-Gesetz – GRÖG) erlässt.[515] Diese beiden Gesetze konkretisieren die jeweilige Gemeinschaftsaufgabe (§ 1), konzipieren die allgemeinen und insbesondere ökologischen Fördergrundsätze (§ 2), spezifizieren die möglichen Fördermaßnahmen (§ 3), regeln unter Beachtung des europäischen Beihilferechts (Art. 107 ff. AEUV) den gemeinsamen Koordinierungsrahmen (§ 4), sehen die Bildung eines Koordinierungsausschusses vor (§ 5), spezifizieren die Durchführung von Maßnahmen des gemeinsamen Koordinierungsrahmens (§ 6), legen die Finanzierungsgrundsätze fest (§ 7) und klären schließlich auch die Modalitäten von Rückzahlung und Verzinsung (§ 8).

b) Die ökologische Dimension der Verwaltungsinformationssysteme

Damit die föderalen Verwaltungsinformationssysteme ökologischen Anforderungen entsprechen, wird die Regelung des Art. 91c Abs. 1 GG novelliert:

Art. 91c GG-E

(1) Bund und Länder können bei der Planung, der Errichtung und dem Betrieb der für ihre Aufgabenerfüllung benötigten informationstechnischen Systeme zusammenwirken, *wobei das ökologische Wohl der Allgemeinheit zu gewährleisten ist.*

[...]

Die Regelung des Art. 91c Abs. 1 GG-E stellt klar, dass die informationstechnischen Systeme des Bundes und der Länder hinsichtlich Hardware und Energieverbrauch dem ökologischen Wohl der Allgemeinheit verpflichtet sind.

c) Der ökologische Bürokratievergleich

Für die Anwendung und Umsetzung des Rechts der Ökologie wird eine verfassungsrechtliche Verpflichtung zum Vergleich der Leistungsfähigkeit der Bundes- und Landesverwaltungen eingeführt (Art. 91d Abs. 2 GG):

Art. 91d GG-E

(1) Bund und Länder können zur Feststellung und Förderung der Leistungsfähigkeit ihrer Verwaltungen Vergleichsstudien durchführen und die Ergebnisse veröffentlichen.

(2) Bund und Länder führen zur Feststellung und Förderung der Leistungsfähigkeit ihrer Verwaltungen mit Blick auf Anwendung und Umsetzung des Rechts der Ökologie Vergleichsstudien durch und veröffentlichen deren Ergebnisse. Das Nähere regelt ein Bundesgesetz, das der Zustimmung des Bundesrates bedarf.

Vergleiche der Leistungsfähigkeit von Bundes- und Landesverwaltungen sind grundsätzlich freiwillig (Art. 91d Abs. 1 GG). Der im Rahmen der

Föderalismusreform II unterbereitete Vorschlag, verpflichtende Leistungsvergleiche der Verwaltungen von Bund und Ländern einzuführen, stieß auf föderalen Widerstand.[516] Für die Anwendung und Umsetzung des Rechts der Ökologie wird ein verpflichtender Leistungsvergleich von Bundes- und Landesverwaltungen geregelt (Art. 91d Abs. 2 GG-E). Diese Vergleiche beziehen sich qualitativ auf Sachergebnisse und quantitativ auf Fallzahlen.[517] Sie stellen den dafür erforderlichen Aufwand (Personal, Sach- und Haushaltsmittel) in Rechnung und berücksichtigen geografische Besonderheiten, etwa die Ökostruktur der örtlichen Zuständigkeit von Verwaltungen. Dadurch werden effektive und innovative Problemlösungen in der Anwendung des Rechts der Ökologie ebenso transparent wie Regelungs- und Vollzugsdefizite.[518] Dies eröffnet den Verwaltungen die Möglichkeit, mit Blick auf eine effiziente ökologische Rechtspraxis voneinander zu lernen („best practice"). Darüber hinaus kann der Gesetzgeber die Ergebnisse von Leistungsvergleichen nutzen, um das Recht der Ökologie zu reformieren und die Verwaltungspraxis effektiver zu gestalten.

4. Die ökologische Verbrauchssteuer

Die ökologische Verbrauchssteuer wird durch eine Ergänzung des Art. 106 GG auf eine sichere Rechtsgrundlage gestellt:[519]

Art. 106 GG-E
(1) Der Ertrag der Finanzmonopole und das Aufkommen der folgenden Steuern stehen dem Bund zu:

1. [...]

2. die Verbrauchssteuern, soweit sie nicht nach Absatz 2 den Ländern, nach Absatz 3 Bund und Ländern gemeinsam oder nach Absatz 6 den Gemeinden zustehen,

[...]

Verbrauchssteuern sind alle Steuern, die am Verbrauch bestimmter Stoffe ansetzen, unabhängig davon,

1. wer den Stoff verbraucht und

2. ob der Stoff, der verbraucht wird, ein Gemeingut darstellt, das nicht gehandelt wird.

[...]

Dieser Vorschlag, für ökologische Verbrauchssteuern eine sichere Rechtsgrundlage zu schaffen, wurde von der Bundestagsfraktion Bündnis 90/Die Grünen im Jahr 2018 unterbreitet. Verbrauchssteuern sind nach tradiertem Verständnis typischerweise indirekte Steuern, die auf den Verbrauch von konsumierbaren Gütern erhoben werden.[520] In der Regel werden sie nicht vom Steuerschuldner selbst erbracht, sondern auf die Verbraucherinnen und Verbraucher abgewälzt. Dabei ist es dem Gesetzgeber möglich, mit der Einführung oder der Gestaltung einer Verbrauchssteuer einen ökologisch motivierten Lenkungszweck zu verfolgen.[521] Unsicherheiten bestehen jedoch, inwiefern der Gesetzgeber bei der Einführung oder Ausgestaltung einer Verbrauchssteuer schlicht an

Produktionsmittel anknüpfen kann, ohne dabei über den verfassungsrechtlichen Typenbegriff der „Verbrauchssteuer" hinauszugehen.[522] So hat das Bundesverfassungsgericht in seinem Urteil zur Ökosteuer vom 20. April 2004 ausgeführt: „Der Begriff der Verbrauchssteuer im Sinne des traditionellen deutschen Steuerrechts umfasst nicht nur Steuern auf Güter des ‚letzten' Verbrauchs, das heißt die Belastung des Verbrauchs im privaten Haushalt, sondern betrifft auch den produktiven Bereich. Es gibt keinen Rechtssatz, der das Anknüpfen einer Verbrauchssteuer an ein Produktionsmittel verbietet."[523] Demgegenüber hält das Bundesverfassungsgericht in seinem Beschluss vom 13. April 2017 fest, dass die Kernbrennstoffsteuer ein „reines Produktionsmittel"[524] betreffe und eine entsprechende Anknüpfung bei einer Betrachtung der herkömmlichen Verbrauchssteuern regelmäßig verfassungsrechtlich nicht typusgerecht sei.[525] Durch die Regelung des Art. 106 Abs. 1 Satz 2 GG-E „wird der Begriff der Verbrauchssteuer definiert, um das nötige Instrumentarium für die Bekämpfung der Klimakrise im fiskalischen Bereich sicherzustellen. Der Verbrauch des Gemeinguts Luft kann besteuert werden."[526]

5. Die ökologische Haushaltswirtschaft

Die Haushaltswirtschaft in Bund und Ländern muss dem Erfordernis des ökologischen Allgemeinwohls Rechnung tragen:[527]

Art. 109 GG-E

(1) Bund und Länder sind in ihrer Haushaltswirtschaft selbständig und voneinander unabhängig.

(2) Bund und Länder erfüllen gemeinsam die Verpflichtungen der Bundesrepublik Deutschland aus Rechtsakten der Europäischen Gemeinschaft auf Grund des Artikels 104 des Vertrags zur Gründung der Europäischen Gemeinschaft zur Einhaltung der Haushaltsdisziplin und tragen in diesem Rahmen den Erfordernissen des gesamtwirtschaftlichen Gleichgewichts *und des ökologischen Wohls der Allgemeinheit* Rechnung.

[...]

Die Regelung des Art. 109 Abs. 1 GG verpflichtet Bund und Länder, ihre Haushaltswirtschaft selbstständig und unabhängig voneinander zu führen, also haushaltpolitisch autonom über alle staatlichen Einnahmen und Ausgaben zu entscheiden.[528] Allerdings sind Bund und Länder verpflichtet, bei der Ausübung ihrer „Haushaltsautonomie"[529] verfassungsrechtliche Vorgaben zu berücksichtigen.[530] Eine solche Einschränkung der Haushaltsautonomie von Bund und Ländern formuliert Art. 109 Abs. 2 GG: Die Haushaltspolitiken von Bund und Länder erfüllen gemeinsam die europäischen Verpflichtungen der Haushaltsdisziplin und tragen in diesem Rahmen den Erfordernissen des gesamtwirtschaftlichen Gleichgewichts Rechnung. Bei dem gesamtwirtschaftlichen Gleichgewicht handelt es sich um eine Staatszielbestimmung,[531] die sich aus dem Sozialstaatsprinzip (Art. 20 Abs. 1, Art. 28 Abs. 1 Satz 1 GG), dem rechtsstaatlichen Grundsatz der materiellen Gerechtigkeit (Art. 20 Abs. 3 GG) und dem Erfordernis einer wirtschaftlichen Sicherung der Grundlagen des demokratischen Verfassungsstaats ergibt.[532] Der Inhalt des gesamtwirtschaftlichen Gleichgewichts wird von der Haushaltspolitik und dem Bundesverfassungsgericht anhand von vier wirtschaftspolitischen Teilzielen konkretisiert: „Stabilität des Preisniveaus, hoher Beschäftigungsstand, außenwirtschaftliches Gleichgewicht bei stetigem und angemessenem Wirtschaftswachstum“[533]. Diese vierdimensionale begriffliche Annäherung an das gesamtwirtschaftliche Gleichgewicht wird von der Rechtsprechung in doppelter Hinsicht als entwicklungsoffen verstanden: erstens hinsichtlich einer inhaltlichen Entwicklungsoffenheit für neue wirtschaftswissenschaftliche Erkenntnisse;[534] und zweitens hinsichtlich einer haushaltspolitischen Konkretisierung durch ihre abwägende Bestimmung und Konkretisierung. Die „vier wirtschaftspolitischen Teilziele werden“ – so *Gregor Kirchhof* – „als ‚magisches Viereck‘ bezeichnet, weil es Zauberkräfte bedarf, alle Ziele gleichzeitig zu erfüllen, wenn etwa eine restriktive Geldpolitik zwar die Geldwertstabilität unterstützt, aber dem Wachstum zuwiderläuft. Das gesamtwirtschaftliche Gleichgewicht ist stets labil. Nach dem Willen des verfassungsändernden Gesetzgebers sollen Bund und Länder im Sinne einer ‚gefährdungsdeterminierten Hierarchie‘ jeweils das Ziel mit Vorrang anstreben müssen, das am wenigsten verwirklicht ist.“[535] Der Haushaltspolitik fällt also die Aufgabe zu, die „beweglichen“ Teilziele des gesamtwirtschaftlichen Gleichgewichts vor dem Hintergrund der wirtschaftspolitischen Entwicklung kompensatorisch miteinander abzuwägen, um eine sodann zumindest vorübergehend stabile Haushaltswirtschaft zu gewährleisten. Das gesamtwirtschaftliche Gleichgewicht ist – in den Worten von *Franz Reimer* – „das Ergebnis einer stabilen, d. h. auf Nachhaltigkeit und größtmögliche Krisenfestigkeit angelegten Optimierung unterschiedlicher Subziele.“[536] Wenn Art. 109 Abs. 2 GG Bund und Länder verpflichtet, den Erfordernissen eines so bestimmten gesamtwirtschaftlichen Gleichgewichts in ihrer Haushaltswirtschaft „Rechnung zu tragen“, impliziert dies eine umfassende Abwägung, die haushaltspolitische Einschätzungs- und Gestaltungsspielräume eröffnet.[537] In dieser umfassenden haushaltswirtschaftlichen Abwägung können neben dem Staatsziel des gesamtwirtschaftlichen Gleichgewichts auch noch weitere Verfassungsziele des Grundgesetzes Berücksichtigung finden,[538] beispielweise das Staatsziel „Umweltschutz“ (Art. 20a GG).[539]

An dieser bereits heute grundsätzlich möglichen Berücksichtigung des Umweltschutzes in der Haushaltswirtschaft orientiert sich die Neuregelung des Art. 109 Abs. 2 GG-E: Das ökologische Allgemeinwohl sieht sich damit neben dem gesamtwirtschaftlichen Gleichgewicht ausdrücklich als ein gleichberechtigtes Erfordernis der Haushaltswirtschaft anerkannt. Dabei ist der Begriff des „ökologischen Wohls der Allgemeinheit“ weit zu verstehen.[540] Er umfasst das ökologische Verantwortungsprinzip (Satz 1 Präambel, Art. 1 Abs. 2 GG-E), den Schutz des Rechts auf ökologische Integrität, also auf eine intakte Umwelt und die Erhaltung der natürlichen Lebensgrundlagen (Art. 2 Abs. 2 Satz 1 GG-E), das ökologische Staatsprinzip (Art. 20 Abs. 1 GG-E) und die ökologische Staatszielbestimmung (Art. 20a GG-E). Die Konkretisierung des ökologischen Allgemeinwohls erfordert eine integrierte Sichtweise auf die ökologischen Grundrechte und Verfassungsprinzipien in ihrem Ergänzungs-, aber auch in ihrem Spannungsverhältnis zu sozialen und wirtschaftlichen Interessen. Auf dieser Weise geht das neue Erfordernis des ökologischen Allgemeinwohls in Art. 109 Abs. 2 GG-E über die geltende Verfassungslage hinaus: In der Haushaltswirtschaft ist nun nicht schlicht dem Staatsziel „Umweltschutz“ Rechnung zu tragen, sondern neben der ökonomischen eine umfassende ökologische Abwägung vorzunehmen.

IX. Der ökologische Rechtsschutz

Der ökologische Rechtsschutz bedarf auf der verfassungsrechtlichen Ebene keiner spezifischen Regelung. Die vorliegenden Vorschläge für ein ökologisches Grundgesetz folgen einem einfachen Prinzip: Sie setzen auf eine Ökologisierung der bestehenden Verfassungsstruktur – der Grundrechte, der Staatsprinzipien und Staatsziele, des parlamentarischen Regierungs- und föderalen Mehrebenensystems sowie der staatlichen Verwaltungen und Politiken. Dies bedeutet zugleich, dass alle Rechtsschutzmechanismen der bestehenden Verfassungsstruktur für die gerichtliche Entscheidung der sich daraus ergebenden ökologischen Konflikte zur Verfügung stehen. So können menschliche und ökologische Personen ihre Grundrechte (Art. 19 Abs. 3 GG-E)[541] ganz entsprechend dem Gebot des effektiven Rechtsschutzes einklagen (Art. 19 Abs. 4 GG): in öffentlich-rechtlichen Streitigkeiten um ökologische Grundechte vor den Verwaltungsgerichten; in privatrechtlichen Streitigkeiten, in denen ökologische Grundrechte als Ausdruck der Wertordnung des Grundgesetzes zu berücksichtigen sind, vor den Zivilgerichten; und gegebenenfalls in spezifisch grundrechtlichen Streitigkeiten durch eine Verfassungsbeschwerde vor dem Bundesverfassungsgericht (Art. 93 Abs. 1 Nr. 4a GG). Wer aber auf diese Weise seine Rechte effektiv einklagen kann, dessen Rechte und insbesondere Grundrechte sehen sich bereits vom Gesetzgeber in der Rechtsetzung und von den Verwaltungen in der Rechtsanwendung umfassend berücksichtigt. Hier lässt sich die Verbindung zwischen ökologischen Grundrechten und ökologischer Gesetzgebung und Gesetzesanwendung erkennen. Die ökologische Dimension der Gewaltenteilung wird deutlich, die über das Gebot des effektiven Rechtsschutzes verläuft. Darüber hinaus entscheidet das Bundesverfassungsgericht im Rahmen von abstrakten Normenkontrollen (Art. 93 Abs. 1 Nr. 2 GG) und konkreten Normenkontrollen (Art. 100

Abs. 1 GG) über die Wahrung der ökologischen Grundrechte, des ökologischen Staatsprinzips (Art. 20 Abs. 1 GG-E)[542] und der ökologischen Staatszielbestimmung (Art. 20a GG-E).[543] Streitigkeiten, die im Rahmen des ökologischen Regierungssystems entstehen, sind Gegenstand von Organstreitverfahren, die ebenfalls vor dem Bundesverfassungsgericht ausgetragen werden (Art. 93 Abs. 1 Nr. 1 GG). So lässt sich festhalten: Ökologische Grundrechte und ökologisches Staatsorganisationsrecht führen quasi „automatisch" zu einer Ökologisierung des Rechtsschutzsystems des Grundgesetzes.

X. Der ökologische Liberalismus

Das ökologische Grundgesetz räumt der Natur angesichts der anthropozänen Herausforderungen des Artensterbens, der Klimakatastrophe und der Globalvermüllung einen zentralen Stellenwert in unserer Verfassungsordnung ein. Das ist nicht nur Ausdruck eines „ökologische[n] Realismus“[544], sondern auch eines ökologischen Liberalismus.[545] Dieser ökologische Liberalismus entfaltet sich auf zwei verfassungsrechtlichen Ebenen. Auf einer ersten Ebene kommt allen Rechten und Institutionen des liberalen Verfassungsstaats eine ökologische Funktion zu: Ökologische Grundrechte, das ökologische Staatsprinzip und die ökologische Staatszielbestimmung, das ökologische Regierungssystem, ökologische Gesetzgebung und ökologische Politiken prägen ein ökologisches Grundgesetz und damit einen ökologischen Verfassungsstaat, der zugleich ein liberaler Verfassungsstaat ist und bleibt. Auf einer zweiten Ebene setzt der ökologische Liberalismus darauf, dass sich eine ökologische Verfassungsordnung auf ein liberales Freiheitsverständnis gründen lässt, das neben menschlichen, sozialen und wirtschaftlichen Personen auch ökologische Personen einbezieht. In einem ökologischen Grundgesetz können sich auch ökologische Personen auf Grundrechte berufen:[546] Tiere, Pflanzen und Ökosysteme, Landschaften, Klima, Luft und Wasser. Die Einfügung des Wortes „ökologisch“ in Art. 19 Abs. 3 GG-E verändert unsere Verfassungsordnung fundamental. Durch Art. 19 Abs. 3 GG-E werden ökologische Personen als Rechtssubjekte anerkannt. Sie können sich auf die Grundrechte berufen, die ihrem Wesen nach auf sie anwendbar sind. So vergrößert sich die Rechtsgemeinschaft, also die Gesellschaft derjenigen, denen Grundrechte zustehen, um den liberalen Verfassungsprozess unter einem ökologischen Grundgesetz im Anthropozän zu gestalten. Auch im ökologischen Liberalismus des Anthropozän lebt folglich „der wirkliche geistige Reichtum des Individuums ganz von dem Reichtum seiner wirklichen Beziehungen.“[547]

Dieser liberale Verfassungsprozess des ökologischen Grundgesetzes gründet auf dem ökologischen Verantwortungsprinzip (Satz 1 Präambel, Art. 1 Abs. 2 GG-E),[548] das grundrechtlich und staatsorganisatorisch eingelöst wird.

In grundrechtlicher Perspektive können sich menschliche, soziale, wirtschaftliche und ökologische Personen auf Grundrechte berufen (Art. 19 Abs. 3 GG), um ihre Interessen zu verfolgen und die daraus entstehenden Konflikte auf juristischer Augenhöhe fair auszutragen.[549] Das Recht auf ökologische Integrität, also auf eine intakte Umwelt und die Erhaltung der natürlichen Lebensgrundlagen (Art. 2 Abs. 2 Satz 1 GG-E),[550] und das Recht auf ökologische Informationen (Art. 2a GG-E)[551] bilden den Kern der Freiheitsgarantien eines ökologischen Liberalismus. Wiederum als Ausdruck des ökologischen Verantwortungsprinzips setzt das ökologische Allgemeinwohl der Ausübung von Grundrechten Schranken. Dies wird für die ökologische Handlungsfreiheit und Persönlichkeitsentfaltung (Art. 2 Abs. 1 [i. V. m. Art. 1 Abs. 1] GG-E)[552] anerkannt und mit Blick auf die ökologischen Arbeits- und Wirtschaftsbedingungen (Art. 9 Abs. 3 Satz 1 GG-E)[553] und die Ökologiepflichtigkeit des Eigentums (Art. 14 Abs. 2 GG-E)[554] ausdrücklich geregelt. Mit der ökologischen Verpflichtung der Berufs- und Wirtschaftsfreiheit (Art. 12 Abs. 1 GG) sowie der Eigentumsgarantie sieht sich zugleich eine Frage angesprochen, die den Fluchtpunkt der meisten ökonomischen und ökologischen Debatten angesichts des Artensterbens, der Klimakatastrophe und der Globalvermüllung bildet: Wie steht es um das Wirtschaftswachstum im Anthropozän?[555] Wir können diese ökonomische Frage nicht mit einem ökologischen Verwüstungswachstum der Wirtschaft beantworten. Das sehen auch klassische Liberale so. Angesichts der ökonomischen und konsumtiven Vernichtung der Natur hoffte bereits *John Stuart Mill* „von ganzem Herzen im Interesse der Nachwelt, daß man schon viel früher, als die Nothwendigkeit dazu treibt, mit einem stationären Zustande sich zufrieden geben wird."[556] Im Anthropozän hat die Natur selbst diese liberale Diagnose noch weiter zugespitzt: Wenn Wirtschaft und Eigentum auf einem ökologischen Verwüstungswachstum bestehen, werden sie in der Erderhitzung schlicht weggeschmolzen oder im Meeresanstieg schlicht untergehen. Die Natur verhandelt nicht mit uns über die Erderhitzung und den Anstieg der Meere. Deshalb muss man die Alternative, vor der wir stehen, ganz klar formulieren: Entweder die Wirtschaft wächst ökologisch, oder es wird keine Wirtschaft und kein Wachstum, sondern nur noch Verwüstung und Elend geben.

In staatsorganisatorischer Perspektive prägt das ökologische Verantwortungsprinzip ebenfalls den liberalen Verfassungsprozess. Das ökologische Staatsprinzip wird neben den demokratischen, rechtsstaatlichen, republikanischen und sozialen Staatsgrundsätzen verankert (Art. 20 Abs. 1 GG-E).[557] Auf dieser Grundlage lässt sich auch die ökologische Staatszielbestimmung sehr viel konkreter als bisher fassen: Die Achtung und der Schutz der Natur und der Tiere, die Erhaltung der Artenvielfalt sowie die Bewahrung von Meeren und Klima tragen in der Verantwortung für gegenwärtige und künftige Generationen zur Gestaltung von umweltgerechten Lebensverhältnissen bei (Art. 20a GG-E).[558] Das ökologische Verfassungsprinzip strahlt darüber hinaus auf eine ökologisch verantwortungsvolle Integration des politischen Mehrebenensystems aus: von den Gemeinden (Art. 28 Abs. 2 GG-E)[559] und Ländern (Art. 28 Abs. 1 Satz 1 GG-E)[560] über den Bund (Art. 20 Abs. 1 GG-E)[561] bis zur Europäischen Union (Art. 23 Abs. 1 Satz 1 GG-E)[562] und internationalen Gemeinschaft (Art. 24 Abs. 2 GG-E).[563] Auch im parlamentarischen Regierungssystem des Grundgesetzes wird die ökologische Dimension des liberalen Verfassungsprozesses institutionell umgesetzt: Der Bundestag debattiert die ökologische Regierungserklärung der Bundeskanzlerin und führt eine ökologische Haushaltsdebatte (Art. 43 Abs. 3 GG-E).[564] Er bildet einen Ausschuss für Natur (Art. 45e GG-E)[565] und wählt eine Naturbeauftragte (Art. 45f GG-E),[566] wobei sich das verfassungsrechtliche Institut des ökologischen Petitionswesens zu einem Instrument unmittelbarer Demokratie entwickelt (Art. 45f Abs. 3 GG-E).[567] Die Arbeit der Bundesregierung wird durch die ökologischen Richtlinien der Politik der Bundeskanzlerin bestimmt (Art. 65 Abs. 1 Satz 1 i. V. m. Art. 43 Abs. 3 GG-E).[568] Dem Bundesminister für Natur steht ein Widerspruchsrecht gegen Entscheidungen und Vorhaben der Bundesregierung von ökologischer Bedeutung zu (Art. 65 Abs. 2 GG-E).[569] Auch der Bundesrat wirkt in den ökologischen Angelegenheiten des Bundes mit (Art. 50 GG-E)[570] und führt dafür eine Ökologische Kammer ein (Art. 52a GG-E).[571] Als Ausdruck des ökologischen Republikprinzips achtet der Bundespräsident auf das ökologische Allgemeinwohl (Art. 59a Abs. 1 GG-E).[572] In dieser Eigenschaft beruft er den Rat für ökologische Entwicklung (Art. 59a Abs. 2 GG-E),[573] der über ein Gesetzesinitiativrecht verfügt (Art. 76 Abs. 1 GG-E).[574] Der Bund erhält die Kompetenz, um ein Ökologisches Gesetzesbuchs (ÖGB) auszuarbeiten und zu verabschieden (Art. 74 Abs. 1 Nr. 24 GG-E).[575] So werden die drei Säulen des liberalen Verfassungsstaats auch in der Gesetzgebung sichtbar: Neben das Bürgerliche Gesetzbuch (BGB) und das Sozialgesetzbuch (SGB) tritt nun das Ökologische Gesetzbuch (ÖGB). Einige ökologische Politiken sind unmittelbar im Grundgesetz geregelt: die ökologische Infrastrukturen (Bahn und Verkehrsverhältnisse [Art. 87e Abs. 4 Satz 1 GG-E], Post- und Telekommunikationsdienstleistungen [Art. 87f Abs. 1 GG-E], Bundeswasserstraßen [Art. 89 Abs. 3 Satz 1 GG-E], Bundesfernstraßen [Art. 90 Abs. 1a GG-E]),[576] die ökologische Geldpolitik (Art. 88 GG-E),[577] die ökologische Zusammenarbeit im Bundesstaat (Gemeinschaftsaufgaben [Art. 91a GG-E], Verwaltungsinformationssystem [Art. 91c GG-E], Bürokratievergleich [Art. 91d GG-E]),[578] die ökologische Verbrauchssteuer (Art. 106 Abs. 1 Satz 2 GG-E)[579] und die ökologische Haushaltswirtschaft (Art. 109 Abs. 2 GG-E).[580] Der ökologische Rechtsschutz verbindet die ökologischen Grundrechte mit dem ökologischen Staatsprinzip, der ökologischen Staatszielbestimmung und dem ökologischen Staatsorganisationsrecht.

Auf diese Weise kann die ökologische Transformation unserer liberalen Gesellschaft in sozialer und globaler Verantwortung demokratisch und rechtsstaatlich gestaltet werden. „Kein Zweifel," – so stellt *Mathias Greffrath* im Rückblick und Ausblick fest – „die Sache ist groß. Aber macht sie das nicht auch … reizvoll?"[581]

Literaturverzeichnis

Acosta, Alberto: Die Rechte der Natur: Über das Recht auf Existenz, in: Frank Adloff/Tanja Busse (Hrsg.), Welche Rechte braucht die Natur? Wege aus dem Artensterben, Frankfurt/New York 2021, S. 119-132.

Adloff, Frank/Busse, Tanja (Hrsg.): Welche Rechte braucht die Natur? Wege aus dem Artensterben, Frankfurt/New York 2021.

Adorno, Theodor W.: Individuum und Organisation. Einleitungsvortrag zum Darmstädter Gespräch 1953, in: ders., Gesammelte Schriften, 8. Bd., Frankfurt 1997, S. 440-456.

Anschütz, Gerhard: Die Verfassung des Deutschen Reichs vom 11. August 1919, 3./4. Aufl., Berlin 1926.

Appel, Ivo: Eigenwert der Verfassung im Umweltrecht, in: Thomas Vesting/Stefan Korioth (Hrsg.), Der Eigenwert des Verfassungsrechts. Was bleibt von der Verfassung nach der Globalisierung?, Tübingen 2011, S. 289-316.

Appel, Ivo: Staatliche Zukunfts- und Entwicklungsvorsorge. Zum Wandel der Dogmatik des Öffentlichen Rechts am Beispiel des Konzepts der nachhaltigen Entwicklung im Umweltrecht, Tübingen 2005.

Arbeitsgruppe „Neue Verfassung der DDR": Entwurf. Verfassung der Deutschen Demokratischen Republik, Berlin (April) 1990 (http://www.documentarchiv.de/ddr/1990/ddr-verfassungsentwurf_runder-tisch.html#prae) (15.10.2021).

Arendt, Hannah: Es gibt nur ein einziges Menschenrecht, in: Die Wandlung 4 (1949), S. 754-770.

Battis, Ulrich: Exekutivische Rechtsetzung, in: Hans-Joachim Koch (Hrsg.), Auf dem Weg zum Umweltgesetzbuch. Symposium über den Entwurf eines AT-UGB, Baden-Baden 1992, S. 170-180.

Battis, Ulrich/Edenharter, Andrea: Einführung in das Verfassungsrecht. Staatsorganisationsrecht und Grundrechte, 7. Aufl., Berlin/Boston 2022.

Battis, Ulrich/Kersten, Jens/Mitschang, Stephan: Rechtsfragen der ökologischen Stadterneuerung, Frankfurt/Berlin/Bern/Bruxelles/New York/Oxford/Wien 2010.

Beck, Ulrich: Risikogesellschaft. Auf dem Weg in eine andere Moderne, Frankfurt 1986.

Beck, Ulrich: Weltrisikogesellschaft. Auf der Suche nach der verlorenen Sicherheit, Frankfurt 2007.

Becker, Ulrich: Der Klimaschutz, das BVerfG und die Zukunft des Sozialstaats, in: NJW 2022, S. 1222-1227.

Becker, Ulrich/ Kersten, Jens: Phänomenologie des Verfassungswandels. Eine verfassungstheoretische und rechtsdogmatische Perspektiverweiterung anlässlich der demografischen Entwicklung, in: AöR 141 (2016), S. 1-39.

Berkemann, Jörg: „Freiheitschancen über die Generationen" (Art. 20a GG) – Intertemporaler Freiheitschutz im Paradigmenwechsel – Zugleich Besprechung von BVerfG, Beschl. v. 24.3.2021, 1 BvR 2656/18 u.a. (Klimaschutz) –, in: DÖV 2021, S. 701-715.

Berros, María Valeria: Defending Rivers: Vilcabamaba in the South of Equador, in: Anna Leah Tabios Hillebrecht/María Valeria Berros (Hrsg.), Can Nature have Rights? Legal and Political Insights, RCC Perspectives 2017/6, S. 37-44.

Beyerlin, Ulrich/Marauhn, Thilo: International Environmental Law, Oxford 2011.

Biaggini, Giovanni: Grundlagen und Grundzüge staatlichen Verfassungsrechts: Schweiz, in: Armin von Bogdandy/Pedro Cruz Villalón/Peter M. Huber (Hrsg.), Handbuch Ius Publicum Europaeum (IPE I), Heidelberg 2007, § 10, S. 565-623.

Bock, Bettina: Umweltschutz im Spiegel von Verfassungsrecht und Verfassungspolitik, Berlin 1990.

Bohne, Eberhard: Das Umweltrecht – ein „irregulare aliquod corpus et monstro simile", in: Hans-Joachim Koch (Hrsg.), Auf dem Weg zum Umweltgesetzbuch. Symposium über den Entwurf eines AT-UGB, Baden-Baden 1992, S. 181-233.

Bosselmann, Klaus: Der Ökologische Rechtsstaat – Versuch einer Standortbestimmung, in: Hubertus Baumeister (Hrsg.), Wege zum Ökologischen Rechtsstaat. Umweltstaat ohne Öko-Diktatur, Taunusstein 1994, S. 53-69.

Bosselmann, Klaus: Eigene Rechte für die Natur? Ansätze einer ökologischen Rechtsauffassung, in: KJ 1986, S. 1-22.

Bosselmann, Klaus: Im Namen der Natur. Der Weg zum ökologischen Rechtsstaat, Bern/München/Wien 1992.

Bosselmann, Klaus: Nichtanthropozentrische Erweiterung des Umweltrechts?, in: Julian Nida-Rümelin/Dietmar von der Pfordten (Hrsg.), Ökologische Ethik und Rechtstheorie, 2. Aufl., Baden-Baden 2002, S. 201-218.

Bosselmann, Klaus: Ökologische Grundrechte. Zum Verhältnis zwischen individueller Freiheit und Natur, Baden-Baden 1998.

Bosselmann, Klaus: Vom Umweltrecht zum Ökorecht – Skizze eines grundlegenden Wandels, in: UTR 1994, S. 2-21.

Bosselmann, Klaus: Wendezeit im Umweltrecht. Von der Verrechtlichung der Ökologie zur Ökologisierung des Rechts, in: KJ 1985, S. 345-361.

Boysen, Sigrid: Die postkoloniale Konstellation. Natürliche Ressourcen und das Völkerrecht der Moderne, Tübingen 2021.

Brara, Rita: Courting Nature: Advances in Indian Jurisprudence, in: Anna Leah Tabios Hillebrecht/María Valeria Berros (Hrsg.), Can Nature have Rights? Legal and Political Insights, RCC Perspectives 2017/6, S. 31-36.

Brönneke, Tobias: Umweltverfassungsrecht. Der Schutz der natürlichen Lebensgrundlagen im Grundgesetz sowie in den Landesverfassungen Brandenburgs, Niedersachsens und Sachsens, Baden-Baden 1999.

Buser, Andreas: Eine allgemeine Klimaklage vor dem VG Berlin, in: NVwZ 2020, S. 1253-1255.

Buser, Andreas: Ein Grundrecht auf Klimaschutz? Möglichkeiten und Grenzen grundrechtlicher Klimaklagen in Deutschland, in: DVBl 2020, S. 1389-1396.

Buser, Andres/Ott, Hermann E.: Zur Ökologisierung des Rechts: Rechte der Natur als Paradigmenwechsel, in: Frank Adloff/Tanja Busse (Hrsg.), Welche Rechte braucht die Natur? Wege aus dem Artensterben, Frankfurt/New York 2021, S. 159-173.

Calliess, Christian: Abstand halten!, in: FAZ, 12.9.2019, S. 6.

Calliess, Christian: Das „Klimaurteil" des Bundesverfassungsgerichts: „Versubjektivierung" des Art. 20a GG?, in: ZUR 2021, S. 355-358.

Calliess, Christian: Klimapolitik und Grundrechtsschutz – Brauchen wir ein Grundrecht auf Umweltschutz?, in: ZUR 2021, S. 323-332.

Calliess, Christian: Rechtsstaat und Umweltstaat. Zugleich ein Beitrag zur Grundrechtsdogmatik im Rahmen mehrpoliger Verfassung, Tübingen 2001.

Calliess, Christian: Verfassungsänderung durch die Hintertür?, in: FAZ, 20.5.2021, S. 6.

Calliess, Christian/Ruffert, Matthias (Hrsg.): EUV/AEUV. Das Verfassungsrecht der Europäischen Union mit Europäischer Grundrechtecharta. Kommentar, 6. Aufl., München 2022.

Carstens, Peter: Ein Veto für den Klimaschutz, in: FAZ, 4.8.2021, S. 2.

Caspar, Johannes: Europäisches und nationales Umweltverfassungsrecht, in: Hans-Joachim Koch (Hrsg.), Umweltrecht, 3. Aufl., München 2010, § 2, S. 39-73.

Clark, William C./Crutzen, Paul J./Schellnhuber, Hans Joachim: Science for Global Sustainability. Towards a New Paradigm, in: Hans Joachim Schellnhuber/Paul J. Crutzen/William C. Clark/Martin Claussen/Herrmann Held (Hrsg.), Earth System Analysis for Sustainability, Cambridge 2004, S. 1-27.

Crutzen, Paul J.: Geology of mankind: the Anthropocene, in: Nature 415 (3.1.2002), S. 23.

Däubler, Wolfgang: Klimawandel – ein Thema für den Betriebsrat, in: NZA 2020, S. 1155-1160.

Dath, Dietmar: Karl Marx. 100 Seiten, 6. Aufl., Dizingen 2018.

Dath, Dietmar: Niegeschichte. Science Fiction als Kunst- und Denkmaschine, Berlin 2019.

Degens, Philipp/Adloff, Frank: Wem gehört die Natur. Für ein erweitertes Commons-Verständnis, in: Frank Adloff/Tanja Busse (Hrsg.), Welche Rechte braucht die Natur? Wege aus dem Artensterben, Frankfurt/New York 2021, S. 159-173.

Denninger, Erhard: Verfassungsrechtliche Anforderungen an die Normsetzung im Umwelt- und Technikrecht, Baden-Baden 1990.

Deutscher Bundestag/Bundesrat: Die gemeinsame Kommission von Bundestag und Bundesrat zur Modernisierung von Bund-Länder-Finanzbeziehungen. Die Beratungen und ihre Ergebnisse, Berlin 2010.

Di Fabio, Udo: Risikoentscheidungen im Rechtsstaat. Zum Wandel der Dogmatik im öffentlichen Recht, insbesondere am Beispiel der Arzneimittelüberwachung, Tübingen 1994.

Dreier, Horst (Hrsg.): Grundgesetz-Kommentar, 1. Bd., 3. Aufl., Tübingen 2013.

Dreier, Horst (Hrsg.): Grundgesetz-Kommentar, 2. Bd., 3. Aufl., Tübingen 2015.

Dreier, Horst (Hrsg.): Grundgesetz-Kommentar, 3. Bd., 3. Aufl., Tübingen 2018.

Dürig, Günter/Herzog, Roman/Scholz, Rupert (Hrsg): Grundgesetz, 95. Lfg., München 2021.

Durner, Wolfgang: Umweltverfassungsrecht, in: Matthias Herdegen/Johannes Masing/Ralf Poscher/Klaus Ferdinand Gärditz (Hrsg.), Handbuch des Verfassungsrechts. Darstellung in transnationaler Perspektive, München 2021, § 26, S. 1623-1666.

Ehemann, Eva-Maria: Umweltgerechtigkeit. Ein Leitkonzept sozio-ökologisch gerechter Entscheidungsfindung, Tübingen 2020.

Eifert, Martin: Verfassungsauftrag zum freiheitsschonenden Klimaschutz: Der Klimaschutz-Beschluss des BVerfG, in: JA 2021, S. 1085-1098.

Epping, Volker/Hillgruber, Christian (Hrsg.): BeckOK Grundgesetz, 51. Aufl., München 2022.

Fischer, Karsten: „Verwilderte Selbsterhaltung". Zivilisationstheoretische Kulturkritik bei Nietzsche, Freud, Weber und Adorno, Berlin 1999.

Fischer-Lescano, Andreas: Natur als Rechtsperson. Konstellationen der Stellvertretung im Recht, in: ZUR 2018, S. 205-216.

Faßbender, Kurt: Der Klima-Beschluss des BVerfG – Inhalt, Folgen und offene Fragen, in: NJW 2021, S. 2085-2091.

Forsthoff, Ernst: Der Staat der Industriegesellschaft. Dargestellt am Beispiel der Bundesrepublik Deutschland, München 1971.

Forsthoff, Ernst: Die Daseinsvorsorge und die Kommunen (1958), in: ders., Rechtsstaat im Wandel. Verfassungsrechtliche Abhandlungen 1950-1964, Stuttgart 1964, S. 111-128.

Forsthoff, Ernst: Die Verwaltung als Leistungsträger, Stuttgart/Berlin 1938.

Franzius, Claudio: Die Figur eingriffsähnlicher Vorwirkungen: Zum Klimabeschluss des Bundesverfassungsgerichts, in: KritV 2021, S. 136-158.

Gelinsky, Katja: Natur als Person? Die anthropozentrische Sicht auf das Grundgesetz und der Schutz der natürlichen Lebensgrundlagen (https://www.kas.de/de/web/die-politische-meinung/artikel/detail/-/content/natur-als-person).

Giesen, Richard: Tarifautonomie, in: Werner Heun/Martin Honecker/Jörg Haustein/Martin Morlok/Joachim Wieland (Hrsg.), Evangelisches Staatslexikon, Stuttgart 2006, Sp. 2439-2443.

Greffrath, Mathias: Gedanken zur Rolle der Wissenschaft in der Energiewende – Inventur und Neustart 2, Deutschlandfunk, 20.6.2021 (https://www.deutschlandfunk.de/inventur-und-neustart-2-3-gedanken-zur-rolle-der-100.html).

Greffrath, Mathias: Rückblick und Ausblick – Saisonschluss 1, Deutschlandfunk, 8.12.2019 (https://www.deutschlandfunk.de/rueckblick-und-ausblick-saisonschluss-1-100.html).

Greffrath, Mathias: Überlegungen zur Zukunft des Staates – Inventur und Neustart 1, Deutschlandfunk, 13.6.2021 (https://www.deutschlandfunk.de/inventur-und-neustart-1-3-ueberlegungen-zur-zukunft-des-100.html).

Groß, Thomas: Die Ableitung von Klimaschutzmaßnahmen aus grundrechtlichen Schutzpflichten, in: NVwZ 2020, S. 337-342.

Groß, Thomas: Verfassungsrechtliche Klimaschutzverpflichtungen, in: EurUP 2019, S. 353-363.

Gruber, Malte-Christian: Bioinformationsrecht. Zur Persönlichkeitsentfaltung des Menschen in technischer Verfassung, Tübingen 2015.

Gruber, Malte-Christian: Rechtsschutz für nichtmenschliches Leben. Der moralische Status des Lebendigen und seine Implementierung im Tierschutz-, Naturschutz- und Umweltrecht, Baden-Baden 2006.

Gutmann, Andreas: Der globale Trend zu Rechten der Natur: Entsteht ein dekoloniales und ökologisches Recht von unten?, in: Frank Adloff/Tanja Busse (Hrsg.), Welche Rechte braucht die Natur? Wege aus dem Artensterben, Frankfurt/New York 2021, S. 133-146.

Gutmann, Andreas: Hybride Rechtssubjektivität. Die Rechte der „Natur oder Pacha Mama" in der ecuadorianischen Verfassung von 2008, Baden-Baden 2021.

Gutmann, Andreas: Pachamama als Rechtssubjekt? Rechte der Natur und indigenes Denken in Ecuador, in: ZUR 2019, S. 611-617.

Gusy, Christoph: Die Weimarer Reichsverfassung, Tübingen 1997.

Häberle, Peter: Das Menschenbild im Verfassungsstaat, 4. Aufl., Berlin 2008.

Härtel, Ines: Klimaschutzverfassungsrecht: Klima-Staatszielbestimmungen im Föderalismus, in: NuR 2020, S. 577-588.

Hammer, Thomas: Leistungsvergleiche im Bundesstaat und föderale Kompetenzordnung – Zugleich eine Bestimmung von Anwendungsbereich und Regelungsgehalt des Art. 91d GG –, in: DVBl 2021, S. 525-532.

Hegel, Georg Wilhelm Friedrich: Philosophie des Rechts. Die Vorlesung von 1819/20 in einer Nachschrift, Frankfurt 1983.

Hesse, Konrad: Grundzüge des Verfassungsrechts der Bundesrepublik Deutschland, Nachdruck der 20. Auflage, Heidelberg 1999.

Heßler, Martina: Unsere Scham vor der Maschine, in: FAZ, 2.4.2011, S. 33.

Hobbes, Thomas: Leviathan oder Stoff, Form und Gewalt eines kirchlichen und bürgerlichen Gemeinwesens, hrsg. v. Iring Fetscher, 3. Aufl., Frankfurt 1989.

Hofmann, Hasso: Natur und Naturschutz im Spiegel des Verfassungsrechts, in: JZ 1988, S. 265-278.

Horkheimer, Max/Adorno, Theodor W.: Dialektik der Aufklärung. Philosophische Fragmente, in: Theodor W. Adorno, Gesammelte Schriften, 3. Bd., Frankfurt 1997.

Ipsen, Jörn/Kaufhold, Ann-Katrin/Wischmeyer, Thomas: Staatsrecht I. Staatsorganisationsrecht, 33. Aufl., München 2021.

Janda, Constanze: Sozialstaat for Future. Der Klima-Beschluss des BVerfG und seine Bedeutung für die Sozialgesetzgebung, in: ZRP 2021, S. 149-153.

Jarass, Hans D.: Charta der Grundrechte der Europäischen Union (GRCh) unter Einbeziehung der sonstigen Grundrechtsregelungen des Primärrechts und der EMRK, 4. Aufl., München 2020.

Jarass, Hans D.: Das Umweltgesetzbuch in Deutschland, in: ZfU 2006, S. 1-23.

Jarass, Hans D./Pieroth, Bodo: Grundgesetz für die Bundesrepublik Deutschland. Kommentar, 16. Aufl., München 2020.

Jellinek, Georg: Allgemeine Staatslehre, 3. Aufl., Berlin 1914.

Jellinek, Georg: System der subjektiven öffentlichen Rechte, 2. Aufl., Tübingen 1905.

Jungk, Robert: Der Atomstaat. Vom Fortschritt in die Unmenschlichkeit, München 1977.

Kahl, Wolfgang: Einleitung: Nachhaltigkeit als Verbundbegriff, in: ders. (Hrsg.), Nachhaltigkeit als Verbundbegriff, Tübingen 2008, S. 1-35.

Kahl, Wolfgang: Klimaschutz und Grundrechte, in: JA 2021, S. 117-129.

Kahl, Wolfgang: Staatsziel Nachhaltigkeit und Generationengerechtigkeit, in: DÖV 2009, S. 2-13.

Kahl, Wolfgang/Gärditz, Klaus Ferdinand: Umweltrecht, 12. Aufl., München 2021.

Kahl, Wolfgang/Waldhoff, Christian/Walter, Christian: Bonner Kommentar zum Grundgesetz, 213. Lfg., Heidelberg 2021.

Kalantzakos, Sophia: River Rights and Rights of Rivers: The Case of Acheloos, in: Anna Leah Tabios Hillebrecht/María Valeria Berros (Hrsg.), Can Nature have Rights? Legal and Political Insights, RCC Perspectives 2017/6, S. 45-51.

Kauffmann, Craig M./Martin, Pamela L.: The Politics of Rights of Nature. Strategies for Building a More Sustainable Future, Cambridge 2021.

Kaufhold, Ann-Katrin: Grüne Geldpolitik – Zu den Grundsätzen der Kompetenzverteilung zwischen der EU und den Mitgliedstaaten am Beispiel CO2-orientierter Zentralbankmaßnahmen, in: Wolfgang Kahl/Ute Mager (Hrsg.), Verwaltungsaufgaben und Legitimation der Verwaltung, Baden-Baden 2022, S. 135-165.

Kersten, Jens: Baurecht, in: Friedrich Schoch (Hrsg.), Besonderes Verwaltungsrecht, München 2018, 3. Kapitel, S. 427-626.

Kersten, Jens: Das Anthropozän-Konzept. Kontrakt – Komposition – Konflikt, Baden-Baden 2014.

Kersten, Jens: Das Klonen von Menschen. Eine verfassungs-, europa- und völkerrechtliche Kritik, Tübingen 2004.

Kersten, Jens: Daseinsvorsorge, in: Görres-Gesellschaft/Herder Verlag (Hrsg.), Staatslexikon. Recht – Wirtschaft – Gesellschaft, 1. Bd., 8. Aufl., Freiburg/Basel/Wien, Sp. 1167-1170.

Kersten, Jens: Der Abschied vom Restrisiko? Zur juristischen Neubewertung atomarer Risiken nach Fukushima, in: Jochen Ostheimer/Markus Vogt (Hrsg.), Die Moral der Energiewende. Risikowahrnehmung im Wandel am Beispiel der Atomenergie, Stuttgart 2014, S. 164-181.

Kersten, Jens: Die Rechte der Natur und die Verfassungsfrage des Anthropozän, in: Jens Soentgen/Ulrich M. Gassner/Julia von Hayek/Alexandra Manzei (Hrsg.), Umwelt und Gesundheit, Baden-Baden 2020, S. 87-120.

Kersten, Jens: Eine Million Jahre? Über die juristische Metaphysik der atomaren Endlagerung, in: ders. (Hrsg.), Inwastement. Abfall in Umwelt und Gesellschaft, Bielefeld 2016, S. 269-287.

Kersten, Jens: „Im Dickicht der Städte" – Biodiversität und Stadtentwicklung, in: UPR 2012, S. 15-22.

Kersten, Jens: Natur als Rechtssubjekt. Für eine ökologische Revolution des Rechts, in: APuZ 11/2020, S. 27-32.

Kersten, Jens: Neues Arbeitskampfrecht. Über den Verlust institutionellen Verfassungsdenkens, Tübingen 2012.

Kersten, Jens: Ökologischer Liberalismus. Der anthropozäne Wandel der Welt, in: EurUP 2016, S. 312-323.

Kersten, Jens: Relative Rechtssubjektivität. Über autonome Automaten und emergente Schwärme, in: ZfRSoz 37 (2017), S. 8-25.

Kersten, Jens: Schwarmdemokratie. Der digitale Wandel des liberalen Verfassungsstaats, Tübingen 2017.

Kersten, Jens: Who Needs Rights of Nature?, in: Anna Leah Tabios Hillebrecht/María Valeria Berros (Hrsg.), Can Nature have Rights? Legal and Political Insights, RCC Perspectives 2017/6, S. 9-13.

Kersten, Jens/Kaupp, Elisabeth: Die Verfassung einer prospektiven Gesellschaft. Wie zukunftsoffen ist das Grundgesetz, in: JuS 2022, S. 473-482.

Kersten, Jens/Neu, Claudia/Vogel, Berthold: Regionale Daseinsvorsorge. Begriff, Indikatoren, Gemeinschaftsaufgabe, WISO Diskurs, Friedrich-Ebert-Stiftung, Bonn 2015.

Kersten, Jens/Rixen, Stephan: Der Verfassungsstaat in der Corona-Krise, 2. Aufl., München 2021.

Kersten, Jens/Wesche, Tilo: Eine Frage der Gewöhnung. Mit der Natur eine Gemeinschaft bilden (Interview), in: Magazin der Kulturstiftung des Bundes, Nr. 36 (2021) (Cohabitation).

Kingreen, Thorsten/Poscher, Ralf: Grundrechte. Staatsrecht II, 36. Aufl., Heidelberg 2020.

Kirchhof, Gregor: Intertemporale Freiheitssicherung: Klimaschutz – Sozialsysteme – Staatsverschuldung. Über einen notwendigen Grundrechtsschutz in der Zeit und seine Grenzen, Tübingen 2022.

Klinger, Remo: Ein Grundrecht auf Umweltschutz. Jetzt, in: ZUR 2021, S. 257-259.

Kloepfer, Michael: Das Umweltgesetzbuch auf dem Weg – Zum Referentenentwurf eines UGB (UGB-RefE), in: Die Verwaltung 41 (2008), S. 195-225.

Kloepfer, Michael: Interdisziplinäre Aspekte des Umweltstaats, in: DVBl 1994, 12-22.

Kloepfer, Michael: Langzeitverantwortung im Bundesstaat, in: Carl Friedrich Gethmann/ Michael Kloepfer/Hans G., Nutzinger (Hrsg.), Langzeitverantwortung im Umweltstaat, Bonn 1993, S. 22-41.

Kloepfer, Michael: Sinn und Gestalt des kommenden Umweltgesetzbuches, in: UPR 2007, S. 161-170.

Kloepfer, Michael: Umweltrecht, 4. Aufl., München 2016.

Kloepfer, Michael: Umwelt-, Naturschutz- und Jagdrecht. Eine kompetenzrechtliche Betrachtung im Lichte der Föderalismusdebatte, in: NuR 2006, S. 1-7.

Kloepfer, Michael: Zum Grundrecht auf Umweltschutz. Vortrag gehalten vor der Berliner Juristischen Gesellschaft am 18. Januar 1978, Berlin/New York 1978.

Kloepfer, Michael/Durner, Wolfgang: Umweltschutzrecht, 3. Aufl., München 2020.

Kloepfer, Michael/Wiedmann, Jan-Louis: Die Entscheidung des BVerfG zum Bundes-Klimaschutzgesetz, in: DVBl. 2021, S. 1333-1340.

Klose, Ann Kerstin/Wunderling, Nico/Winkelmann, Ricarda/Donges, Jonathan F.: What do we mean, „tipping cascade"?, in: Environ. Res. Lett. 16 (2021), 125011.

Knopp, Lothar: Umweltgesetzbuch – ein Trauerspiel ohne Ende?, in: UPR 2009, S. 121-125.

Krockow, Christian Graf von: Politik und menschlichen Natur. Dämme gegen die Selbstzerstörung, Stuttgart 1987.

Krüger, Hagen R. J.: Geoengineering und Völkerrecht. Ein Beitrag zur Regulierung des klimabezogenen Geoengineerings, Tübingen 2020.

Kube, Hanno: Die juristische Dogmatik auf dem Weg zu einer Ökologischen Rechtstheorie. Zugleich: Besprechung von Nida Rümelin/v.d.Pfordten (Hrsg.), Ökologische Ethik und Rechtstheorie, 1995, in: ARSP 83 (1997), S. 416-427.

Kube, Hanno: Eigentum an Naturgütern. Zuordnung und Unverfügbarkeit, Berlin 1999.

Kuratorium für einen demokratisch verfassten Bund deutscher Länder/Heinrich-Böll-Stiftung (Hrsg.): Vom Grundgesetz zur deutschen Verfassung. Denkschrift und Verfassungsentwurf, Berlin/Köln/Leipzig 1991.

Ladeur, Karl-Heinz: Freiheit als Anspruch auf staatliche Planung, in: FAZ, 6.5.2021, S. 7.

Leimbacher, Jörg: Die Rechte der Natur, Basel/Frankfurt 1988.

Leimbacher, Jörg: Die Rechte der Natur und ihre Einbindung in das Recht, in: Alexander Roßnagel/Uwe Neuser (Hrsg.), Reformperspektiven im Umweltrecht. Dokumentation der „Haydauer Hochschul-Gespräche 1995", Baden-Baden 1996, S. 123-136.

Lersner, Heinrich Freiherr von: Gibt es Eigenrechte der Natur?, in: NVwZ 1988, S. 988-992.

Lessenich, Stephan: Neben uns die Sintflut. Die Externalisierungsgesellschaft und ihr Preis, München 2016.

Lottermoser, Susanne: Das neue Umweltgesetzbuch – die Regelungskonzeption des Bundesumweltministeriums, in: UPR 2007, S. 401-406.

Luhmann, Niklas: Ökologische Kommunikation. Kann die moderne Gesellschaft sich auf ökologische Gefährdungen einstellen?, 3. Aufl., Opladen 1990.

Mangoldt, Hermann von/Klein, Friedrich/Starck, Christian (Hrsg.): Grundgesetz. Kommentar, 7. Aufl., München 2018.

Markl, Hubert: Natur als Kulturaufgabe. Über die Beziehung des Menschen zur lebendigen Natur, München 1991.

Marx, Karl/Engels, Friedrich: Die deutsche Ideologie. Kritik der neuesten deutschen Philosophie in ihren Repräsentanten Feuerbach, B. Bauer und Stirner und des deutschen Sozialismus in seinen verschiedenen Propheten, in: dies., Werke, 3. Bd., Berlin 1969, S. 5- 530.

Mauch, Christof: Mensch und Umwelt. Nachhaltigkeit aus historischer Perspektive, München 2014.

Mauser, Wolfram: Abfall und Globale Stoffströme – vom Archaikum zum Anthropozän, in: Jens Kersten (Hrsg.), Inwastement. Abfall in Umwelt und Gesellschaft, Bielefeld 2016, S. 183-204.

McNeill, John R.: Something New Under the Sun. An Environmental History of the Twentieth-Century World, New York/London 2000.

Meyer-Abich, Klaus Michael: Aufstand für die Natur. Von der Umwelt zur Mitwelt, München/Wien 1990.

Mill, John Stuart: Grundsätze der politischen Oekonomie nebst einigen Anwendungen derselben auf die Geisteswissenschaft, 3. Bd., in: ders., Gesammelte Werke, 7. Bd., 2. Aufl., Leipzig 1869.

Möllers, Christoph/Weinberg, Nils: Die Klimaschutzentscheidung des Bundesverfassungsgerichts. Zum Beschluss des BVerfG v. 24.23.2021 – 1 BvR 2656/18, 1 BvR 78/20, 1 BvR 96/20, 1 BvR 288/20, in: JZ 2021, S. 1069-1078.

Mota, Aurea: Rechte der Natur oder: Die andauernde Suche nach der Verortung des Lebens in der Welt, in: Frank Adloff/Tanja Busse (Hrsg.), Welche Rechte braucht die Natur? Wege aus dem Artensterben, Frankfurt/New York 2021, S. 53-66.

Muckel, Stefan: Pflicht des Gesetzgebers zu effektivem Klimaschutz, in: JA 2021, S. 610-613.

Müller-Glöge, Rudi/Preis, Ulrich/Schmidt, Ingrid (Hrsg.): Erfurter Kommentar zum Arbeitsrecht, 22. Aufl., München 2022.

Münch, Ingo von/Kunig, Philip (Hrsg.): Grundgesetz-Kommentar, 7. Aufl., München 2021.

Nentwig, Wolfang/Bacher, Sven/Brandl, Roland: Ökologie kompakt, 3. Aufl., Heidelberg 2011.

Pernthaler, Peter: Reform der Bundesverfassung im Sinne des ökologischen Prinzips, in: ders./Karl Weber/Norbert Wimmer (Hrsg.), Umweltpolitik durch Recht – Möglichkeiten und Grenzen. Rechtliche Strategien zur Umsetzung des Umweltmanifests, Wien 1992, S. 1-47.

Radkau, Joachim: Die Ära der Ökologie. Eine Weltgeschichte, München 2021.

Rath, Katja/Benner, Martin: Ein Grundrecht auf Generationengerechtigkeit? Die Relevanz des Klimaschutz-Beschlusses des Bundesverfassungsgerichts für andere Rechtsgebiete mit intergenerationaler Bedeutung, in: VerfBlog 7.5.2021.

Reichholf, Josef H.: Naturschutz. Krise und Zukunft, Frankfurt 2010.

Reichholf, Jose. H.: Stabile Ungleichgewichte. Die Ökologie der Zukunft, Frankfurt 2008.

Rieble, Volker: Umweltschutz durch kollektives Arbeitsrecht – insbesondere durch Tarifvertrag und Koalitionsvereinbarung, in: ZTR 2000, S. 1-9.

Rixen, Stephan: Verwaltungsrecht der vulnerablen Gesellschaft, in: VVDStRL 80 (2021), S. 37-67.

Roden, Valentin: Urbane Diversität als städtebauliches Nachhaltigkeitskonzept. Analyse, Umsetzung und Perspektiven, Tübingen 2017.

Rohlf, Dietwalt: Finanzierung des Naturschutzes, in: NuR 1991, S. 473-478.

Rossi, Matthias: Anmerkung zu BVerwG, 28.2.2019 – 7 C 23/17, in: NVwZ 2019, S. 980-981.

Rossi, Matthias: Informationszugangsfreiheit und Verfassungsrecht. Zu den Wechselwirkungen zwischen Informationsfreiheitsgrenzen und der Verfassungsordnung in Deutschland, Berlin 2004.

Rousseau, Jean-Jacques: Abhandlung über den Ursprung und die Grundlagen der Ungleichheit unter den Menschen, in: ders., Sozialphilosophische und Politische Schriften, München 1981, S. 37-161.

Ruttloff, Marc/Freihoff, Lisa: Intertemporale Freiheitssicherung oder doch besser „intertemporale Systemgerechtigkeit"? – auf Konturensuche, in: NVwZ 2021, S. 917-922.

Rux, Johannes: Intertemporale Strukturprobleme der Demokratie. Die Öko-Diktatur als Ausweg?, in: Martin Bertschi/Thomas Gächter/Robert Hurst/Petra Klaus/Andreas Reller/Bernhard Schmithüsen/Urs Steimen/Michael Widmer/Moritz von Wyss (Hrsg.), Demokratie und Freiheit, 1999, S. 301-333.

Sachs, Michael (Hrsg.): Grundgesetz. Kommentar, 9. Aufl., München 2021.

Sachverständigenrat für Umweltfragen: Umweltschutz in der Föderalismusreform, Stellungnahme Nr. 10, Februar 2006, Berlin 2005.

Sarkar, Sahotra: Ecology, in: Stanford Encyclopedia of Philosophy (https://plato.stanford.edu/entries/ecology/).

Scheidler, Alfred: Die anstehende Neuordnung des Umweltrecht nach dem Scheitern des Umweltgesetzbuchs, in: UPR 2009, S. 173-176.

Schellnhuber, Hans Joachim: „Earth system" analysis and the second Copernican revolution, in: Nature 402 (2.12.1999), S. C19-C22.

Schellnhuber, Hans Joachim/Crutzen, Paul J./Clark, William C./Hunt, Julian: Earth System Analysis for Sustainability, in: Environment 47/8 (10.10.2005), S. 11-25.

Schirach, Ferdinand von: Jeder Mensch, München 2021.

Schirner, Jan-Erik: Klimahaftung und Kausalität – und es geht doch!, in: JZ 2021, S. 1099-1106.

Schlacke, Sabine: Klimaschutzrecht – Ein Grundrecht auf intertemporale Freiheitssicherung, in: NVwZ 2021, S. 912-917.

Schlegel, Rainer: Der Sozialstaat in und nach der Covid-19-Pandemie, in: NJW 2021, S. 2782-2788.

Schröter, Michael W./Bosselmann, Klaus: Die Robbenklage im Lichte der Nachhaltigkeit, in: ZUR 2018, S. 195-205.

Schulze, Marc-Oliver/Volk, Tatjana/Schwartzer, Miriam: Umweltschutz durch den Betriebsrat, in: ArbRAktuell 2020, S. 492-495.

Schwägerl, Christian: Menschenzeit. Zerstören oder gestalten? Wie wir heute die Welt von morgen schaffen, München 2012.

Sinder, Rike: Anthropozänes Verfassungsrecht als Antwort auf den Klimawandel. Besprechung von BVerfG, Beschluss v. 24.3.2021 – 1 BvR 2656/18 u. a., in: JZ 2021, S. 1078-1087.

Sloterdijk, Peter: Im Weltinnenraum des Kapitals. Für eine philosophische Theorie der Globalisierung, Frankfurt 2005.

Sloterdijk, Peter: Zorn und Zeit. Politisch-psychologischer Versuch, Frankfurt 2006.

Söhnlein, Bernd: Eigenrechte der Natur – rechtsdogmatische und rechtspolitische Anmerkungen, in: KritV 2021, S. 184-204.

Sombart, Werner: Der moderne Kapitalismus. Das Wirtschaftsleben im Zeitalter des Hochkapitalismus, III/2, Berlin 1928.

Stein, Tine: Warum wir einen ökologischen Rat brauchen: Plädoyer für ein neues Verfassungsverständnis, in: Bernd Guggenberger/Andreas Meier (Hrsg.), Der Souverän auf der Nebenbühne. Essays und Zwischenrufe zur deutschen Verfassungsdiskussion, Opladen 1994, S. 255-260.

Steinbach, Armin: Administrierte Freiheitschancen, in: VerfBlog 19.5.2021.

Steinberg, Rudolf: Der ökologische Verfassungsstaat, Frankfurt 1998.

Steinberg, Rudolf: Verfassungsrechtlicher Umweltschutz durch Grundrechte und Staatszielbestimmungen, in: NJW 1996, S. 1985-1994.

Stern, Klaus/Becker, Florian (Hrsg.): Grundrechte-Kommentar, 3. Aufl., Köln 2019.

Stolleis, Michael: Die Entstehung des Interventionsstaates und das öffentliche Recht, in: ders., Konstitution und Intervention. Studien zur Geschichte des öffentlichen Rechts im 19. Jahrhundert, Frankfurt 2001, S. 253-282.

Stolleis, Michael: Die Sozialversicherung Bismarcks, in: ders., Konstitution und Intervention. Studien zur Geschichte des öffentlichen Rechts im 19. Jahrhundert, Frankfurt 2001, S. 226-252.

Stone, Christopher D.: Should Trees Have Standing? – Toward Legal Rights for Natural Objects, in: South. Calif. Law Rev. 45 (1972), S. 450-501.

Streit, Bruno: Ökologie, in: Lexikon der Biologie (https://www.spektrum.de/lexikon/biologie/oekologie/47449).

Tabios Hillebrecht, Anna Leah: Disrobing Rights: The Privilege of Being Human in the Rights of Nature Discourse, in: dies./María Valeria Berros (Hrsg.), Can Nature have Rights? Legal and Political Insights, RCC Perspectives 2017/6, S. 15-27.

Tabios Hillebrecht, Anna Leah /Berros, María Valeria (Hrsg.): Can Nature have Rights? Legal and Political Insights, RCC Perspectives 2017/6.

Tănăsescu, Mihnea: Understanding the Rights of Nature. A Critical Introduction, Bielefeld 2022.

Theisen, Heinz: Zukunftsvorsorge als Staatsaufgabe, in: StWStP 6 (1995), S. 111-125.

Umweltministerkonferenz: Presserklärung der Umweltministerkonferenz 2021 (https://www.umweltministerkonferenz.de/Presse.html).

Voßkuhle, Andreas: Umweltschutz und Grundgesetz, in: NVwZ 2013, S. 1-8.

Wagner, Gerhard: Klimaschutz durch Gerichte, in: NJW 2021, S. 2256-2263.

Weber, Max: Die protestantische Ethik und der Geist des Kapitalismus, in: ders., Gesammelte Aufsätze zur Religionssoziologie I, 9. Aufl., Tübingen 1988, S. 17-206.

Wegener, Bernhard: Aktuelle Fragen der Umweltinformationsfreiheit, in: NVwZ 2015, S. 609-616.

Wegener, Bernhard: Urgenda – Weltrettung per Gerichtsbeschluss? Klimaklagen testen die Grenzen des Rechtsschutzes, in: ZUR 2019, S. 3-13.

Weller, Marc-Philippe/Tran, Mai-Lan: Klimawandelklagen im Rechtsvergleich – *private enforcement* als weltweiter Trend?, in: ZEuP 2021, S. 573-604.

Wissenschaftlicher Beirat der Bundesregierung Globale Umweltveränderungen (WBGU): Welt im Wandel. Gesellschaftsvertrag für eine große Transformation, Berlin 2011 (http://www.wbgu.de/fileadmin/templates/dateien/veroeffentlichungen/hauptgutachten/jg2011/wbgu_jg2011.pdf).

Wolf, Rainer: Der ökologische Rechtsstaat als prozedurales Programm, in: Alexander Roßnagel/Uwe Neuser (Hrsg.), Reformperspektiven im Umweltrecht. Dokumentation der „Haydauer Hochschul-Gespräche 1995", Baden-Baden 1996, S. 57-95.

World Commission on Environment and Development: Our Common Future, 1987 (https://www.netzwerk-n.org/wp-content/uploads/2017/04/0_Brundtland_Report-1987-Our_Common_Future.pdf).

Anmerkungen

1 Vgl. grds. *Crutzen*, Nature 415 (3.1.2002), S. 23; ferner *Kersten*, Das Anthropozän-Konzept, S. 15 ff.; *Greffrath*, Rückblick und Ausblick; weiterführend *Sinder*, JZ 2021, S. 1078 (1081), zu den Perspektiven einer anthropozänen Rechtskultur; *Boysen*, Die postkoloniale Konstellation, S. 98 ff., für eine umfassende Kritik der Narrative globaler Umweltprobleme im Anthropozän; jew. m. w. N.

2 Vgl. *Boysen*, Die postkoloniale Konstellation, S. 101 f., 105, mit dem Hinweis, dass keineswegs „die Menschheit" als Ganze zur Verursacherin der gravierenden globalen Umweltveränderungen geworden ist.

3 Vgl. hierzu und zum Folgenden *Kersten/Wesche*, Eine Frage der Gewöhnung.

4 Vgl. hierzu und zum Folgenden *Greffrath*, Gedanken zur Rolle der Wissenschaft in der Energiewende.

5 *Sombart*, Der moderne Kapitalismus III/2, S. 1010.

6 *Weber*, Die protestantische Ethik und der Geist des Kapitalismus, S. 17 (203); hierzu *Kersten*, Das Anthropozän-Konzept, S. 73 f. m. w. N.

7 *Lessenich*, Neben uns die Sintflut.

8 *Theisen*, StWStP 6 (1995), S. 111.

9 *Jellinek*, Allgemeine Staatslehre, S. 338.

10 Vgl. *Kersten/Rixen*, Der Verfassungsstaat in der Corona-Krise, S. 35 ff.

11 *v. Krockow*, Politik und menschliche Natur. Dämme gegen die Selbstzerstörung, S. 122.

12 Vgl. *Hobbes*, Leviathan, S. 94 ff. (13. Kapitel), S. 99 ff. (14. Kapitel), S. 136 ff. (18. Kapitel).

13 *Schellnhuber/Crutzen/Clark/Hunt*, Environment 47/8 (10.10.2005), S. 11 (24).

14 Vgl. *Schellnhuber*, Nature 402 (2.12.1999), S. C19 ff.; ferner *Clark/Crutzen/Schellnhuber*, Science for Global Sustainability, S. 6 ff.; *Schellnhuber/Crutzen/Clark/Hunt*, Environment 47/8 (10.10.2005), S. 11 ff.; vgl. hierzu *Kersten*, Das Anthropozän-Konzept, S. 28 ff. m. w. N.

15 Vgl. *Kahl/Gärditz*, Umweltrecht, § 1, Rn. 1 ff., § 2, Rn. 1 ff.

16 *Voßkuhle*, NVwZ 2013, S. 1 (8).

17 Vgl. *Stolleis*, Die Sozialversicherung Bismarcks, S. 226 ff.

18 Vgl. *Stolleis*, Die Entstehung des Interventionsstaates und das öffentliche Recht, S. 253 ff.

19 Vgl. *Gusy*, Die Weimarer Reichsverfassung, S. 349 f.

20 Vgl. *Hofmann*, JZ 1988, S. 265 (271 f.); *Scholz*, in: Dürig/Herzog/Scholz, GG, Art. 20a, Rn. 5 m. w. N.

21 Vgl. *MCNeill*, Something New Under the Sun, S. 336 ff.; *Radkau*, Die Ära der Ökologie, S. 124 ff.

22 *Jungk*, Der Atomstaat.

23 Vgl. *Beck*, Die Risikogesellschaft, S. 7 ff.

24 Vgl. *Boysen*, Die postkoloniale Konstellation, S. 84.

25 *World Commission on Environment and Development*, Our Common Future, 1. Kap., Rn. 49; vgl. krit. *Boysen*, Die postkoloniale Konstellation, S. 66 f., 84 ff.

26 BGBl I S. 3146; vgl. hierzu *Berkemann*, DÖV 2021, S. 701 (703 f. m. w. N.).

27 BGBl I S. 2862; vgl. hierzu *Gruber*, Rechtsschutz für nichtmenschliches Leben, S. 175 ff.

28 *Steinberg*, Der ökologische Verfassungsstaat.

29 BVerfG, 24.11.2010, BVerfGE 128, 1 (48, 85) – Gentechnikgesetz; BVerfG, 17.12.2013, BVerfGE 134, 242, Rn. 289, 327 – Garzweiler; BVerfG, 24.3.2021, BVerfGE 157, 30, Rn. 112 – Klima.

30 Vgl. *Anschütz*, Die Verfassung des Deutschen Reichs vom 11. August 1919, Art. 150, Anm. i. V. m. Art. 142, Anm. 2; hierzu auch *Scholz*, in: Dürig/Herzog/Scholz, GG, Art. 20a, Rn. 5 m. w. N.

31 Vgl. BVerfG, 24.3.2021, BVerfGE 157, 30, Rn. 205 – Klima: Art. 20a ist „aber nicht unverbindliches Programm, sondern Rechtsnorm".

32 Vgl. zum Schutz der biologischen Vielfalt BVerfG, 24.11.2010, BVerfGE 128, 1 (37) – Gentechnikgesetz; zur Sicherung eines artgerechten Lebens bedrohter Tier- und Pflanzenarten BVerfG, 24.11.2010, BVerfGE 128, 1 (37) – Gentechnikgesetz; zum Klimaschutz BVerfG, 5.11.2014, BVerfGE 137, 350, Rn. 47 – Luftverkehrssteuer; BVerfG, 30.6.2020, BVerfGE 155, 238, Rn. 100 f., 106 – Windenergie; BVerfG, 24.3.2021, BVerfGE 157, 30, Rn. 198 ff., 214 – Klima; VG Berlin, 31.1.2019, NVwZ 2020, S. 1289, Rn. 59 – Klimaschutzziel 2020; zur Klimaneutralität BVerfG, 24.3.2021, BVerfGE 157, 30, Rn. 244, 255 – Klima; zum ethisch begründeten Tierschutz BVerfG, 12.10.2010, BVerfGE 127, 293 (328) – Legehennen; vgl. insgesamt *Kahl/Gärditz*, Umweltrecht, § 3, Rn. 6 ff. m. w. N.

33 Vgl. BVerfG, 13.3.2007, BVerfGE 118, 79 (110) – Emissionshandel; VG Berlin, 31.1.2019, NVwZ 2020, S. 1289, Rn. 59 – Klimaschutzziele 2020; *Epiney*, in: v. Mangoldt/Klein/Starck, GG, Art. 20a, Rn. 20 f., 97 ff.; *Schulze-Fielitz*, in: Dreier, GG, Art. 20a, Rn. 39 f.; *Appel*, Staatliche Zukunfts- und Entwicklungsvorsorge, S. 295 f.; jew. m. w. N.

34 Vgl. *Klinger*, ZUR 2021, S. 257 (258): „Weil die Staatszielbestimmung [Umweltschutz] rein gar nichts gebracht hat." (Klammerzusatz durch den Verf.); *Berkemann*, DÖV 2021, S. 701 (704 f. m. w. N.); bereits *Rux*, Intertemporale Strukturprobleme der Demokratie, S. 301 (316 ff.); grundlegend *Appel*, Eigenwert der Verfassung im Umweltrecht, S. 289 (293 f., 303), für eine Analyse der Steuerungsdefizite des Staatsziels „Umweltschutz" (Art. 20a GG).

35 Vgl. unten S. 35 ff.

36 Vgl. BT-Drs. 12/6000, S. 67: „Der Umweltschutz wird als objektiv-rechtliches Staatsziel ausgestaltet; die von der Gemeinsamen Verfassungskommission empfohlene Formulierung enthält keinen subjektiven Anspruchstatbestand. Es wird daher nicht möglich sein, aufgrund der empfohlenen Staatszielbestimmung bestimmte Umweltentscheidungen einzuklagen oder aus ihr konkrete Leistungsansprüche abzuleiten."; ferner BVerfG, 10.11.2009, NVwZ 2010, S. 114 (115) – Schacht Konrad; BVerfG,

24.3.2021, BVerfGE 157, 30, Rn. 112 m.umf.N. – Klima; BVerwG, 6.11.1997, NVwZ, 1998, S. 398 (399); BVerwG, 19.12.1997, NVwZ 1998, S. 1080 (1081).

37 Vgl. unten S. 30 ff.

38 BVerfG, 24.3.2021, BVerfGE 157, 30, Rn. 206 – Klima.

39 Vgl. unten S. 30 ff.

40 Vgl. hierzu und zum Folgenden BVerfG, 13.3.2007, BVerfGE 118, 79 (110) – Emissionshandel; BVerfG, 12.10.2010, BVerfGE 127, 293 (328 f.) – Legehennen; BVerfG, 17.12.2013, BVerfGE 134, 242, Rn. 298 – Garzweiler; BVerfG, 30.6.2020, BVerfGE 155, 238, Rn. 100 – Windenergie; BVerfG, 24.3.2021, BVerfGE 157, 30, Rn. 205, 208 ff., 236 – Klima.

41 *Caspar*, Europäisches und nationales Umweltverfassungsrecht, § 2, Rn. 96.

42 *Möllers/Weinberg*, JZ 2021, S. 1069 (1074).

43 Vgl. hierzu und zum Folgenden oben S. 26 ff.

44 EuG, 28.9.2016, BeckRS 2016, 82723 Rn. 47 – PAN Europe/Kommission, hierzu *Calliess*, in: ders./Ruffert, EUV/AEUV, Art. 37 GRCh, Rn. 8 f.; *Jarass*, GRCH, Art. 47, Rn. 3.

45 *v. Schirach*, Jeder Mensch, S. 18; hierzu *Klinger*, ZUR 2021, S. 257 (258); *Calliess*, ZUR 2021, S. 323.

46 *Calliess*, ZUR 2021, S. 323 (328); *ders.*, in: ders./Ruffert, EUV/AEUV, Art. 37 GRCh, Rn. 14.

47 Vgl. *Kahl/Gärditz*, Umweltrecht, § 2, Rn. 1 ff., für die Entwicklung der Bedeutung des Umwelteuroparechts.

48 Vgl. BVerfG, 24.3.2021, BVerfGE 157, 30, Rn. 112 – Klima; BVerwG, 29.7.1977, NJW 1987, S. 554 (555 f.); umfassend *Calliess*, Rechtsstaat und Umweltstaat, S. 299 ff., 412 f.

49 Vgl. *Calliess*, ZUR 2021, S. 323 (324 ff. m. umf. N.).

50 Vgl. BVerfG, 8.8.1978, BVerfGE 49, 89 (132 ff., 140 ff.) – Kalkar; BVerfG, 12.11.2008, NVwZ 2009, S. 171 (172) – Grafenrheinfeld; BVerfG, 10.11.2009, NVwZ 2010, S. 114 (115) – Schacht Konrad.

51 Vgl. BVerfG, 24.3.2021, BVerfGE 157, 30, Rn. 152 m. w. N. – Klima (Klammerzusätze durch den Verfasser).

52 Vgl. zuletzt BVerfG, 24.3.2021, BVerfGE 157, 30, Rn. 153 ff. – Klima; krit. *Calliess*, FAZ, 20.5.2021, S. 6; *ders.*, ZUR 2021, S. 355 (356 f.); *Faßbender*, NJW 2021, S. 2085 (2088).

53 Vgl. beispielsweise *Rixen*, in: Sachs, GG, Art. 2, Rn. 227; *Scholz*, in: Dürig/Herzog/Scholz, GG, Art. 20a, Rn. 8; *Calliess*, Rechtsstaat und Umweltstaat, S. 300 m. w. N.

54 *Calliess*, ZUR 2021, S. 323 (329).

55 *Buser*, DVBl 2020, S. 1389 (1391).

56 BVerfG, 24.3.2021, BVerfGE 157, 30, Rn. 114 – Klima, mit zitatförmigen Verweis auf BVerfG, 18.2.2010, NVwZ 2010, S. 702, Rn. 13 – Schwarze Löcher.

57 Vgl. *Kloepfer/Wiedmann*, DVBl. 2021, S. 1333 (1335).

58 Vgl. BVerfG, 24.3.2021, BVerfGE 157, 30, Rn. 114 – Klima.

59 *Berkemann*, DÖV 2021, S. 701 (711).

60 Vgl. BVerfG, 12.11.2008, NVwZ 2009, S. 171 (175) – Grafenrheinfeld; BVerfG, 10.11.2009, NVwZ 2010, S. 114 (118) – Schacht Konrad; BVerwG, 10.4.2008, NVwZ 2008, S. 1012 (1014, 1016).

61 Vgl. *Voßkuhle*, NVwZ 2013, S. 1 (7).

62 Vgl. unten S. 100ff.
63 Vgl. BVerfG, 24.3.2021, BVerfGE 157, 30, Rn. 243ff. – Klima.
64 Vgl. BVerfG, 24.3.2021, BVerfGE 157, 30, Rn. 143ff. – Klima; vgl. oben S. 31f.
65 Vgl. BVerfG, 24.3.2021, BVerfGE 157, 30, Rn. 114 – Klima; vgl. oben S. 33f.
66 BVerfG, 24.3.2021, BVerfGE 157, 30, Rn. 243 – Klima; vgl. dass., ebd., Rn. 182.
67 Vgl. hierzu und zum Folgenden BVerfG, 24.3.2021, BVerfGE 157, 30, Rn. 182ff. – Klima.
68 Vgl. BVerfG, 24.3.2021, BVerfGE 157, 30, Rn. 184 – Klima.
69 BVerfG, 24.3.2021, BVerfGE 157, 30, Rn. 183f., 187, 189, 191, 195f. – Klima.
70 Vgl. BVerfG, 24.3.2021, BVerfGE 157, 30, Rn. 189 – Klima.
71 Vgl. BVerfG, 24.3.2021, BVerfGE 157, 30, Rn. 198 – Klima.
72 Vgl. BVerfG, 24.3.2021, BVerfGE 157, 30, Rn. 208ff. – Klima.
73 Vgl. hierzu und zum Folgenden BVerfG, 24.3.2021, BVerfGE 157, 30, Rn. 196ff. – Klima.
74 Vgl. BVerfG, 24.3.2021, BVerfGE 157, 30, Rn. 120, 186, 192 – Klima.
75 Vgl. BVerfG, 24.3.2021, BVerfGE 157, 30, Rn. 243ff. – Klima.
76 Vgl. BVerfG, 24.3.2021, BVerfGE 157, 30, Rn. 183 – Klima; vgl. dass., ebd., Rn. 122.
77 BVerfG, 24.3.2021, BVerfGE 157, 30, Rn. 183 – Klima; vgl. ferner dass., ebd., Rn. 244.
78 BVerfG, 24.3.2021, BVerfGE 157, 30, Rn. 193 – Klima.
79 Vgl. BVerfG, 24.3.2021, BVerfGE 157, 30, Rn. 259ff. – Klima.
80 Vgl. insbes. *Berkemann*, DÖV 2021, S. 701 (706ff. m.w.N.); *Kloepfer/Wiedmann*, DVBl. 2021, S. 1333 (1336ff.).
81 Vgl. *Sinder*, JZ 2021, S. 1078 (1080f.); *Schlacke*, NVwZ 2021, S. 912 (914ff.); *Greffrath*, Überlegungen zur Zukunft des Staates; *Kahl/Gärditz*, Umweltrecht, § 3, Rn. 39.
82 *Berkemann*, DÖV 2021, S. 701 (706).
83 BVerfG, 24.3.2021, BVerfGE 157, 30, Rn. 122 – Klima.
84 Vgl. *Faßbender*, NJW 2021, S. 2085 (2089): „Rekurs auf die Freiheitsrechte und der Verknüpfung mit Art. 20a GG"; auch *Calliess*, ZUR 2021, S. 355: grundrechtliche „Brücke zum Umweltstaatsziel", S. 357: „[…] Art. 20a GG, der ja explizit die intertemporale Brücke zu den ‚künftigen Generationen' baut […]" (Klammerzusätze durch den Verfasser); *Schlacke*, NVwZ 2021, S. 912 (914): „Stattdessen kreiert das Gericht in dogmatisch überzeugender und innovativer Art und Weise auf der Basis von Freiheitsgrundrechten und in Verknüpfung mit dem Staatsziel Umweltschutz ein neues Grundrecht auf intertemporale Freiheitssicherung. Dogmatisch handelt es sich um eine Koordination von grundrechtlichem Abwehrrecht und staatlicher Schutzpflicht auf der Eingriffsebene."; *Berkemann*, DÖV 2021, S. 701 (701f.): „In Wahrheit implementiert das Gericht im Rahmen des Art. 2 Abs. 1 GG eine latente Schutzpflicht. […] Im Ergebnis kreiert das Bundesverfassungsgericht rechtsfortbildend in Ansätzen einen neuen umweltschutzbezogenen Anspruch auf objektive Rechtmäßigkeit ohne konkrete Individualbeschwer" (Klammerzusatz durch den Verfasser); *Franzius*, KritV 2021, S. 136 (144): „Gleichwohl ist es diese eigentümliche, aber nicht so genannte Kombination aus Art. 20a GG und den Freiheitsrechten, welche die neue intertemporale Dimension der Grundrechte trägt und zu einer neuartigen Verknüpfung von Abwehr- und Schutzpflichtendimension beiträgt." Das Bundesverfassungsgericht hatte vor seiner Klima-Entscheidung vom 24.3.2021 die Frage ausdrücklich offengelassen, ob sich eine beschwerdeführende Person „im Rahmen [… ihrer] Grundrechtsrügen

auf eine Verletzung der in Art. 20a GG enthaltenen Staatszielbestimmung berufen kann, die als solche keine subjektiven Rechte des Einzelnen begründet" (Klammerzusatz durch den Verfasser), BVerfG, 10.11.2009, NVwZ 2010, S. 114 (115) – Schacht Konrad; VG Berlin, 31.1.2019, NVwZ 2020, S. 1289, Rn. 70 – Klimaschutzziel 2020.

85 Vgl. oben S. 26 ff.

86 *Calliess*, FAZ, 20.5.2021, S. 6; a. A. *Eifert*, JA 2021, S. 1085 (1093).

87 Vgl. hierzu und zum Folgenden *Calliess*, FAZ, 20.5.2021, S. 6; *ders.*, ZUR 2021, S. 323 ff.; *ders.*, ZUR 2021, S. 355 ff.; bereits *ders.*, Rechtsstaat und Umweltstaat, S. 419 ff.; ferner *Möllers/Weinberg*, JZ 2021, S. 1069 (1075); a. A. *Schlacke*, NVwZ 2021, S. 912 (914).

88 Vgl. oben S. 31.

89 Vgl. hierzu und zum Folgenden *Kersten/Kaupp*, JuS 2022, S. 473 ff.

90 Vgl. *Steinbach*, VerfBlog 19.5.2021; auch *Ruttloff/Freihoff*, NVwZ 2021, S. 917 (921).

91 Vgl. *Steinbach*, VerfBlog 19.5.2021; *Faßbender*, NJW 2021, S. 2085 (2089).

92 *Faßbender*, NJW 2021, S. 2085 (2088).

93 Vgl. *Faßbender*, NJW 2021, S. 2085 (2088).

94 Vgl. *Faßbender*, NJW 2021, S. 2085 (2090 m. w. N.).

95 Vgl. für eine Übertragbarkeit mit Blick auf soziale Sicherungssysteme bzw. Staatsverschuldung *Rath/Benner*, VerfBlog 7.5.2021; *Ruttloff/Freihoff*, NVwZ 2021, S. 917 (918, 921); für soziale Sicherungssysteme *Schlegel*, NJW 2021, S. 2782 (2788); demgegenüber zurückhaltend *Becker*, NJW 2022, S. 1222 ff.; *Janda*, ZRP 2021, S. 149 (150 ff.); *Franzius*, KritV 2021, S. 136 (157 f.); *Kloepfer/Wiedmann*, DVBl. 2021, S. 1333 (1340); *Möllers/Weinberg*, JZ 2021, S. 1069 (1077); *Muckel*, JA 2021, S. 610 (613).

96 Vgl. *Becker*, NJW 2022, S. 1222 ff.; mit Blick auf „Kernanliegen" und Reformaufträge differenzierend *Kirchhof*, Intertemporale Freiheitssicherung, S. 53 f., 65 ff., 79.

97 Vgl. Hoge Raad (Niederlande), 20.12.2019, Nr. 19/00135, ECLI:NL:HR:2019:2007 (https://uitspraken.rechtspraak.nl/inziendocument?id=ECLI:NL:HR:2019:2007); hierzu *Wegener*, ZUR 2019, S. 3 ff.; *Groß*, EurUP 2019, S. 353 (358 f.); *ders.*, NVwZ 2020, S. 337 (341); *Härtel*, NuR 2020, S. 577 (587); *Wagner*, NJW 2021, S. 2256 ff.; *Weller/Tran*, ZEuP 2021, S. 573 (589 f.); zu weiteren gescheiterten und erfolgreichen Klimaklagen *Wegener*, ZUR 2019, S. 3 (6 ff.); *Groß*, EurUP 2019, S. 353 (359 ff.); *Kahl*, JA 2021, S. 117 (121); *Weller/Tran*, ZEuP 2021, S. 573 (578 ff.); *Sinder*, JZ 2021, S. 1078 f.; darüber hinaus zur Unzulässigkeit der Berliner Klimaklage VG Berlin, 31.1.2019, NVwZ 2020, S. 1289, Rn. 40, 48 ff. – Klimaschutzziel 2020; hierzu *Wegener*, ZUR 2019, S. 3 (9); *Buser*, NVwZ 2020, S. 1253 ff.; *Kahl*, JA 2021, S. 117 (122); *ders./Gärditz*, Umweltrecht, § 3, Rn. 34.

98 *Wegener*, ZUR 2019, S. 3; vgl. auch *Kloepfer/Wiedmann*, DVBl. 2021, S. 1333 (1340), zu institutionellen Risiken.

99 Vgl. *Schlacke*, NVwZ 2021, S. 912 (914); *Becker*, NJW 2022, S 1222: „Gewaltenteilungs-Gratwanderung".

100 Vgl. *Greffrath*, Überlegungen zur Zukunft des Staates.

101 Vgl. *Kloepfer/Wiedmann*, DVBl. 2021, S. 1333 (1334), zu den dennoch verbleibenden räumlichen und zeitlichen Repräsentationsdefiziten parlamentarischer Entscheidungen im Kontext der Klimakatastrophe.

102 Vgl. nochmals BVerfG, 24.3.2021, BVerfGE 157, 30, Rn. 120, 186, 192 – Klima.

103 Vgl. BVerfG, 19.11.2021, NJW 2022, S. 139, Rn. 104 ff. – Bundesnotbremse I; BVerfG, 19.11.2021, NJW 2022, S. 167, Rn. 41 ff. – Bundesnotbremse II.

[104] Vgl. BVerfG, 8.8.1978, BVerfGE 49, 89 (137 ff.) – Kalkar I; BVerfG, 20.12.1979, BVerfGE 53, 30 (59) – Mülheim-Kärlich; ferner BVerfG, 18.2.2010, NVwZ 2010, S. 702, Rn. 12 f. – „Schwarze Löcher".

[105] Vgl. BVerfG, 12.11.2008, NVwZ 2009, S. 171 (175) – Grafenrheinfeld; BVerfG, 10.11.2009, NVwZ 2010, S. 114 (118) – Schacht Konrad; BVerwG, 10.4.2008, NVwZ 2008, S. 1012 (1014, 1016); vgl. bereits oben S. 34.

[106] Vgl. hierzu und zum Folgenden BVerfG, 5.8.2020, NJW 2020, S. 2953, Rn. 23 ff. – Containern.

[107] BVerfG, 5.8.2020, NJW 2020, S. 2953, Rn. 48 – Containern.

[108] BVerfG, 14.5.2021, BeckRS 2021, 13330 – Ferkel; vgl. hierzu *Sinder*, JZ 2021, S. 1078 (1087).

[109] BVerwG, 13.6.2019, NVwZ 2019, S. 1617, Rn. 26 – „Kükenschreddern".

[110] BVerwG, 13.6.2019, NVwZ 2019, S. 1617, Rn. 30 – „Kükenschreddern".

[111] Vgl. hierzu und zum Folgenden OLG Naumburg, 22.2.2018, NJW 2018, S. 2064, Rn. 13 ff. – Tiernotstand.

[112] Vgl. hierzu und zum Folgenden *Kersten*, APuZ 11/2020, S. 27 (28); *ders.*, Die Rechte der Natur und die Verfassungsfrage des Anthropozän, S. 87 (91 ff.).

[113] Vgl. *Beck*, Risikogesellschaft, S. 7 ff.

[114] Vgl. *Beck*, Weltrisikogesellschaft.

[115] Vgl. *Scholz*, in: Dürig/Herzog/Scholz, GG, Art. 20a, Rn. 10; *Schulze-Fielitz*, in: Dreier, GG, Art. 20a, Rn. 53 f.; darüber hinaus für eine umfassende rechtliche Würdigung der Rechtsentwicklung von der Gefahrenabwehr zur Risikovorsorge *Di Fabio*, Risikoentscheidungen im Rechtsstaat, S. 41 ff.; *Calliess*, Rechtsstaat und Umweltstaat, S. 154 ff.

[116] Vgl. hierzu und zum Folgenden *Kersten*, Der Abschied vom Restrisiko?, S. 164 (166 ff.); *ders.*, Die Rechte der Natur und die Verfassungsfrage des Anthropozän, S. 87 (91 ff.).

[117] Vgl. oben S. 37 f.

[118] Vgl. zum „anthropozänen Abstandsgebot" pointiert und programmatisch *Calliess*, FAZ, 12.9.2019, S. 6; vgl. ferner *ders.*, FAZ, 20.5.2021, S. 6; *ders.*, ZUR 2021, S. 323 (330 ff.); *ders.*, ZUR 2021, S. 2021, S. 355 (357).

[119] *Sloterdijk*, Im Weltinnenraum des Kapitals, S. 150 (Hervorhebung im Original).

[120] BVerfG, 8.8.1978, BVerfGE 49, 89 (143) – Kalkar I; vgl. auch BVerfG, 20.12.1979, BVerfGE 53, 30 (59) – Mülheim-Kärlich: „[…]; auch im Hinblick auf ein verbleibendes Restrisiko in Gestalt einer künftigen Grundrechtsgefährdung läßt das Gesetz eine Genehmigung nur dann zu, wenn es nach dem Stand von Wissenschaft und Technik praktisch ausgeschlossen ist, daß solche Schadensereignisse eintreten" (Klammerzusatz durch den Verfasser).

[121] BVerfG, 18.2.2010, NVwZ 2010, S. 702, Rn. 12 – Schwarze Löcher; vgl. ferner dass., ebd., Rn. 13.

[122] BVerfG, 24.3.2021, BVerfGE 157, 30, Rn. 114 – Klima, mit zitatförmigem Verweis auf BVerfG, 18.2.2010, NVwZ 2010, S. 702, Rn. 13 – Schwarze Löcher; vgl. ferner BVerfG, 24.3.2021, BVerfGE 157, 30, Rn. 115 – Klima.

[123] *Heßler*, FAZ, 2.4.2011, S. 33.

[124] Vgl. oben S. 23 ff.

[125] Vgl. *Kersten*, Die Rechte der Natur und die Verfassungsfrage des Anthropozän, S. 87 (114 f.); *ders.*, Das Anthropozän-Konzept, S. 77 ff.

126 Vgl. programmatisch *Rixen*, VVDStRL 80 (2021), S. 37 (46 ff.).

127 Vgl. hierzu und zum Folgenden *Kersten*, APuZ 11/2020, S. 27 (28); *ders.*, Die Rechte der Natur und die Verfassungsfrage des Anthropozän, S. 87 (94 ff.).

128 *World Commission on Environment and Development*, Our Common Future, 1. Kap., Rn. 49; vgl. ferner *dies.*, ebd., 2. Kap., Rn. 1 ff.; in historischer Perspektive *Mauch*, Mensch und Umwelt, S. 21 ff., 47 ff.

129 Vgl. hierzu und zum Folgenden *Biaggini*, in: v.Bogdandy/Cruz Villalón/Huber, IPE I, § 10, Rn. 26.

130 Vgl. *Kahl/Gärditz*, Umweltrecht, § 2, Rn. 12.

131 Vgl. für die Verankerung der Nachhaltigkeit und Generationengerechtigkeit *Hessen:* „Der Staat, die Gemeinden und Gemeindeverbände berücksichtigen bei ihrem Handeln das Prinzip der Nachhaltigkeit, um die Interessen künftiger Generationen zu wahren." (Art. 26c Verfassung Hessen); *Schleswig-Holstein:* „[Das Land Schleswig-Holstein ist] bestrebt, durch nachhaltiges Handeln die Interessen gegenwärtiger wie künftiger Generationen zu schützen" (Präambel Verfassung Schleswig-Holstein, Klammerzusatz durch den Verfasser).

132 Vgl. zur verfassungspolitischen Diskussion eines Staatsziels „Nachhaltigkeit" statt vieler *Kloepfer*, in: Kahl/Waldhoff/Walter, BK-GG, Art. 20a, Rn. 150 f. m. w. N.

133 BT-Drs. 16/3399, S. 3; vgl. auch den von *Wolfgang Kahl* unterbreiteten Vorschlag für die Verankerung des Nachhaltigkeitsprinzips in einer Regelung des Art. 20b GG: „Der Staat hat in seinem Handeln auch mit Blick auf die Interessen künftiger Generationen das Prinzip der Nachhaltigkeit zu achten." – vgl. *Kahl*, DÖV 2009, S. 2 (9); insgesamt krit. *Kloepfer*, in: Kahl/Waldhoff/Walter, BK-GG, Art. 20a, Rn. 151.

134 Vgl. oben S. 27 f.

135 Vgl. *Kahl*, Einleitung: Nachhaltigkeit als Verbundbegriff, S. 9 m. w. N.; *Appel*, Staatliche Zukunfts- und Entwicklungsvorsorge, S. 339 ff.

136 Vgl. *Appel*, Staatliche Zukunfts- und Entwicklungsvorsorge, S. 241 ff., für eine politische und rechtliche Nachzeichnung dieser Entwicklungslinie.

137 *Boysen*, Die postkoloniale Konstellation, S. 89.

138 *Appel*, Staatliche Zukunfts- und Entwicklungsvorsorge, S. 339.

139 Vgl. *Appel*, Staatliche Zukunfts- und Entwicklungsvorsorge, S. 348 ff.

140 *Mauch*, Mensch und Umwelt, S. 64.

141 Vgl. bereits *Hegel*, Philosophie des Rechts, S. 152 ff.

142 Vgl. bereits *Steinberg*, NJW 1996, S. 1985 (1991).

143 *Hofmann*, JZ 1988, S. 265 (277); vgl. auch *Kloepfer*, DVBl 1994, S. 12 (14); *Epiney*, in: v.Mangoldt/Klein/Starck, GG, Art. 20a, Rn. 26 m.w.N; *Bock*, Umweltschutz im Spiegel von Verfassungsrecht und Verfassungspolitik, S. 200 f.

144 Vgl. krit. *v.Lersner*, NVwZ 1988, S. 988 (990): „Insofern verwechselt der oft zu lesende Einwand, daß die Anthropozentrik unvermeidbar sei, die Anthropozentrik mit Anthroponomie und Anthropokratie."; a. A. *Gelinsky*, Natur als Person?

145 Vgl. *Gutmann*, Der globale Trend zu Rechten der Natur, S. 133 (141 ff.); *ders.*, Hybride Rechtssubjektivität, S. 240 ff.

146 Vgl. *Tabios Hillebrecht*, Disrobing Rights, S. 15 (19 f.).

147 Vgl. oben S. 23 ff.

148 *Adorno*, Individuum und Organisation, S. 440 (454); vgl. auch *Horkheimer/Adorno*, Dialektik der Aufklärung, S. 289; *Fischer*, „Verwilderte Selbsterhaltung", S. 151 ff., bes. 156 f., zu *Adornos* sozial-ökologischer Perspektive.

[149] Vgl. *Streit*, Ökologie; *Nentwig/Bacher/Brandl*, Ökologie, S. XIVf.; aus juristischer Perspektive zur Entwicklung des Begriffsverständnisses von Ökologie *Bosselmann*, Ökologische Grundrechte, S. 23ff., insbes. S. 23f., 26.

[150] Vgl. *Reichholf*, Naturschutz, S. 93ff., insbes. S. 97ff., 102ff., für eine Kritik des Begriffs des „Naturhaushalts".

[151] Vgl. hierzu und zum Folgenden *Reichholf*, Stabile Ungleichgewichte, S. 9ff., 22f., 28ff., 38ff., 55, 101ff., 109ff., insbes. S. 109, 125.

[152] *Reichholf*, Stabile Ungleichgewichte, S. 109, 125.

[153] *Sarkar*, Ecology.

[154] *Reichholf*, Stabile Ungleichgewichte, passim, insbes. S. 125ff., 133ff.; *ders.*, Naturschutz, S. 108.

[155] Vgl. *Reichholf*, Stabile Ungleichgewichte, S. 128; vgl. aber zugleich zurückhaltend *ders.*, ebd., S. 110f.

[156] *Wissenschaftlicher Beirat der Bundesregierung Globale Umweltveränderungen*, Welt im Wandel, S. 34, 66, 288.

[157] Vgl. *Schellnhuber*, Nature 402 (2.12.1999), S. C19ff.; *ders./Crutzen/Clark/Hunt*, Environment 47/8 (10.10.2005), S. 11ff.; *Klose/Wunderling/Winkelmann/Donges*, 2021 Environ. Res. Lett. 16 125011.

[158] Vgl. *Mauser*, Abfall und Globale Stoffströme, S. 183 (201f.); *Kersten*, EurUP 2016, S. (319f.); *ders.*, Baurecht, Rn. 23.

[159] *Markl*, Natur als Kulturaufgabe, S. 317.

[160] *Mauch*, Mensch und Umwelt, S. 68.

[161] *Schwägerl*, Menschenzeit, S. 126 (Klammerzusatz durch den Verfasser); vgl. ferner *ders.*, ebd., S. 43.

[162] Vgl. *Kersten*, EurUP 2016, S. (319).

[163] Vgl. demgegenüber *Bosselmann*, Ökologische Grundrechte, S. 20, 50, 52, für eine Verpflichtung des „Ökologischen Rechtsstaats" zur „Wahrung des ökologischen Gleichgewichts".

[164] Vgl. *Calliess*, FAZ, 12.9.2019, S. 6; *ders.*, FAZ, 20.5.2021, S. 6; *ders.*, ZUR 2021, S. 323 (330ff.); *ders.*, ZUR 2021, S. 2021, S. 355 (357).

[165] Vgl. hierzu und zum Folgenden grds. auch *Bosselmann*, Ökologische Grundrechte, S. 50.

[166] Vgl. für eine Ergänzung der Präambel auch den Regelungsvorschlag des *Kuratoriums für einen demokratisch verfassten Bund deutscher Länder/Heinrich-Böll-Stiftung*, Vom Grundgesetz zur deutschen Verfassung, S. 75: „[…] von dem Willen beseelt, […] die Grundlagen allen Lebens zu bewahren" (Abs. 4 Präambel) (Klammerzusätze durch den Verfasser); weitergehend *Meyer-Abich*, Aufstand für die Natur, S. 136f.

[167] Vgl. hierzu und zum Folgenden *Kersten*, Das Klonen von Menschen, S. 317ff. m. w. N.

[168] Vgl. hierzu und zum Folgenden *Kersten*, Eine Million Jahre?, S. 269 (273, 284f.).

[169] *Sloterdijk*, Zorn und Zeit, S. 146.

[170] *Arbeitsgruppe „Neue Verfassung der DDR"*, Entwurf. Verfassung der Deutschen Demokratischen Republik (Klammerzusatz durch den Verfasser).

[171] *Kuratorium für einen demokratisch verfassten Bund deutscher Länder/Heinrich-Böll-Stiftung*, Vom Grundgesetz zur deutschen Verfassung, S. 75.

[172] Vgl. unten S. 115ff.

[173] Vgl. oben S. 51ff.

[174] Vgl. oben S. 53f.

175 Vgl. *Jellinek*, System der subjektiven öffentlichen Rechte, S. 51, 56f., für diese klassische Definition des subjektiven-öffentlichen Rechts.

176 Vgl. für eine Ergänzung des Art. 1 GG die folgenden Regelungsvorschläge: *Bosselmann*, Ökologische Grundrechte, S. 94: „Die Würde des Menschen umfaßt den Respekt vor der Natur." (Art. 1 Abs. 1 Satz 3 GG); *Kuratorium für einen demokratisch verfassten Bund deutscher Länder/Heinrich-Böll-Stiftung*, Vom Grundgesetz zur deutschen Verfassung, S. 76: „Das Volk des Bundes deutscher Länder bekennt sich darum zu unverletzlichen und unveräußerlichen Menschenrechten als Grundlage jeder menschlichen Gemeinschaft, des Friedens und der Gerechtigkeit in der Welt, zur Bewahrung der natürlichen Lebensgrundlagen und zur Verantwortung gegenüber zukünftigen Generationen." (Art. 1 Abs. 2 GG).

177 BVerfG, 16.7.1969, BVerfGE 27, 1 (6) – Mikrozensus: „Es widerspricht der menschlichen Würde, den Menschen zum bloßen Objekt im Staat zu machen."; ständige Rechtsprechung.

178 *Arendt*, Die Wandlung 4 (1949), S. 754 (760).

179 Vgl. beispielsweise die Formulierung des Petitionsrechts (Art. 17 GG).

180 Vgl. insofern die Formulierung der kommunalen Selbstverwaltungsgarantie (Art. 28 Abs. 2 Satz 1 GG).

181 Vgl. beispielsweise die Formulierung des staatlichen „Wächteramts" für die Pflege und Erziehung der Kinder durch ihre Eltern (Art. 6 Abs. 2 Satz 2 GG) oder des Anspruchs jeder Mutter auf Schutz und Fürsorge der Gemeinschaft (Art. 6 Abs. 4 GG).

182 Vgl. insofern beispielsweise die Formulierung der Schranken des Asylrechts (Art. 16a Abs. 2 Sätze 1 und 2, Abs. 5 GG), des kommunalen Wahlrechts (Art. 28 Abs. 1 Satz 3 GG), der Luftverkehrsverwaltung (Art. 87d Abs. 1 Satz 2 GG) und der Finanzverfassung (Art. 106 Abs. 1 Nr. 7, Art. 108 Abs. 1 Satz 1, Art. 109 Abs. 2 und Abs. 5 Satz 1 GG).

183 Vgl. *Ehemann*, Umweltgerechtigkeit, zur Environmental Justice als nationales, europäisches und internationales Rechtsprinzip.

184 Vgl. unten S. 116ff.

185 Vgl. hierzu und zum Folgenden *Kersten*, Das Anthropozän-Konzept, S. 52f. m. w. N.

186 Vgl. grds. *Krüger*, Geoengineering und Völkerrecht.

187 Vgl. unten S. 100ff.

188 Vgl. für eine Ergänzung des Art. 2 Abs. 1 GG die folgenden Regelungsvorschläge: *Bosselmann*, KJ 1986, S. 1 (20): „Jeder hat das Recht auf freie Entfaltung seiner Persönlichkeit, soweit er nicht die Rechte anderer oder die Rechte der natürlichen Umwelt verletzt und nicht gegen die verfassungsmäßige Ordnung oder das Sittengesetz verstößt" (Art. 2 Abs. 1 GG); *ders.*, UTR 1994, S. 2 (15): „Jeder hat das Recht auf freie Entfaltung der Persönlichkeit, soweit nicht die Rechte anderer und die natürlichen Lebensgrundlagen in ihrer Nachhaltigkeit beeinträchtigt werden" (Art. 2 Abs. 1 GG); *ders.*, Ökologische Grundrechte, S. 96: „Jeder hat das Recht auf freie Entfaltung seiner Persönlichkeit, soweit er nicht die Rechte anderer Menschen und der natürlichen Mitwelt verletzt und nicht gegen die verfassungsmäßige Ordnung oder gegen das Sittengesetz verstößt" (Art. 2 Abs. 1 GG) oder alternativ: „Jeder Mensch hat das Recht auf freie Entfaltung seiner Persönlichkeit und die natürliche Mitwelt hat ein Recht auf ungestörte Andersheit, soweit nicht gegen die verfassungsmäßige Ordnung verstoßen wird" (Art. 2 Abs. 1 GG); grds. auch *ders.*, Im Namen der Natur, S. 205; zurückhaltender jedoch *ders.*, Der Ökologische Rechtsstaat, S. 53 (62).

189 Vgl. BVerfG, 10.1.1957, BVerfGE 6, 32 (37, 41) – Elfes; BVerfG, 23.5.1980, BVerfGE 54, 143 (146) – Taubenfüttern; BVerfG, 6.6.1989, BVerfGE 80, 137 (152 f. m. w. N.) – Reiten im Walde; a.A. Sondervotum des Bundesverfassungsrichters *Dieter Grimm*, BVerfG, 6.6.1989, BVerfGE 80, 137 (164 ff.) – Reiten im Walde.

190 Vgl. beispielsweise BVerfG, 15.12.1983, BVerfGE 65, 1 (41 f.) – Volkszählung; BVerfG, 27.2.2008, BVerfGE 120, 274 (303 ff.) – Computergrundrecht.

191 Vgl. BVerfG, 23.5.1980, BVerfGE 54, 143 (146 f. m.w.N) – Taubenfüttern; BVerfG, 6.6.1989, BVerfGE 80, 137 (153 m. w. N.) – Reiten im Walde.

192 Vgl. unten S. 72 ff.

193 Vgl. unten S. 100 ff., insbesondere S. 106.

194 BVerfG, 10.1.1957, BVerfGE 6, 32 (3. Ls.) – Elfes; vgl. ferner dass., ebd., S. 38; BVerfG, 23.5.1980, BVerfGE 54, 143 (144) – Taubenfüttern; BVerfG, 16.6.1989, BVerfGE 80, 137 (153) – Reiten im Walde.

195 Der Begriff des „Sittengesetzes" kann im Rahmen einer Neufassung des Art. 2 Abs. 1 GG-E entfallen. In verfassungshistorischer Perspektive wurde das „Sittengesetz" des Art. 2 Abs. 1 GG von der Rechtsprechung herangezogen, um Diskriminierungen verfassungsrechtlich zu legitimieren – vgl. BVerfG, 18.11.1954, BVerfGE 4, 110 (114); BVerfG, 10.5.1957, BVerfGE 6, 389 (434 f.); hierzu *Rixen*, in: Sachs, GG, Art. 2, Rn. 94. Heute kommt dem „Sittengesetz" i. S. d. Art. 2 Abs. 1 GG keine eigenständige verfassungsrechtliche Bedeutung (mehr) zu – vgl. *Jarass*, in: ders./Pieroth, GG, Art. 2, Rn. 15.

196 Vgl. hierzu und zum Folgenden oben S. 52 f.

197 Vgl. hierzu und zum Folgenden *Bosselmann*, KJ 1986, S. 1 (18); *ders.*, Nichtanthropozentrische Erweiterung des Umweltrechts?, S. 201 (207); *ders.*, Ökologische Grundrechte, S. 59 ff., 125.

198 Vgl. *Bosselmann*, KJ 1986, S. 1 (20).

199 Vgl. unten S. 87 f.

200 Vgl. unten S. 92 ff.

201 Vgl. *Bosselmann*, Ökologische Grundrechte, S. 65.

202 BVerfG, 20.7.1954, BVerfGE 4, 7 (15 f.) – Investitionshilfe.

203 Vgl. für eine Ergänzung des Art. 2 GG die folgenden Regelungsvorschläge: Die Bundestagsfraktion *Die Grünen* unterbereitete im Jahr 1984 den Vorschlag: „Jeder Mensch hat das Recht auf eine intakte Umwelt und den Erhalt seiner natürlichen Lebensgrundlagen" (Art. 2 Abs. 3 GG) (BT-Drs. 10/990, S. 2). Dieses „Umweltgrundrecht" (BT-Drs. 10/990, S. 1) sollte nach dem Entwurf durch eine Staatszielbestimmung „Umweltschutz" (Art. 37a GG) ergänzt werden (BT-Drs. 10/990, S. 2). Im Jahr 1987 sprach sich die Bundestagsfraktion *Die Grünen* für eine Einführung eines Art. 2a GG aus: „(1) Jeder Mensch hat das Recht auf eine gesunde Umwelt und den Erhalt seiner natürlichen Lebensgrundlagen. (2) Jeder hat das Recht, die belebte und unbelebte Natur um ihrer selbst willen und zur Erhaltung der menschlichen Lebensgrundlagen auch für zukünftige Generationen zu schützen und zu pflegen. Das Nähere regelt ein Bundesgesetz" (BT-Drs. 11/604, S. 2). Ebenfalls im Jahr 1987 legte die Bundestagsfraktion *Die Grünen* eine Ergänzung des Art. 2 Abs. 2 Satz 1 GG vor: Jeder hat ein Recht auf Leben und körperliche Unversehrtheit, „die Erhaltung seiner natürlichen Lebensgrundlagen und den Schutz vor erheblichen Beeinträchtigungen seiner natürlichen Umwelt" (BT-Drs. 11/663, S. 2); vgl. hierzu BVerfG, 24.3.2021, BVerfGE 157, 30, Rn. 112 – Klima; für weitere Formulierungsvorschläge *Kloepfer*, Zum Grundrecht

auf Umweltschutz, S. 11 f., 31 f. m. w. N.; krit. bzw. ablehnend zu einem „Umweltgrundrecht" *Kloepfer*, ebd., S. 35 ff.; *ders.*, Umweltrecht, § 3, Rn. 15; *Bock*, Umweltschutz im Spiegel von Verfassungsrecht und Verfassungspolitik, S. 235 ff.; *Steinberg*, Der ökologische Verfassungsstaat, S. 422 ff.; *Kahl/Gärditz*, Umweltrecht, § 3, Rn. 14; vgl. insgesamt *Calliess*, Rechtsstaat und Umweltstaat, S. 298 ff. m.umf.N.; in rechtsvergleichender Perspektive *Kahl*, JA 2021, S. 117 (118 m. w. N.).

204 Vgl. hierzu und zum Folgenden unten S. 100 ff., insbes. S. 106.

205 Auf die (vermeintlichen) Schwierigkeiten, den Schutzbereich eines Grundrechts auf eine intakte Umwelt zu bestimmen, ist immer wieder hingewiesen worden. Es gehe – so *Michael Kloepfer* – um „die Absteckung des Terrains *verfassungsrechtlicher Normierbarkeit*. Hierbei steht fest, daß ein gesundes Ökosystem selbst nicht garantiert werden kann, sondern letztlich nur menschliches Verhalten (auch und gerade von Amtsträgern) und zwar mit Geboten, etwas zu tun oder zu unterlassen, um eine intakte Umwelt zu erhalten oder wiederherzustellen. Die natürliche Umwelt folgt Naturgesetzen und nicht staatlichen Gesetzen. [...] Die Verfassung ist eben nicht eine säkularisierte Form des Allmächtigen." – vgl. *Kloepfer*, Zum Grundrecht auf Umweltschutz, S. 13 (Hervorhebung im Original, Klammerzusatz durch den Verfasser); ferner *Bock*, Umweltschutz im Spiegel von Verfassungsrecht und Verfassungspolitik, S. 229; *Calliess*, ZUR 2021, S. 323 (325). Doch damit werden keine Einwände gegen die Anerkennung und Bestimmbarkeit des Grundrechts auf eine intakte Umwelt, sondern eigentlich nur juristische Selbstverständlichkeiten formuliert, die genauso gut zum Beispiel auf das Grundrecht auf Leben und körperliche Unverschrtheit zutreffen, ohne dass dessen verfassungsrechtliche Garantie in Art. 2 Abs. 2 Satz 1 GG in Frage gestellt würde – vgl. pointiert *v. Lersner*, NVwZ 1988, S. 988 (989), unter Bezugnahme auf Art. 6 Abs. 1 GG.

206 Vgl. zur ökologischen Dimension des grundrechtlichen Schutzes von Leben und körperlicher Unversehrtheit oben S. 31 f.

207 *Kloepfer*, Zum Grundrecht auf Umweltschutz, S. 18, 29 f.

208 Vgl. BVerfG, 15.12.1983, BVerfGE 65, 1 (41 ff.) – Volkszählung.

209 BVerfG, 27.2.2008, BVerfGE 120, 274 (302) – Online-Durchsuchungen.

210 Vgl. pointiert *Gruber*, Bioinformationsrecht, S. 58 ff., 131 ff.

211 Vgl. zu der kontroversen Diskussion der Dimensionen eines Grundrechts auf Umweltschutz in und seit den 1970er Jahren *Kloepfer*, Zum Grundrecht auf Umweltschutz, S. 27 ff.; *Bock*, Umweltschutz im Spiegel von Verfassungsrecht und Verfassungspolitik, S. 228 ff.

212 Vgl. hierzu und zum Folgenden *Buser*, DVBl 2020, S. 1389 (1392); *Kahl*, JA 2021, S. 117 (118 f.); *Calliess*, Rechtsstaat und Umweltstaat, S. 423 ff.; jeweils m. w. N.

213 Vgl. BVerfG, 26.5.1998, NJW 1998, S. 3264 (3265) – Waldschäden.

214 Vgl. VG Berlin, 31.1.2019, NVwZ 2020, S. 1289, Rn. 61 – Klimaschutzziel 2020.

215 Vgl. BVerfG, 20.12.1979, BVerfGE 53, 30 (58) – Mühlheim-Kärlich; vgl. auch VG Berlin, 31.1.2019, NVwZ 2020, S. 1289, Rn. 62 – Klimaschutzziel 2020.

216 Vgl. *Schirmer*, JZ 2021, S. 1099 ff., am Beispiel der Kausalitätsbestimmung im Kontext der Klimahaftung.

217 Vgl. a. A. *Buser*, DVBl 2020, S. 1389 (1392); *Kahl*, JA 2021, S. 117 (119); *Calliess*, Rechtsstaat und Umweltstaat, S. 423 ff.; jew. m.umf.N.

218 Vgl. zum Recht auf ein ökologisches Existenzminium bereits oben S. 33 f.

219 Vgl. *Ehemann*, Umweltgerechtigkeit, S. 5 ff., passim.

220 Vgl. unten S. 116 ff.

221 Vgl. unten S. 79 ff.

222 Vgl. hierzu und zum Folgenden grundlegend BVerfG, 15.1.1958, BVerfGE 7, 198 (205, 215) – Lüth.

223 Vgl. oben S. 35 ff.

224 Vgl. unten S. 105 ff.

225 Vgl. für ein Recht auf ökologische Informationen die Landesverfassungen von Brandenburg, Mecklenburg-Vorpommern, Sachsen, Sachsen-Anhalt und Thüringen: *Brandenburg:* Das Land, die Gemeinden und Gemeindeverbände sind verpflichtet, Informationen über gegenwärtige und zu erwartende Belastungen der natürlichen Umwelt zu erheben und zu dokumentieren; Eigentümer und Betreiber von Anlagen haben eine entsprechende Offenbarungspflicht. Jeder hat das Recht auf diese Informationen, soweit nicht überwiegende öffentliche oder private Interessen entgegenstehen. Das Nähere regelt ein Gesetz. (Art. 39 Abs. 7 Verfassung Brandenburg); *Mecklenburg-Vorpommern:* Jeder hat das Recht auf Zugang zu Informationen über die Umwelt, die bei der öffentlichen Verwaltung vorhanden sind (Art. 6 Abs. 3 Verfassung Mecklenburg-Vorpommern). Das Nähere regelt das Gesetz (Art. 6 Abs. 4 Verfassung Mecklenburg-Vorpommern); *Sachsen:* Jede Person hat das Recht auf Auskunft über die Daten, welche die natürliche Umwelt in ihrem Lebensraum betreffen, soweit sie durch das Land erhoben oder gespeichert worden sind und soweit nicht Bundesrecht, rechtlich geschützte Interessen Dritter oder überwiegende Belange der Allgemeinheit entgegenstehen. (Art. 34 Verfassung Sachsen); *Sachsen-Anhalt:* Jeder hat das Recht auf Auskunft über die Vorhaben und Daten im Verfügungsbereich der öffentlichen Gewalt, welche die natürliche Umwelt in seinem Lebensraum betreffen, soweit nicht Bundesrecht, rechtlich geschützte Interessen Dritter oder das Wohl der Allgemeinheit entgegenstehen. Das Nähere regeln die Gesetze. (Art. 6 Abs. 2 Verfassung Sachsen-Anhalt); *Thüringen:* Jeder hat das Recht auf Auskunft über die Daten, welche die natürliche Umwelt in seinem Lebensraum betreffen und die durch den Freistaat erhoben worden sind, soweit gesetzliche Regelungen oder Rechte Dritter nicht entgegenstehen (Art. 33 Verfassung Thüringen). Das *Kuratorium für einen demokratisch verfassten Bund deutscher Länder/Heinrich-Böll-Stiftung*, Vom Grundgesetz zur deutschen Verfassung, S. 95, hatte sich für eine ökologische Dokumentations- und Informationspflicht ausgesprochen, die im Rahmen der Staatszielbestimmung „Schutz der natürlichen Lebensgrundlagen" geregelt werden sollte: „Bund, Länder und Gemeinden sind verpflichtet, gegenwärtige und zu erwartende ökologische Belastungen zu dokumentieren und über alle wichtigen ökologischen Entscheidungen, Programme, Vorhaben und Maßnahmen zu informieren" (Art. 20a Abs. 2 GG). *Christian Calliess* hat den Vorschlag unterbereitet, das Recht auf eine gesunde Umwelt sowohl im Grundgesetz als auch in der Charta der Grundrechte der Europäischen Union prozedural zu fassen, weil sich der materielle Schutzbereich eines solchen Grundrechts nur schwer bestimmen lässt: „Jeder Mensch hat das Recht auf eine saubere und gesunde Umwelt, sowie deren Erhaltung und Schutz. Dieses wird durch Rechte auf Information, Beteiligung im Verwaltungsverfahren und effektiven Zugang zu Gericht gewährleistet." (Art. 2 Abs. 3 GG/Art. 37 GRCh) – *Calliess*, ZUR 2021, S. 323 (328). Nach der hier vertretenen Auffassung wird die partizipative Dimension dieses Rechts bereits durch die Neufassung des Art. 2 Abs. 2 Satz 1 GG garantiert (vgl. oben S. 72 ff.) und effektiver Rechtsschutz durch Art. 19 Abs. 4 GG gewährleistet (vgl. unten S. 191),

sodass „nur" das Recht auf ökologische Informationen einer ausdrücklichen Ausgestaltung im Grundgesetz bedarf.

226 Vgl. *Rossi*, Informationszugangsfreiheit und Verfassungsrecht, S. 67 ff., für eine allgemeine, funktionendifferenzierende Analyse des gesellschaftlichen und verfassungsrechtlichen Strukturwandels, S. 106 ff., speziell mit Blick auf den Umweltschutz.

227 Vgl. bereits zum weiten Verständnis der Anspruchsberechtigten § 3 Abs. 1 Satz 1 UIG.

228 Vgl. hierzu und zum Folgenden auch beispielhaft die weit gefasste Legaldefinition des Begriffs der Umweltinformationen durch § 2 Abs. 3 UIG; für weite Auslegung auch EuGH, 23.11.2016, C-673/13 P, EuZW, 2017, S. 107, Rn. 52 f. m. w. N. – Kommission/Stichting Greenpeace Nederland und PAN Europe; *Kahl/Gärditz*, Umweltrecht, § 4, Rn. 196 m. w. N.

229 Vgl. für die entsprechenden Status- und Zurechnungsfragen auf einfachgesetzlicher Ebene nach § 2 Abs. 1 und Abs. 2 UIG *Rossi*, NVwZ 2019, 980 (981); *Kahl/Gärditz*, Umweltrecht, § 4, Rn. 192 ff., insbes. Rn. 194 m. w. N.

230 Vgl. § 2 Abs. 1 Nr. 2 UIG, zum Begriff der „umweltbezogenen Daseinsvorsorge"; hierzu bereits oben S. 54.

231 Vgl. für eine entsprechende einfachgesetzliche Ausgestaltung der Information der Öffentlichkeit § 10 Abs. 1 Satz 1 UIG: Die informationspflichtigen Stellen unterrichten die Öffentlichkeit in angemessenem Umfang aktiv und systematisch über die Umwelt.

232 *Denninger*, Verfassungsrechtliche Anforderungen an die Normsetzung im Umwelt- und Technikrecht, S. 172; vgl. ferner *Wolf*, Der ökologische Rechtsstaat als prozedurales Programm, S. 57 (85).

233 Vgl. *Rossi*, Informationszugangsfreiheit und Verfassungsrecht, S. 94 ff., 271 ff., allgemein zur Kontrollfunktion.

234 Vgl. zu den europäischen und internationalen Vorgaben *Wegener*, NVwZ 2015, S. 609 f.; *Kahl/Gärditz*, Umweltrecht, § 4, Rn. 185 ff.; *Rossi*, Informationszugangsfreiheit und Verfassungsrecht, S. 40 ff., 106 ff.

235 Vgl. aktuell das Umweltinformationsgesetz (UIG).

236 Vgl. auch Art. 39 Abs. 7 Satz 2 Verfassung Brandenburg, Art. 34 Verfassung Sachsen, Art. 6 Abs. 2 Satz 1 Verfassung Sachsen-Anhalt, Art. 33 Verfassung Thüringen; vgl. auch *Wegener*, NVwZ 2015, S. 609 (614 ff.); *Rossi*, Informationszugangsfreiheit und Verfassungsrecht, S. 134 ff.

237 Vgl. *Rieble*, ZTR 2000, S. 1 ff. m. w. N., zur rechtspolitischen Diskussion des Verhältnisses von Koalitionsfreiheit und Umweltschutz in rechtshistorischer Perspektive.

238 BVerfG, 1.3.1979, BVerfGE 50, 290 (366 f.) – Mitbestimmung.

239 BVerfG, 1.3.1979, BVerfGE 50, 290 (367 m. w. N.) – Mitbestimmung.

240 Vgl. BVerfG, 4.7.1995, BVerfGE 92, 352 (393) – § 116 Abs. 3 AFG; BVerfG, 3.4.2001, BVerfGE 103, 293 (304) – Urlaubsanrechnung; BVerfG, 11.7.2017, BVerfGE 146, 71, Rn. 130 – Tarifeinheit; jew.m. w. N.; *Giesen*, Tarifautonomie, Sp. 2439.

241 Vgl. *Kersten*, Neues Arbeitskampfrecht, S. 40 ff., insbes. S. 45 m. w. N.

242 Vgl. BVerfG, 2.3.1993, BVerfGE 88, 103 (114 f.) – Streikeinsatz von Beamtinnen und Beamten, zu Art. 9 Abs. 3 Satz 1 GG als „Doppelgrundrecht", das sowohl den individuellen Arbeitnehmerinnen und Arbeitnehmern sowie Arbeitgeberinnen und Arbeitgebern als auch den Koalitionen, also Gewerkschaften und Arbeitgeberverbänden zusteht.

243 Vgl. zum Begriff der Arbeitsbedingungen BVerfG, 24.4.1996, BVerfGE 94, 268 (283) – Wissenschaftliches Personal; BVerfG, 3.4.2001, BVerfGE 103, 293 (304) – Urlaubsanrechnung; BVerfG, 11.7.2017, BVerfGE 146, 71, Rn. 146 – Tarifeinheit; insbes. *Rieble*, ZTR 2000, S. 1 (2f.), zur ökologischen Dimension des Arbeitsschutzes.

244 Vgl. zum Begriff der Wirtschaftsbedingungen *Rixen*, in: Stern/Becker, Grundrechte-Kommentar, Art. 9, Rn. 31 m. w. N.

245 Vgl. BVerfG, 11.7.2017, BVerfGE 146, 71, Rn. 146 – Tarifeinheit.

246 BAG, 10.6.1980, NJW 1980, S. 1642 (1643).

247 BVerfG, 11.7.2017, BVerfGE 146, 71, Rn. 147 – Tarifeinheit.

248 BVerfG, 11.7.2017, BVerfGE 146, 71, Rn. 146 (Hervorhebung durch den Verfasser) – Tarifeinheit.

249 BVerfG, 26.5.1970, BVerfGE 28, 295 (304) – Mitgliederwerbung.

250 BVerfG, 18.12.1974, BVerfGE 38, 281 (307) – Arbeitnehmerkammern.

251 Vgl. *Linsenmaier*, in: Müller-Glöge/Preis/Schmidt, ErfK, Art. 9 GG, Rn. 80f. m.umf.N. zum Streitstand; konkret *Rieble*, ZTR 2000, S. 1 (5), mit Blick auf den Umweltschutz.

252 Vgl. krit. *Rieble*, ZTR 2000, S. 1 (5).

253 BVerfG, 11.7.2017, BVerfGE 146, 71, Rn. 143 – Tarifeinheit (Klammerzusatz durch den Verfasser); vgl. ferner BVerfG, 26.6.1991, BVerfGE 84, 212 (228) – Aussperrung, BVerfG, 27.4.1999, BVerfGE 100, 271 (283) – Lohnabstandsklausel; BVerfG, 3.4.2001, BVerfGE 103, 293 (306) – Urlaubsanrechnung; jew.m. w. N.

254 Vgl. *Schulze/Volk/Schwartzer*, ArbRAktuell 2020, S. 492ff., mit Blick auf Umweltschutz durch den Betriebsrat; *Däubler*, NZA 2020, S. 1155ff., mit Blick auf den Klimawandel; jew.m. w. N.; zurückhaltend *Rieble*, ZTR 2000, S. 1 (3).

255 BVerfG, 3.4.2001, BVerfGE 103, 293 (306) – Urlaubsanrechnung.

256 *Leimbacher*, Die Rechte der Natur, S. 268ff.; *ders.*, Die Rechte der Natur und ihre Einbindung in das Recht, S. 195 (204); auch *Wolf*, Der ökologische Rechtsstaat als prozedurales Programm, S. 57 (78); *Pernthaler*, Reform der Bundesverfassung im Sinne des ökologischen Prinzips, S. 1 (17); ferner *Meyer-Abich*, Aufstand für die Natur, S. 134ff., 141ff., für eine „Naturpflichtigkeit" des Eigentums; weitergehend *Bosselmann*, Im Namen der Natur, S. 374ff.; *ders.*, Ökologische Grundrechte, S. 119ff.; im Kontext der anthropozänen Entwicklung *Greffrath*, Überlegungen zur Zukunft des Staates; grds. auch *Rux*, Intertemporale Strukturprobleme der Demokratie, S. 301 (318).

257 Vgl. für eine ökologische Ergänzung der Eigentumsgarantie des Art. 14 GG die Regelungen in den Verfassungen Sachsens, Sachsen-Anhalts und Brandenburg. *Sachsen:* Eigentum verpflichtet. Sein Gebrauch soll zugleich dem Wohl der Allgemeinheit dienen, insbesondere die natürlichen Lebensgrundlagen schonen. (Art. 31 Abs. 2 Verfassung Sachsen); *Sachsen-Anhalt:* Eigentum verpflichtet. Sein Gebrauch soll zugleich dem Wohle der Allgemeinheit, insbesondere dem Schutz der natürlichen Lebensgrundlagen, dienen. (Art. 18 Abs. 2 Verfassung Sachsen-Anhalt); ferner *Brandenburg:* Eigentum kann eingeschränkt werden, wenn durch seinen Gebrauch rechtswidrig die Umwelt schwer geschädigt oder gefährdet wird (Art. 39 Abs. 5 Satz 3 Verfassung Brandenburg); vgl. hierzu *Steinberg*, Der ökologische Verfassungsstaat, S. 89. Darüber hinaus liegen eine ganze Reihe von Vorschlägen für die Ausgestaltung der „Ökologiepflichtigkeit" der Eigentumsgarantie des Grundgesetzes vor: Das „Kuratorium für einen demokratisch verfassten Bund deutscher Länder" hat den folgenden Vorschlag

unterbreitet: „Eigentum ist sozialpflichtig. Der Gesetzgeber stellt sicher, daß sein Gebrauch zugleich dem Wohle der Allgemeinheit, insbesondere zur Erhaltung der natürlichen Lebensgrundlagen, dient." (Art. 14 Abs. 3 GG) – vgl. *Kuratorium für einen demokratisch verfassten Bund deutscher Länder/Heinrich-Böll-Stiftung*, Vom Grundgesetz zur deutschen Verfassung, S. 90. *Klaus Bosselmann* hat die folgende Regelung vorgeschlagen: „Eigentum ist ökologie- und sozialpflichtig. Sein Gebrauch berücksichtigt den Respekt vor der Natur und dient dem Wohle der Allgemeinheit" (Art. 14 Abs. 2 GG) – vgl. *Bosselmann*, Ökologische Grundrechte, S. 124; ferner *ders.*, Im Namen der Natur, S. 204 ff.

258 *Rousseau*, Abhandlung über den Ursprung und die Grundlagen der Ungleichheit unter den Menschen, S. 37 (93) (2. Teil) (Hervorhebung im Original); vgl. auch *Greffrath*, Rückblick und Ausblick.

259 BVerfG, 6.12.2016, BVerfGE 143, 246, Rn. 216 – Atomausstieg; vgl. ferner BVerfG, 7.8.1962, BVerfGE 14, 263 (277) – Feldmühle-Urteil; BVerfG, 16.2.2000, BVerfGE 102, 1 (15) – Altlasten; BVerfG, 17.12.2013, BVerfGE 134, 242 (290) – Garzweiler.

260 Vgl. BVerfG, 18.12.1968, BVerfGE 24, 367 (389) (Klammerzusatz durch den Verfasser) – Hamburgisches Deichordnungsgesetz; BVerfG, 1.3.1979, BVerfGE 50, 290 (339) – Mitbestimmung; BVerfG, 17.12.2013, BVerfGE 134, 242 (290 f.) – Garzweiler.

261 BVerfG, 30.6.2020, BVerfGE 155, 238 (270) – Windseegesetz; vgl. ferner BVerfG, 8.5.2012, BVerfGE 131, 66 (79 m. w. N.) – Zusatzrenten.

262 BVerfG, 14.7.1999, BVerfGE 101, 54 (75 m. w. N.) – Schuldenrechtsanpassungsgesetz.

263 BVerfG, 15.7.1981, BVerfGE 58, 300 (335) – Naßauskiesung; vgl. ferner BVerfG, 23.4.1974, BVerfGE 37, 132 (140 f.) – Vergleichsmiete I; jew. m. w. N.

264 Vgl. *Battis/Edenharter*, Einführung in das Verfassungsrecht, Rn. 622; *Kingreen/Poscher*, Grundrechte, Rn. 1031, 1036.

265 Vgl. *Kube*, Eigentum an Naturgütern, S. 44 ff. m.umf.N., zu dem verfassungsdogmatischen Streit, ob zwischen Inhalts- und Schrankenbestimmungen des Eigentums unterschieden werden kann.

266 BVerfG, 2.3.1999, BVerfGE 100, 226 (243) – Denkmalschutz; vgl. ferner BVerfG, 1.3.1979, BVerfGE 50, 290 (340) – Mitbestimmung; BVerfG, 22.5.2001, BVerfGE 104, 1 (11) – Baulandumlegung.

267 BVerfG, 1.3.1979, BVerfGE 50, 290 (340) – Mitbestimmung; vgl. ferner BVerfG, 22.5.2001, BVerfGE 104, 1 (11) – Baulandumlegung.

268 BVerfG, 14.7.1999, BVerfGE 101, 54 (75 m. w. N.) – Schuldenrechtsanpassungsgesetz.

269 BVerfG, 12.1.1967, BVerfGE 21, 73 (83) – Grundstückverkehrsgesetz; BVerfG, 16.2.2000, BVerfGE 102, 1 (15) – Altlasten; BVerfG, 17.12.2013, BVerfGE 134, 242 (291) – Garzweiler.

270 Vgl. BVerfG, 15.7.1981, BVerfGE 58, 300 (323) – Naßauskiesung; BVerfG, 6.12.2016, BVerfGE 143, 246, Rn. 216– Atomausstieg; jew. m. w. N.

271 Vgl. *Kingreen/Poscher*, Grundrechte, Rn. 1094.

272 Vgl. BVerfG, 1.3.1979, BVerfGE 50, 290 (339, 341) – Mitbestimmung; BVerfG, 14.7.1981, BVerfGE 58, 137 (147 f.) – Pflichtexemplar; BVerfG, 15.7.1981, BVerfGE 58, 300 (330 f., 335) – Naßauskiesung; BVerfG, 16.6.1989, BVerfGE 80, 137 (150) – Reiten im Walde.

273 BVerfG, 12.6.1979, BVerfGE 52, 1 (29) – Kleingarten; BVerfG, 23.11.1999, BVerfGE 101, 239 (259) – Stichtagsregelung; BVerfG, 22.5.2001, BVerfGE 104, 1 (11) – Baulandumlegung.

[274] Vgl. BVerfG, 1.3.1979, BVerfGE 50, 290 (340) – Mitbestimmung; BVerfG, 14.7.1999, BVerfGE 101, 54 (75) – Schuldenrechtanpassungsgesetz.

[275] Vgl. BVerfG, 1.3.1979, BVerfGE 50, 290 (340) – Mitbestimmung; BVerfG, 12.6.1979, BVerfGE 52, 1 (32) – Kleingarten; BVerfG, 14.7.1999, BVerfGE 101, 54 (75f.) – Schuldenrechtanpassungsgesetz.

[276] BVerfG, 12.1.1967, BVerfGE 21, 73 (82f.) – Grundstückverkehrsgesetz; vgl. ferner BVerfG, 12.6.1979, BVerfGE 52, 1 (32f.) – Kleingarten; BVerfG, 22.5.2001, BVerfGE 104, 1 (11f.) – Baulandumlegung; darüber hinaus zur Situationsgebundenheit des Grundeigentums *Kube*, Eigentum an Naturgütern, S. 85ff.

[277] Vgl. *Bosselmann*, Im Namen der Natur, S. 212.

[278] *Bosselmann*, UTR 1994, S. 2 (16).

[279] *Bosselmann*, Ökologische Grundrechte, S. 117.

[280] Vgl. *Kube*, ARSP 83 (1997), S. 416 (425f.); *ders.*, Eigentum an Naturgütern, S. 24ff., insbes. 224ff.; *Bosselmann*, Der Ökologische Rechtsstaat, S. 53 (65); *ders.*, Im Namen der Natur, S. 214; *ders.*, Ökologische Grundrechte, S. 124.

[281] Vgl. hierzu und zum Folgenden *Kube*, Eigentum an Naturgütern, S. 15ff., 24ff., 115ff., 224ff.; *Kahl/Gärditz*, Umweltrecht, § 8, Rn. 23f.

[282] Vgl. BVerfG, 15.7.1981, BVerfGE 58, 300 (339) – Naßauskiesung; hierzu *Battis/Edenharter*, Einführung in das Verfassungsrecht, Rn. 622; *Kube*, Eigentum an Naturgütern, S. 225; demgegenüber *Calliess*, Rechtsstaat und Umweltstaat, S. 549, mit einer anderen verfassungsdogmatischen Einordnung des Naßauskiesungbeschlusses.

[283] Vgl. mit Blick auf wildlebende Tiere BVerfG, 3.11.1982, BVerfGE 61, 291 (307f.) – Landschaftsgesetz; hierzu *Kube*, Eigentum an Naturgütern, S. 72ff., 225f., einschließlich der unterschiedlichen Lesarten dieser Entscheidungen.

[284] Vgl. *Kloepfer*, in: Kahl/Waldhoff/Walter, BK-GG, Art. 20a, Rn. 145, zur Ambivalenz der Eigentumsfreiheit mit Blick auf den Schutz von Natur und Tieren.

[285] BVerwG, 21.6.1956, NJW 1956, S. 1369 (1370); hierzu *Bosselmann*, Ökologische Grundrechte, S. 114.

[286] Vgl. *Jarass*, in: ders./Pieroth, GG, Art. 15, Rn. 3 m. w. N.; für eine reduzierte Verhältnismäßigkeitsprüfung *Durner*, in: Dürig/Herzog/Scholz, GG, Art. 15, Rn. 95; a. A. *Kingreen/Poscher*, Grundrechte, Rn. 1094; *Bryde*, in: v.Münch/Kunig, GG, Art. 15, Rn. 13; jew. m. w. N.

[287] Vgl. *Kersten*, APuZ 11/2020, S. 27 (30ff.); *ders.*, Die Rechte der Natur und die Verfassungsfrage des Anthropozän, S. 87 (109ff.). *Andreas Buser* und *Hermann E. Ott* haben erwogen, Art. 19 Abs. 3 GG wie folgt zu ergänzen: „Die Grundrechte gelten auch für die Natur, soweit sie ihrem Wesen nach auf diese anwendbar sind." – vgl. *Buser/Ott*, Zur Ökologisierung des Rechts, S. 159 (169).

[288] Vgl. grds. *Bosselmann*, KJ 1985, S. 345 (357ff.); *ders.*, KJ 1986, S. 1 (9ff.); *Steinberg*, Der ökologische Verfassungsstaat, S. 63ff.; *Calliess*, Rechtsstaat und Umweltstaat, S. 111ff., 509ff.; *Kloepfer*, in: Kahl/Waldhoff/Walter, BK-GG, Art. 20a, Rn. 141ff.; speziell für den Tierschutz *Gruber*, Rechtsschutz für nichtmenschliches Leben, S. 17ff.; jew. m. w. N.

[289] Vgl. *Stone*, South. Calif. Law Rev. 1972, S. 450ff.

[290] Vgl. statt vieler *v. Lersner*, NVwZ 1988, S. 988 (990f.); krit. VG Hamburg, 22.9.1988, NVwZ 1988, S. 1058 – Seehunde in der Nordsee; *Hofmann*, JZ 1988, S. 265 (277f.); *Häberle*, Das Menschenbild im Verfassungsstaat, S. 26f., Rn. 34; jew. m. w. N.

[291] Vgl. beispielhaft *Fischer-Lescano*, ZUR 2018, S. 205 (213); *Söhnlein*, KritV 2021, S. 184 ff.; *Gutmann*, Der globale Trend zu Rechten der Natur, S. 133 ff.; *ders.*, Hybride Rechtssubjektivität; *Kersten*, APuZ 11/2020, S. 27 (30); *ders.*, Die Rechte der Natur und die Verfassungsfrage des Anthropozän, S. 87 ff.; *Tabios Hillebrecht/Berros*, Can Nature have Rights?; *Adolff/Busse* (Hrsg.), Welche Rechte braucht die Natur?; *Kauffmann/Martin*, The Politics of Rights of Nature; *Tănăsescu*, Understanding the Rights of Nature; jew. m. N.; krit. *Gelinsky*, Natur als Person?

[292] Vgl. *Hofmann*, JZ 1988, S. 265 (278): „Remythisierungen der Natur".

[293] Vgl. oben S. 64.

[294] BVerfG, 2.5.1967, BVerfGE 21, 362 (369) – Sozialversicherungsträger; zu Recht krit. *Kingreen/Poscher*, Grundrechte, Rn. 215.

[295] BVerfG, 11.10.1977, BVerfGE 46, 73 (83) – Stiftungen; BVerfG, 4.6.1985, BVerfGE 70, 138 (160 f.) – Loyalitätspflichten.

[296] Vgl. BVerfG, 7.6.1977, BVerfGE 45, 63 (79) – Stadtwerke Hameln; BVerfG, 9.10.2002, BVerfGE 106, 28 (43) – Mithörvorrichtung.

[297] Vgl. *Fischer-Lescano*, ZUR 2018, S. 205 (213); *Kersten*, APuZ 11/2020, S. 27 (30); *ders.*, Die Rechte der Natur und die Verfassungsfrage des Anthropozän, S. 87 (109 f.); krit. *Buser/Ott*, Zur Ökologisierung des Rechts, S. 159 (167 f.).

[298] Vgl. oben S. 27 f.

[299] Vgl. oben S. 35 ff.

[300] Vgl. *Becker/Kersten*, AöR 141 (2016), S. 1 ff., zum Konzept und zur Phänomenologie des Verfassungswandels.

[301] Vgl. *Kersten*, Die Rechte der Natur und die Verfassungsfrage des Anthropozän, S. 87 (110).

[302] *Luhmann*, Ökologische Kommunikation, S. 132 f.

[303] *Gutmann*, Der globale Trend zu Rechten der Natur, S. 133; vgl. auch *Kauffmann/Martin*, The Politics of Rights of Nature, S. 29 ff.

[304] http://pdba.georgetown.edu/Constitutions/Ecuador/english08.html; hierzu *Gutmann*, ZUR 2019, S. 611 ff.; *ders.*, Der globale Trend zu Rechten der Natur, S. 133 (135 f.); *ders.*, Hybride Rechtssubjektivität, S. 51 ff., 99 f., 240 ff.; *Acosta*, Die Rechte der Natur, S. 119 (122 ff.); *Tănăsescu*, Understanding the Rights of Nature, S. 52 ff.

[305] *Gutmann*, Der globale Trend zu Rechten der Natur, S. 133 (137); vgl. auch *Kauffmann/Martin*, The Politics of Rights of Nature, S. 117 ff.; *Tănăsescu*, Understanding the Rights of Nature, S. 59 ff.

[306] Vgl. *Fischer-Leascano*, ZUR 2018, S. 205 (206 f.); *Gutmann*, Der globale Trend zu Rechten der Natur, S. 133 ff.; *ders.*, Hybride Rechtssubjektivität, S. 84 ff.; *Brara*, Courting Nature, S. 31 ff.; *Berros*, Defending Rivers, S. 37 ff.; *Mota*, Rechte der Natur, S. 53 ff.; *Kauffmann/Martin*, The Politics of Rights of Nature, S. 141 ff. 163 ff.; für die rechtspolitische Debatte in Griechenland *Kalantzakos*, River Rights and Rights of Rivers, S. 45 ff.; jew.m. w. N.

[307] Vgl. hierzu und zum Folgenden *Kersten*, APuZ 11/2020, S. 27 (30).

[308] Vgl. oben S. 51 ff.

[309] Vgl. mit Blick auf rechtskulturell differenzierte Ausgestaltungsmöglichkeiten *Tabios Hillebrecht*, Disrobing Rights, S. 15 ff.; *Kauffmann/Martin*, The Politics of Rights of Nature, S. 14 ff., 59 ff.; ferner *Kersten*, Who Needs Rights of Nature?, S. 9 (12 f.); speziell für eine rechtliche Hybridisierung der Rechte der Natur *Fischer-Lescano*, ZUR 2018, S. 205 (208 ff.); *Gutmann*, Der globale Trend zu Rechten der Natur, S. 133

(142ff.); *ders.*, Hybride Rechtssubjektivität, S. 182ff.; weiterführend *Degens/Adloff*, Wem gehört die Natur, S. 159 (213ff.).

310 Vgl. *Leimbacher,* Die Rechte der Natur, S. 199, für ein „Grundrecht der Natur": „1. Das Recht der Natur auf ihre Existenz, auf ihr Da-Sein und So-Sein sowie auf ihre Entwicklungsmöglichkeiten, ist gewährleistet. 2. Staat und Private sind verpflichtet, dieses Recht (diese Rechte) zu achten. Insbesondere sind Ökosysteme, Populationen und Arten zu schützen. 3. Eingriffe in die (Rechte der) Natur verlangen nach einer Rechtsfertigung."; vgl. auch *ders.*, Die Rechte der Natur und ihre Einbindung in das Recht, S. 123 (129); hierzu *Acosta*, Die Rechte der Natur, S. 119 (123).

311 Vgl. *Buser/Ott*, Zur Ökologisierung des Rechts, S. 159 (168f.); vgl. bereits den Regelungsvorschlag von *Pernthaler,* Reform der Bundesverfassung im Sinne des ökologischen Prinzips, S. 1 (10ff.), für die Verankerung der Rechte der Natur und künftiger Generationen im Kontext der Österreichischen Bundesverfassung.

312 Vgl. *Söhnlein*, KritV 2021, S. 184 (195ff.), zu den unterschiedlichen Gestaltungsmöglichkeiten der Rechtsträgerschaft für Eigenrechte der Natur.

313 Vgl. hierzu und zum Folgenden *Fischer-Lescano*, ZUR 2018, S. 205 (207ff.); *Gutmann*, Hybride Rechtssubjektivität, S. 163ff., 240ff.; *Kersten*, ZfRSoz 37 (2017), S. 8 (9ff.), *ders.*, Who Needs Rights of Nature?, S. 9 (10); *ders.*, Die Rechte der Natur und die Verfassungsfrage des Anthropozän, S. 87 (106f.); *Buser/Ott*, Zur Ökologisierung des Rechts, S. 159 (162f.).

314 Vgl. oben S. 63.

315 Vgl. unten S. 163f.

316 Vgl. *Kersten*, Die Rechte der Natur und die Verfassungsfrage des Anthropozän, S. 87 (111f.); weiterführend *Fischer-Lescano*, ZUR 2018, S. 205 (209ff.), zu den Ambivalenzen der Vertretung und deshalb zu der Notwendigkeit der rechtlichen Ausdifferenzierung einer „Stellvertretungsarchitektur der nicht-humanen juristischen Person" (S. 211); grds. *Kloepfer*, in: Kahl/Waldhoff/Walter, BK-GG, Art. 20a, Rn. 144.

317 Vgl. hierzu und zum Folgenden *Kersten*, APuZ 11/2020, S. 27 (32); *ders.*, Die Rechte der Natur und die Verfassungsfrage des Anthropozän, S. 87 (111f.).

318 Vgl. BVerfG, 26.2.1997, BVerfGE 95, 220, (242) – Aufzeichnungspflicht; BVerfG, 13.6.2007, BVerfGE 118, 168 (203) – Kontostammdaten.

319 Vgl. BVerfG, 3.6.1987, BVerfGE 75, 369 (380) – Karikatur; BVerfG, 4.4.2006, BVerfGE 115, 320 (386f.) – Luftsicherheitsgesetz; *Höfling*, in: Sachs, GG, Art. 1, Rn. 11 m. w. N.

320 Vgl. hierzu und zum Folgenden *Kersten*, EurUP 2016, S. (318f.); *ders.*, Die Rechte der Natur und die Verfassungsfrage des Anthropozän, S. 87 (114ff.).

321 Vgl. hierzu und zum Folgenden *Calliess*, Rechtsstaat und Umweltstaat, S. 509ff., insbes. S. 511, 526f.

322 Vgl. hierzu und zum Folgenden auch *Kloepfer*, in: Kahl/Waldhoff/Walter, BK-GG, Art. 20a, Rn. 141; ferner *Buser/Ott*, Zur Ökologisierung des Rechts, S. 159 (166).

323 Vgl. zur „Objektformel" des Bundesverfassungsgerichts oben S. 64.

324 Vgl. hierzu und zum Folgenden oben S. 70f.

325 Vgl. hierzu und zum Folgenden sowie zur Doppelfunktion des Wesensbegriffs des Art. 19 Abs. 3 GG BVerfG, 26.2.1997, BVerfGE 95, 220 (242) – Aufzeichnungspflicht; BVerfG, 13.6.2007, BVerfGE 118, 168 (203) – Kontostammdaten.

326 Vgl. oben S. 101.

[327] Vgl. für eine Ergänzung des Art. 20 Abs. 1 GG die folgenden landesverfassungsrechtlichen Regelungen, die in variierenden Formulierungen das ökologische Staatsprinzip bereits anerkannt haben: Art. 2 Abs. 1 Verfassung Brandenburg, Art. 65 Abs. 1 Verfassung Bremen, Art. 1 Abs. 2 und Art. 31 Verfassung Niedersachsen, Art. 1 Satz 2 Verfassung Sachsen, Art. 2 Abs. 1 Verfassung Sachsen-Anhalt, Art. 44 Abs. 1 Satz 2 Verfassung Thüringen; vgl. darüber hinaus für einen entsprechenden Regelungsvorschlag *Kuratorium für einen demokratisch verfassten Bund deutscher Länder/Heinrich-Böll-Stiftung*, Vom Grundgesetz zur deutschen Verfassung, S. 95; *Bosselmann*, Im Namen der Natur, S. 201; *Meyer-Abich*, Aufstand für die Natur, S. 136.

[328] Vgl. unten S. 121 ff.

[329] *Hesse*, Grundzüge des Verfassungsrechts der Bundesrepublik Deutschland, Rn. 72.

[330] Siebzehntes Gesetz zur Änderung des Grundgesetzes v. 24.6.1968 (BGBl. I S. 709).

[331] *Hesse*, Grundzüge des Verfassungsrechts der Bundesrepublik Deutschland, Rn. 761; *Jarass*, in: ders./Pieroth, GG, Art. 20, Rn. 171 m. w. N.

[332] Vgl. für eine Neufassung der Staatszielbestimmung „Umweltschutz" die folgenden Regelungsvorschläge: Die Bundestagsfraktion Die Grünen hatte in der 10. Legislaturperiode den folgenden Vorschlag für die Verankerung eines Staatsziels „Umweltschutz" in einer neu zu schaffenden Regelung eines Art. 37a GG unterbreitet: „(1) Umwelt, Natur und Landschaft sind als Lebensgrundlagen des Menschen der Obhut und Pflege von jedermann vertraut. Sie stehen unter dem besonderen Schutz des Staates. (2) Geschützt werden insbesondere Wasser, Boden, Luft, Klima, Tiere, Pflanzen, natürliche Ressourcen und ihr Zusammenwirken im Naturhaushalt. Die natürliche Artenvielfalt ist zu erhalten und zu fördern. (3) Näheres wird durch das Gesetz bestimmt. Insbesondere wird durch Gesetz bestimmt, in welcher Weise einer künftige Generationen treffenden nachteiligen Veränderung der natürlichen Lebensgrundlagen des Menschen vorzubeugen ist" (BT-Drs. 10/990, S. 2). Das „Kuratorium für einen demokratisch verfassten Bund deutscher Länder" hatte für eine Staatszielbestimmung „Schutz der natürlichen Lebensgrundlagen" die folgende Formulierung eines Art. 20a GG vorgeschlagen: „(1) Die natürlichen Lebensgrundlagen gegenwärtiger und künftiger Generationen stehen ebenso wie die Natur um ihrer selbst willen unter dem besonderen Schutz des Staates. (2) Bund, Länder und Gemeinden sind verpflichtet, gegenwärtige und zu erwartende ökologische Belastungen zu dokumentieren und über alle wichtigen ökologischen Entscheidungen, Programme, Vorhaben und Maßnahmen zu informieren" – vgl. *Kuratorium für einen demokratisch verfassten Bund deutscher Länder/Heinrich-Böll-Stiftung*, Vom Grundgesetz zur deutschen Verfassung, S. 95.

[333] Vgl. für eine Legaldefinition des Staatsziels die hessische Verfassung: Staatsziele verpflichten den Staat, die Gemeinden und Gemeindeverbände im Rahmen ihrer Zuständigkeit und Leistungsfähigkeit zur fortlaufenden Beachtung und dazu, ihr Handeln nach ihnen auszurichten (Art. 26a Verfassung Hessen).

[334] Vgl. oben S. 112.

[335] Vgl. oben S. 59 ff.

[336] Vgl. weiterführend *Ehemann*, Umweltgerechtigkeit, S. 102 ff., 479 ff.

[337] Vgl. *Ehemann*, Umweltgerechtigkeit, S. 10 ff., 35 ff.

[338] Vgl. oben S. 37 f.

[339] Vgl. demgegenüber restriktiver BVerfG, 24.3.2021, BVerfGE 157, 30, Rn. 109, 142, 146, 183, 191 – Klima, mit Blick auf die lebenden Generationen, sodass nach der

Auffassung des Bundesverfassungsgerichts der Schutz künftiger Generationen über objektiv-rechtliche Schutzpflichten aus Grundrechten (z. B. Art. 2 Abs. 2 Satz 1 GG) (Rn. 146, 183, 191 f.) oder dem Staatsziel „Umweltschutz" (Art. 20a GG) (Rn. 193, 197, 200, 206, 229) erfolgt.

340 Vgl. *Boysen*, Die postkoloniale Konstellation, passim, insbes. S. 15 ff., 21 ff., 303 ff., für die Ambivalenzen, Genealogien und Konflikte eines postkolonialen Paradigmenwechsels im internationalen Umweltrecht.

341 Vgl. hierzu und zum Folgenden *Härtel*, NuR 2020, S. 577 (582); grds. *Beyerlin/Marauhn*, International Environmental Law, S. 61 ff.; darüber hinaus *Boysen*, Die postkoloniale Konstellation, S. 129 ff., für eine kritische Genealogie des Konzepts der „common but differentiated responsibilities"; jew. m. w. N.

342 Vgl. *Boysen*, Die postkoloniale Konstellation, S. 129.

343 Vgl. hierzu und zum Folgenden oben S. 48 ff.

344 Vgl. oben S. 49.

345 Vgl. oben S. 47.

346 Vgl. oben S. 31.

347 Vgl. oben S. 31.

348 Vgl. BVerfG, 23.6.1981, BVerfGE 58, 1 (35 – 36) – Eurocontrol I.

349 Vgl. BVerfG, 19.6.2001, BVerfGE 104, 151 (195) – NATO-Konzept.

350 *Greffrath*, Gedanken zur Rolle der Wissenschaft in der Energiewende.

351 Vgl. oben S. 116 ff.

352 Vgl. für eine Ergänzung des Art. 28 Abs. 1 Satz 1 GG den Regelungsvorschlag des „Kuratoriums für einen demokratisch verfassten Bund deutscher Länder": „Die verfassungsmäßige Ordnung in den Ländern muß den Grundsätzen einer republikanischen, rechtsstaatlichen, sozialen und ökologischen Demokratie im Sinne dieser Verfassung entsprechen." – vgl. *Kuratorium für einen demokratisch verfassten Bund deutscher Länder/Heinrich-Böll-Stiftung*, Vom Grundgesetz zur deutschen Verfassung, S. 99.

353 Vgl. Art. 2 Abs. 1 Verfassung Brandenburg, Art. 65 Abs. 1 Verfassung Bremen, Art. 2 Verfassung Mecklenburg-Vorpommern, Art. 1 Abs. 2, Art. 31 Verfassung Niedersachsen, Art. 1 Satz 2 Verfassung Sachsen, Art. 2 Abs. 1 Verfassung Sachsen-Anhalt, Art. 44 Abs. 1 Satz 2 Verfassung Thüringen.

354 Vgl. *Kloepfer*, Umweltrecht, § 3, Rn. 9 f.

355 Vgl. hierzu *Kloepfer*, Umweltrecht, § 3, Rn. 10.

356 Vgl. Art. 39 Abs. 7 Verfassung Brandenburg, Art. 6 Abs. 3 und 4 Verfassung Mecklenburg-Vorpommern, Art. 34 Verfassung Sachsen, Art. 6 Abs. 2 Verfassung Sachsen-Anhalt, Art. 33 Verfassung Thüringen.

357 Vgl. Art. 141 Abs. 3 Verfassung Bayern, Art. 10 Abs. 3 Verfassung Sachsen.

358 Vgl. Art. 40 Abs. 3 Verfassung Brandenburg, Art. 12 Abs. 2 Verfassung Mecklenburg-Vorpommern.

359 Vgl. Art. 31 Abs. 2 Verfassung Brandenburg, Art. 7 Abs. 2 Verfassung Mecklenburg-Vorpommern.

360 Vgl. Art. 131 Abs. 2 Verfassung Bayern, Art. 28 Verfassung Brandenburg, Art. 26 Nr. 5 Verfassung Bremen, Art. 15 Abs. 4 Verfassung Mecklenburg-Vorpommern (Verantwortung gegenüber künftigen Generationen), Art. 7 Abs. 2 Verfassung Nordrhein-Westfalen (Verantwortung für Tiere und die Erhaltung der natürlichen Lebensgrundlagen), Art. 33 Verfassung Rheinland-Pfalz, Art. 30 Verfassung Saarland (sorgsamer

Umgang mit den natürlichen Lebensgrundlagen), Art. 101 Abs. 1 Verfassung Sachsen (Erhaltung der Umwelt), Art. 22 Abs. 1 GG Verfassung Thüringen.

361 Vgl für den Schutz der natürlichen Lebensgrundlagen auch in Verantwortung für künftige Generationen Art. 3a Abs. 1 Verfassung Baden-Württemberg, Art. 3 Abs. 2 Satz 1, Art. 141 Abs. 1 Satz 1 Verfassung Bayern, Art. 31 Abs. 1 Verfassung Berlin, Art. 39 Abs. 1 Verfassung Brandenburg, Art. 11a Abs. 1 Satz 1, 65 Abs. 1 Verfassung Bremen, Präambel Verfassung Hamburg, Art. 26b Verfassung Hessen, Präambel, Art. 12 Abs. 1 Satz 1 Verfassung Mecklenburg-Vorpommern, Art. 29a Abs. 1 Verfassung Nordrhein-Westfalen, Art. 69 Abs. 1 Verfassung Rheinland-Pfalz, Art. 59a Abs. 1 Satz 1 Verfassung Saarland, Art. 10 Abs. 1 Satz 1 Verfassung Sachsen, Präambel, Art. 35 Abs. 1 Satz 1 Verfassung Sachsen-Anhalt, Art. 11 Verfassung Schleswig-Holstein, Präambel Art. 31 Abs. 1 Verfassung Thüringen.

362 Vgl. zu den unterschiedlichen Formulierungen Art. 3b Verfassung Baden-Württemberg, Art. 141 Abs. 1 Satz 2 Verfassung Bayern, Art. 39 Abs. 3 Satz 1 Verfassung Brandenburg, Art. 11b Satz 1 Verfassung Bremen, Art. 12 Abs. 1 Satz 1 Verfassung Mecklenburg-Vorpommern, Art. 6b Verfassung Niedersachsen, Art. 29a Abs. 1 Verfassung Nordrhein-Westfalen, Art. 70 Satz 1 Verfassung Rheinland-Pfalz, Art. 59a Abs. 3 Verfassung Saarland, Art. 35 Abs. 3a Verfassung Sachsen-Anhalt, Art. 11 Verfassung Schleswig-Holstein, Art. 32 Satz 1 Verfassung Thüringen; ferner für einen Schutz von Tieren vor nicht artgemäßer Haltung Art. 11b Satz 2 Verfassung Bremen, Art. 32 Satz 2 Verfassung Thüringen; für einen Schutz von Tieren vor vermeidbarem Leiden Art. 31 Abs. 2 Verfassung Berlin, Art. 11b Satz 2 Verfassung Bremen, Art. 70 Satz 2 Verfassung Rheinland-Pfalz, Art. 32 Satz 2 Verfassung Thüringen.

363 Vgl. Art. 141 Abs. 1 Satz 4 Verfassung Bayern, Art. 39 Abs. 5 Satz 1 Verfassung Brandenburg, Art. 11a Abs. 1 Satz 1 Verfassung Bremen, Art. 26a Verfassung Hessen, Art. 12 Abs. 1 Satz 2 Verfassung Mecklenburg-Vorpommern, Art. 29a Abs. 1 Verfassung Nordrhein-Westfalen, Art. 69 Abs. 1 Verfassung Rheinland-Pfalz, Art. 35 Abs. 1 Verfassung Sachsen-Anhalt, Art. 11 Verfassung Schleswig-Holstein.

364 Vgl. Art. 141 Abs. 1 Satz 4 Verfassung Bayern, Art. 39 Abs. 7 Satz 1, Art. 40 Abs. 3 Verfassung Brandenburg, Art. 11a Abs. 1 Satz 2 Verfassung Bremen, Art. 26a i. V. m. Art. 26b Verfassung Hessen, Art. 12 Abs. 1 Satz 2 und 2 Verfassung Mecklenburg-Vorpommern, Art. 69 Abs. 1 i. V. m. Abs. 2 und 3 Verfassung Rheinland-Pfalz, Art. 35 Abs. 1 i. V. m. Abs. 2 Verfassung Sachsen-Anhalt.

365 Vgl. Art. 141 Abs. 1 Satz 1 Verfassung Bayern, Art. 39 Abs. 1 Verfassung Brandenburg, Art. 12 Abs. 3 Satz 1 Verfassung Mecklenburg-Vorpommern, Art. 69 Abs. 1 Verfassung Rheinland-Pfalz, Art. 59a Abs. 1 Satz 1 Verfassung Saarland, Art. 10 Abs. 1 Satz 1 Verfassung Sachsen, Art. 35 Abs. 2 Verfassung Sachsen-Anhalt, Art. 31 Abs. 1 Verfassung Thüringen; vgl. weiterführend *Pernthaler,* Reform der Bundesverfassung im Sinne des ökologischen Prinzips, S. 1 (14 ff.), zu Umweltschutzgrundpflichten.

366 Vgl. für eine ausdrückliche Regelung des gesetzlichen Konkretisierungsvorbehalts Art. 59a Abs. 2 Verfassung Saarland.

367 Vgl. zum Schutz von Tieren und Pflanzen Art. 10 Abs. 1 Satz 2 Verfassung Sachsen; zum Schutz heimischer Tier- und Pflanzenarten Art. 141 Abs. 1 Satz 4 Verfassung Bayern, Art. 11a Abs. 1 Satz 1 Verfassung Bremen, Art. 59a Abs. 1 Satz 2 Verfassung Saarland, Art. 31 Abs. 2 Satz 2 Verfassung Thüringen.

[368] Vgl. Art. 141 Abs. 1 Satz 4 Verfassung Bayern, Art. 11a Abs. 1 Satz 2 Verfassung Bremen, Art. 69 Abs. 2 Verfassung Rheinland-Pfalz, Art. 59a Abs. 1 Satz 2 Verfassung Saarland, Art. 10 Abs. 1 Satz 2 Verfassung Sachsen.

[369] Vgl. Art. 3c Abs. 2 Verfassung Baden-Württemberg, Art. 141 Abs. 1 Satz 4, Abs. 2 Verfassung Bayern, Art. 39 Abs. 1 Verfassung Brandenburg (Kulturlandschaften), Art. 62 Satz 1 Verfassung Hessen, Art. 12 Abs. 2 Satz 1 Verfassung Mecklenburg-Vorpommern, Art. 18 Abs. 2 Verfassung Nordrhein-Westfalen, Art. 40 Abs. 3 Satz 1 Verfassung Rheinland-Pfalz, Art. 34 Abs. 2 Satz 1 Verfassung Saarland, Art. 10 Abs. 1 Satz 2 Verfassung Sachsen, Art. 31 Abs. 2 Satz 2 Verfassung Thüringen (besonders wertvolle Landschaften und Flächen).

[370] Art. 3c Abs. 2 Verfassung Baden-Württemberg, Art. 141 Abs. 2 Verfassung Bayern, Art. 40 Abs. 4 Satz 2 Verfassung Brandenburg, Art. 18 Abs. 2 Verfassung Nordrhein-Westfalen, Art. 40 Abs. 3 Satz 1 Verfassung Rheinland-Pfalz, Art. 34 Abs. 2 Satz 1 Verfassung Saarland, Art. 36 Abs. 4 Verfassung Sachsen-Anhalt, Art. 30 Abs. 2 Satz 1 Verfassung Thüringen.

[371] Vgl. Art. 141 Abs. 1 Satz 4 Verfassung Bayern, Art. 11a Abs. 1 Satz 1 Verfassung Bremen, Art. 59a Abs. 1 Satz 2 Verfassung Saarland, Art. 31 Abs. 2 Satz 1 Verfassung Thüringen.

[372] Vgl. Art. 141 Abs. 1 Satz 4 Verfassung Bayern, Art. 59a Abs. 1 Satz 2 Verfassung Saarland.

[373] Vgl. Art. 141 Abs. 1 Satz 4 Verfassung Bayern, Art. 39 Abs. 3 Satz 2 Verfassung Brandenburg, Art. 11a Abs. 1 Satz 1 Verfassung Bremen, Art. 10 Abs. 1 Satz 2 Verfassung Sachsen (Siedlungsräume).

[374] Vgl. *Härtel*, NuR 2020, S. 577 (581).

[375] Vgl. *Härtel*, NuR 2020, S. 577 (581 ff.), zur kontroversen rechtspolitischen Diskussion der unterschiedlichen Gesetzesentwürfe von SPD und CDU, FDP und Bündnis 90/Die Grünen.

[376] Vgl. *Härtel*, NuR 2020, S. 577 (581 m. w. N.).

[377] Vgl. für die Verankerung der Nachhaltigkeit und Generationengerechtigkeit *Hessen:* Der Staat, die Gemeinden und Gemeindeverbände berücksichtigen bei ihrem Handeln das Prinzip der Nachhaltigkeit, um die Interessen künftiger Generationen zu wahren. (Art. 26c Verfassung Hessen); *Schleswig-Holstein:* Das Land Schleswig-Holstein ist bestrebt durch nachhaltiges Handeln die Interessen gegenwärtiger wie künftiger Generationen zu schützen. (Präambel Verfassung Schleswig-Holstein).

[378] Vgl. Art. 141 Abs. 1 Satz 3 Verfassung Bayern, Art. 11a Abs. 1 Satz 1 Verfassung Bremen, Art. 12 Abs. 1 Satz 2 Verfassung Mecklenburg-Vorpommern, Art. 31 Abs. 3 Satz 1 Verfassung Thüringen.

[379] Vgl. Art. 141 Abs. 1 Satz 4 Verfassung Bayern, Art. 39 Abs. 4 Verfassung Brandenburg, Art. 11a Abs. 1 Satz 1 Verfassung Bremen, Art. 69 Abs. 3 Verfassung Rheinland-Pfalz, Art. 59a Abs. 1 Satz 2 Verfassung Saarland, Art. 10 Abs. 1 Satz 3 Verfassung Sachsen, Art. 31 Abs. 3 Satz 1 Verfassung Thüringen.

[380] Vgl. Art. 10 Abs. 1 Satz 3 Verfassung Sachsen.

[381] Vgl. Art. 39 Abs. 4 Verfassung Brandenburg, Art. 69 Abs. 3 Verfassung Rheinland-Pfalz, Art. 10 Abs. 1 Satz 3 Verfassung Sachsen, Art. 35 Abs. 1 Satz 3 Verfassung Sachsen-Anhalt (sparsamer Umgang).

[382] Vgl. Art. 31 Abs. 3 Satz 2 Verfassung Thüringen.

[383] Vgl. Art. 39 Abs. 5 Satz 1 Verfassung Brandenburg, Art. 12 Abs. 4 Verfassung Mecklenburg-Vorpommern, Art. 59a Abs. 1 Satz 2 Verfassung Saarland, Art. 35 Abs. 3 Verfassung Sachsen-Anhalt (Möglichst Behebung und anderenfalls Ausgleich von eingetretenen Umweltschäden), Art. 31 Abs. 2 Satz 3 Verfassung Thüringen (Beseitigung und Ausgleich von menschenverursachten Umweltschäden).

[384] Vgl. Art. 39 Abs. 5 Satz 2 Verfassung Brandenburg.

[385] Vgl. Art. 39 Abs. 7 Verfassung Brandenburg.

[386] Vgl. Art. 39 Abs. 8 Verfassung Brandenburg, Art. 10 Abs. 2 Verfassung Sachsen.

[387] Vgl. Art. 35 Abs. 1 Satz 3 Verfassung Sachsen-Anhalt.

[388] Vgl. Art. 39 Abs. 6 Satz 1 Verfassung Brandenburg.

[389] Vgl. Art. 101 Abs. 1 Verfassung Brandenburg; hierzu unten S. 186 ff.

[390] Vgl. oben S. 48 ff., 118.

[391] Vgl. unten S. 133 ff.

[392] Vgl. bereits für eine ausdrückliche verfassungsrechtliche Konkretisierung des ökologischen Verfassungsprinzips für die Kommunen Art. 141 Abs. 1 Satz 4 Verfassung Bayern, Art. 39 Abs. 5 Satz 1 Verfassung Brandenburg, Art. 11a Abs. 1 Satz 1 Verfassung Bremen, Art. 26a Verfassung Hessen, Art. 12 Abs. 1 Satz 2 Verfassung Mecklenburg-Vorpommern, Art. 29a Abs. 1 Verfassung Nordrhein-Westfalen, Art. 69 Abs. 1 Verfassung Rheinland-Pfalz, Art. 35 Abs. 1 Verfassung Sachsen-Anhalt, Art. 11 Verfassung Schleswig-Holstein.

[393] Vgl. *Kersten*, Daseinsvorsorge, Sp. 1167.

[394] Vgl. *Battis/Kersten/Mitschang*, Rechtsfragen der ökologischen Stadterneuerung, passim.

[395] Vgl. *Forsthoff*, Die Verwaltung als Leistungsträger; *ders.*, Die Daseinsvorsorge und die Kommunen; *ders.*, Der Staat der Industriegesellschaft S. 75 ff., 105 ff.

[396] Vgl. *Mauser*, Abfall und Globale Stoffströme, S. 183 (201 f.); *Kersten*, Baurecht, Rn. 23.

[397] Vgl. oben S. 54.

[398] Vgl. *Kersten*, Baurecht, Rn. 25 ff., 83, 87 ff.

[399] Vgl. *Kersten*, UPR 2012, S. 15 ff.; umfassend *Roden*, Urbane Diversität als städtebauliches Nachhaltigkeitskonzept.

[400] Vgl. *Kuratorium für einen demokratisch verfassten Bund deutscher Länder/Heinrich-Böll-Stiftung*, Vom Grundgesetz zur deutschen Verfassung, S. 114, für die Verankerung eines Technologiefolgenausschusses im Grundgesetz: „Der Bundestag bestellt einen Ausschuß zur Prüfung der ökologischen Folgen von Entscheidungen, Planungen und Programmen sowie zur Bewertung und Abschätzung von Technologien, ihrer sozialen Auswirkungen und ihrer Folgen für die natürlichen Lebensgrundlagen gegenwärtiger und künftiger Generationen. Jede Fraktion hat das Recht, mindestens eine sachverständige Person als ständiges Mitglied im Ausschuß zu benennen. Der Ausschuß hat die Rechte eines Untersuchungsausschusses." (Art. 45 GG).

[401] Vgl. hierzu und zum Folgenden *Kersten*, in: Herdegen/Masing/Poscher/Gärditz, HVerfR, § 11, Rn. 27 m. w. N.

[402] Vgl. *Appel*, Eigenwert der Verfassung im Umweltrecht, S. 289 (302, 309 f.).

[403] BVerfG, 24.3.2021, BVerfGE 157, 30, Rn. 212 – Klima; vgl. grds. auch BVerfG, 12.10.2010, BVerfGE 127, 293 (328) – Legehennen.

[404] Vgl. BVerfG, 22.9.2015, BVerfGE 140, 115 (151) – Arbeitsgruppen im Vermittlungsausschuss; *Kersten*, in: Herdegen/Masing/Poscher/Gärditz, HVerfR, § 11, Rn. 53 f. m. w. N.

405 Vgl. zur weiterführenden verfassungs- und verwaltungsrechtlichen Institutionalisierung eines „Umweltombudsmanns" *Kloepfer*, Umweltrecht, § 3, Rn. 39; *Calliess*, Rechtsstaat und Umweltstaat, S. 520 ff. m.umf.N.; für einen „Naturrechtsbeauftragten" *Buser/Ott*, Zur Ökologisierung des Rechts, S. 159 (169 f.).

406 Diese gesetzliche Ausgestaltung kann in einem „Gesetz über den Naturbeauftragten des Deutschen Bundestages (Gesetz zu Artikel 45f des Grundgesetzes – NBeauftrG)" erfolgen, für dessen Gestaltung sich der Bundesgesetzgeber in vielen Punkten an dem „Gesetz über den Wehrbeauftragten des Deutschen Bundestages (Gesetz zu Artikel 45b des Grundgesetzes – WBeauftrG)" orientieren kann. In der folgenden Erörterung des Amts des oder der Naturbeauftragten wird darauf hingewiesen, in welchem Punkten eine gesetzgeberische Orientierung am Recht der/des Wehrbeauftragten und darüber hinaus auch am allgemeinen Petitionsrecht möglich ist.

407 Vgl. parallel für den Wehrbeauftragten § 16 Abs. 1 WBeauftrG.

408 Vgl. parallel für den Wehrbeauftragten § 5 WBeauftrG.

409 Vgl. parallel für den Wehrbeauftragten § 14 Abs. 3 WBeauftrG.

410 Vgl. parallel für den Wehrbeauftragten § 18 WBeauftrG.

411 Es bleibt Petenten unbenommen, sich mit ökologischen Eingaben sowohl an den Petitionsausschuss als auch an den Naturbeauftragten oder die Naturbeauftragte zu wenden. Deshalb müssen diese beiden parlamentarischen Organe im Rahmen ihrer jeweiligen Zuständigkeiten zusammenarbeiten. Dies kann beispielsweise durch die Übereinkunft oder Regelung geschehen, dass sich der oder die Naturbeauftragte zunächst mit ökologischen Petitionen befasst und den Petitionsausschuss über den Fortgang der Behandlung der Petition unterrichtet – vgl. parallel Verfahrensgrundsätze für die Zusammenarbeit zwischen dem Petitionsausschuss und dem oder der Wehrbeauftragten des Deutschen Bundestages.

412 Vgl. allgemein für das Petitionsrecht Nr. 2.1 Abs. 1 PA-VG.

413 Vgl. allgemein für das Petitionsrecht Nr. 2.1 Abs. 1 PA-VG.

414 Vgl. allgemein für das Petitionsrecht Nr. 2.1 Abs. 2 PA-VG.

415 Vgl. allgemein für das Petitionsrecht Nr. 2.1 Abs. 3 PA-VG.

416 Vgl. *Kersten*, Schwarmdemokratie, S. 192 ff.

417 Vgl. allgemein für das Petitionsrecht Nr. 2.2 PA-VG.

418 Vgl. allgemein für das Petitionsrecht Nr. 7.1 Abs. 4 Satz 1 PA-VG.

419 Vgl. allgemein für das Petitionsrecht Nr. 2.2 Abs. 4 Satz 1 PA-VG Nr. 1 Satz 1, Nr. 2.1 Satz 1 PA-öP-RL.

420 Vgl. allgemein für das Petitionsrecht Nr. 2.2 Abs. 4 Satz 2 PA-VG, Nr. 1 Satz 2 PA-öP-RL.

421 Vgl. allgemein für das Petitionsrecht Nr. 2.2 Abs. 4 Satz 3 PA-VG.

422 Die Regelung des Art. 45f Abs. 3 Satz 2 GG-E geht in zwei Punkten über das geltende allgemeine Petitionsrecht hinaus: Erstens findet die Anhörung der Petenten nach Art. 45f Abs. 3 Satz 2 GG-E zwingend statt. Im allgemeinen Petitionsrecht ist bei einer (öffentlichen) Sammelpetition ab einer Unterstützung von 50.000 Personen zwar grundsätzlich eine öffentliche Anhörung der Petenten im Petitionsausschuss vorgesehen (Nr. 8.4 Satz 1 PA-VG). Allerdings kann der Petitionsausschuss mit den Stimmen von zwei Dritteln seiner anwesenden Mitglieder beschließen, von einer Anhörung des Petenten abzusehen (Nr. 8.4 Satz 2 PA-VG). Zweitens muss auch der Bundestag über die Petition nach Art. 45f Abs. 3 Satz 2 GG-E zwingend beraten und beschließen. Im allgemeinen Petitionsrecht findet eine Aussprache über die monat-

lichen oder alljährlichen Sammelberichte des Petitionsausschusses nur dann im Bundestag statt, wenn diese von einer Fraktion oder von anwesenden fünf von Hundert der Mitglieder des Bundestages verlangt wird (§ 112 Abs. 2 Satz 2 GOBT).

423 In diesem Zusammenhang mag die Befürchtung naheliegen, dass der Ausschuss für Natur und der Bundestag durch ökologische Petitionen so stark in Anspruch genommen werden, dass sie andere Aufgaben vernachlässigen müssten. Doch dies ist nicht der Fall, da die Regelung des Art. 45f Abs. 3 Satz 2 GG-E für die öffentliche Ausschussanhörung und Bundestagsberatung ein öffentliches Interesse an der Petition voraussetzt. Darüber hinaus lassen sich Grundsätze des allgemeinen Petitionsrechts auf die Bewertung und Behandlung von ökologischen Petitionen übertragen, die einer institutionellen Überbeanspruchung des Ausschusses für Natur und des Bundestags vorbeugen, wie beispielsweise die Möglichkeit, Petitionen nicht weiterzuverfolgen, die Rechtsverstöße enthalten (Nr. 7.3 PA-VG, Nr. 3 PA-öP-RL), die Ernsthaftigkeit vermissen lassen (Nr. 9 Satz 1 PA-öP-RL) oder als offensichtlich nicht erfolgsversprechend eingeschätzt werden müssen (Nr. 7.10 PA-VG); und dies gilt selbst für den Fall, dass eine Petition das Quorum von 50.000 Unterstützerinnen und Unterstützern überschreitet.

424 Vgl. unten S. 165 f.

425 Vgl. allgemein für das Petitionsrecht § 112 GOBT.

426 Vgl. parallel für den Wehrbeauftragten § 16 Abs. 2 und 3 WBeauftrG.

427 Vgl. für eine Ergänzung des Art. 65 GG den Regelungsvorschlag des „Kuratoriums für einen demokratisch verfassten Bund deutscher Länder“: „Ökologisch bedeutsame Vorhaben bedürfen der Zustimmung der für Umweltfragen zuständigen Bundesministerin oder des für Umweltfragen zuständigen Umweltministers“ (Art. 65 Abs. 3 GG) – vgl. *Kuratorium für einen demokratisch verfassten Bund deutscher Länder/Heinrich-Böll-Stiftung*, Vom Grundgesetz zur deutschen Verfassung, S. 128; hierzu *Bosselmann*, UTR 1994, S. 2 (18); *ders.*, Der Ökologische Rechtsstaat, S. 53 (66); *ders.*, Im Namen der Natur, S. 381; darüber hinaus *Carstens*, FAZ, 4.8.2021, S. 2, zu den im Bundestagswahlkampf 2021 vorgestellten Plänen von Bündnis 90/Die Grünen für ein Klimaschutzministerium, das mit einem „Vetorecht gegen alle Gesetze [?] ausgestattet werden [soll], die nicht mit dem internationalen Klimaabkommen von Paris vereinbar sind.“ (Klammerzusätze durch den Verfasser).

428 Vgl. oben S. 135 f.

429 Vgl. hierzu und zum Folgenden *Kersten*, in: Herdegen/Masing/Poscher/Gärditz, HVerfR, § 11, Rn. 53 f. m. w. N.

430 Vgl. *Kuratorium für einen demokratisch verfassten Bund deutscher Länder/Heinrich-Böll-Stiftung*, Vom Grundgesetz zur deutschen Verfassung, S. 128.

431 Vgl. *Kersten*, in: Herdegen/Masing/Poscher/Gärditz, HVerfR, § 11, Rn. 73 ff. m. w. N.

432 Vgl. oben S. 149.

433 Vgl. BVerfG, 10.6.2014, BVerfGE 136, 277, Rn. 91, 93 ff. – Bundesversammlung; BVerfG, 1.6.2014, BVerfGE, 136, 323, Rn. 25 – „Spinner“.

434 BVerfG, 1.6.2014, BVerfGE, 136, 323, Rn. 25 – „Spinner“.

435 Vgl. hierzu und zum Folgenden BVerfG, 10.6.2014, BVerfGE 136, 277, Rn. 93 f. – Bundesversammlung.

436 BVerfG, 1.6.2014, BVerfGE, 136, 323, Rn. 25 – „Spinner“.

[437] Vgl. zur Zuordnung der staatlichen Aufgabe der Langzeitverantwortung zum Amt des Bundespräsidenten *Theisen*, StWStP 6 (1995), S. 111 (118); *Kloepfer*, Langzeitverantwortung im Bundesstaat, S. 22 (38); hierzu *Appel*, Staatliche Zukunfts- und Entwicklungsvorsorge, S. 88.

[438] Vgl. oben S. 53 f.

[439] BVerfG, 1.6.2014, BVerfGE, 136, 323, Rn. 25 – „Spinner".

[440] Vgl. oben S. 137 f.

[441] Vgl. *Kuratorium für einen demokratisch verfassten Bund deutscher Länder/Heinrich-Böll-Stiftung*, Vom Grundgesetz zur deutschen Verfassung, S. 121, für den Vorschlag der Regelung eines „Ökologischen Rats" in einem Art. 53b GG.

[442] BT-Drs. 12/6000, S. 96; hierzu *Appel*, Staatliche Zukunfts- und Entwicklungsvorsorge, S. 92 Fn. 208; *Calliess*, Rechtsstaat und Umweltstaat, S. 515 ff.; vgl. auch *Sachverständigenrat für Umweltfragen*, BT-Drs. 12/6995, S. 67 f.: Der Sachverständigenrat für Umweltfragen „steht auf dem Standpunkt, daß jedenfalls die Einrichtung eines pluralistischen ökologischen Rats mit gleichzeitiger Entscheidungsbefugnis ordnungspolitisch verfehlt ist. Diese Institution würde zu einer Art neokorporatistischer Nebenregierung neben Parlament und Exekutive führen, deren Einordnung in das ausbalancierte System der Gewaltenteilung fragwürdig wäre." (S. 68); *Steinberg*, Der ökologische Verfassungsstaat, S. 339 ff.; demgegenüber grds. zustimmend zur Einführung eines Ökologischen Rats *Bosselmann*, UTR 1994, S. 2 (19); *ders.*, Im Namen der Natur, S. 381; *ders.*, Der Ökologische Rechtsstaat, S. 53 (66 f.); *Stein*, Warum wir einen ökologischen Rat brauchen, S. 255 (256, 259 f.); *Rux*, Intertemporale Strukturprobleme der Demokratie, S. 301 (323 ff.); grds. offen auch *Calliess*, Rechtsstaat und Umweltstaat, S. 517 ff.

[443] Vgl. *Brönneke*, Umweltverfassungsrecht, S. 97 Fn. 355.

[444] Vgl. *Calliess*, Rechtsstaat und Umweltstaat, S. 516.

[445] Vgl. bereits *Steinberg*, Der ökologische Verfassungsstaat, S. 344 ff., für ein Konzept der „Institutionalisierung ökologischer Interessen im Rahmen der Verfassungsordnung", selbst wenn nach der Auffassung *Steinbergs* „die Schaffung neuer repräsentativer Institutionen keine befriedigenden Lösungen zu bieten" vermag (S. 351).

[446] Vgl. unten S. 149 f.

[447] Vgl. mit Blick auf ein Initiativrecht auch *Rux*, Intertemporale Strukturprobleme der Demokratie, S. 301 (325); *Appel*, Staatliche Zukunfts- und Entwicklungsvorsorge, S. 90; hierzu unten S. 167.

[448] BVerfG, 10.6.2014, BVerfGE 136, 277, Rn. 95 – Bundesversammlung; BVerfG, 1.6.2014, BVerfGE 136, 323, Rn. 26 – „Spinner"; vgl. ferner zur Abgrenzung zum „pouvoir neutre" *Kersten*, in: Herdegen/Masing/Poscher/Gärditz, HVerfR, § 11, Rn. 65.

[449] Vgl. pointiert *Bosselmann*, UTR 1994, S. 2 (19), für eine „parteibuchunabhängige Wahl von Mitgliedern und das Verbot ihrer Wiederwahl"; ferner *ders.*, Der Ökologische Rechtsstaat, S. 53 (67).

[450] BVerfG, 1.6.2014, BVerfGE 136, 323, Rn. 25 – „Spinner".

[451] Vgl. *Kuratorium für einen demokratisch verfassten Bund deutscher Länder/Heinrich-Böll-Stiftung*, Vom Grundgesetz zur deutschen Verfassung, S. 121, für eine solche gutachterliche Tätigkeit des „Ökologischen Rats".

[452] Vgl. unten S. 165 f.

453 Vgl. für den Vorschlag einer konkurrierenden Gesetzgebungskompetenz für das „Recht der Umwelt" *Sachverständigenrat für Umweltfragen*, Umweltschutz in der Föderalismusreform, S. 18; *Kloepfer*, NuR 2006, S. 1 (6).

454 Vgl. *Schröter/Bosselmann*, ZUR 2018, S. 195 (203); *Greffrath*, Überlegungen zur Zukunft des Staates.

455 Vgl. hierzu und zum Folgenden *Jarass*, ZfU 2006, S. 1 ff.; *Kahl/Gärditz*, Umweltrecht, § 4, Rn. 4 ff.; *Kloepfer/Durner*, Umweltschutzrecht, § 1, Rn. 47 ff.; jew. m.umf.N.

456 Vgl. Gesetz zur Änderung des Grundgesetzes vom 28.8.2006 (BGBl I 2034), durch das die Rahmengesetzgebung (Art. 75 GG) aufgehoben und eine konkurrierende Gesetzgebungskompetenz für die Abfallwirtschaft, Luftreinhaltung und Lärmbekämpfung (Art. 74 Abs. 1 Nr. 24 GG), Naturschutz und Landschaftspflege (Art. 74 Abs. 1 Nr. 29 GG) und für den Wasserhaushalt (Art 74 Abs. 1 Nr. 29 GG) geschaffen wurde – vgl. hierzu *Kahl/Gärditz*, Umweltrecht, § 4, Rn. 7.

457 Vgl. *Kahl/Gärditz*, Umweltrecht, § 4, Rn. 12; *Durner*, in: Herdegen/Masing/Poscher/Gärditz, HVerfR, § 26, Rn. 28.

458 *Jarass*, ZfU 2006, S. 1 (2), mit Verweis auf *Bohne*, Das Umweltrecht – ein „irregulare aliquod corpus et monstro simile", S. 181 (194 ff.).

459 *Kahl/Gärditz*, Umweltrecht, § 4, Rn. 14.

460 *Kahl/Gärditz*, Umweltrecht, § 4, Rn. 14.

461 *Knopp*, UPR 2009, S. 121 ff.; *Kahl/Gärditz*, Umweltrecht, § 4, Rn. 14.

462 *Kahl/Gärditz*, Umweltrecht, § 4, Rn. 14; vgl. auch *Kloepfer/Durner*, Umweltschutzrecht, § 1, Rn. 53.

463 Vgl. hierzu *Kersten*, Eine Million Jahre?, S. 269 (273 f.).

464 Vgl. *Battis*, Exekutivische Rechtsetzung, S. 170 ff.

465 Vgl. mit Blick auf ein Umweltgesetzbuch *Kloepfer*, UPR 2007, S. 161 (167); *ders.*, Die Verwaltung 41 (2008), S. 195 ff.; *Knopp*, UPR 2009, S. 121 (123 f.).

466 Vgl. hierzu und zum Folgenden *Kloepfer*, UPR 2007, S. 161 (167); *Lottermoser*, UPR 2007, S. 401 (403 ff.); *Scheidler*, UPR 2009, S. 173 (174); *Kahl/Gärditz*, Umweltrecht, § 4, Rn. 10.

467 Vgl. https://www.umweltbundesamt.de/umweltgesetzbuch#aktivitaten-des-umweltbundesamtes.

468 Vgl. zum folgenden Vorschlag bereits *Rux*, Intertemporale Strukturprobleme der Demokratie, S. 301 (323 ff., 325); krit. demgegenüber *Calliess*, Rechtsstaat und Umweltstaat, S. 517.

469 Vgl. *Steinberg*, Der ökologische Verfassungsrat, S. 351 ff.

470 Vgl. *Appel*, Staatliche Zukunfts- und Entwicklungsvorsorge, S. 93 f.

471 Vgl. oben 140 ff.

472 Vgl. *Kersten*, in: Dürig/Herzog/Scholz, GG, Art. 77, Rn. 1.

473 Vgl. oben S. 145 f.

474 Vgl. oben S. 149 f.

475 Vgl. oben S. 135 ff.

476 Vgl. hierzu und zum Folgenden oben S. 140 ff.

477 Vgl. oben S. 155 ff.

478 Vgl. oben S. 133 ff.

479 Vgl. oben S. 54.

480 Vgl. oben S. 130 f.

481 Gesetz zur Änderung des Bundesgesetzes vom 20. Dezember 1993 (BGBl. I S. 2089); vgl. hierzu und zum Folgenden *Gersdorf*, in: v.Mangoldt/Klein/Starck, GG, Art. 87e, Rn. 72.

482 Gesetz zur Änderung des Grundgesetzes vom 30. August 1994 (BGBl. I S. 2245).

483 Vgl. *Gersdorf*, in: v.Mangoldt/Klein/Starck, GG, Art. 87f, Rn. 16; *Kment*, in: Jarass/Pieroth, GG, Art. 87f, Rn. 6.

484 Vgl. für eine Ergänzung des Art. 89 GG den Regelungsvorschlag des „Kuratoriums für einen demokratisch verfassten Bund deutscher Länder": „Bei der Verwaltung, dem Ausbau und dem Neubau von Wasserstraßen sind *der Schutz der natürlichen Lebensgrundlagen sowie* die Bedürfnisse der Landeskultur und der Wasserwirtschaft im Einvernehmen mit den Ländern zu wahren." (Art. 89 Abs. 3 GG) – vgl. *Kuratorium für einen demokratisch verfassten Bund deutscher Länder/Heinrich-Böll-Stiftung*, Vom Grundgesetz zur deutschen Verfassung, S. 152 (Hervorhebung im Original).

485 Vgl. *Sachs*, in: ders., GG, Art. 90, Rn. 7; *Kment*, in: Jarass/Pieroth, GG, Art. 90, Rn. 3.

486 Vgl. *Gröpl*, in: Dürig/Herzog/Scholz, GG, Art. 90, Rn. 16; *Ibler*, in: v.Mangoldt/Klein/Starck, GG, Art. 90, Rn. 31 ff.

487 BVerfG, 6.7.1982, BVerfGE 61, 82 (108 f.) – Sasbach; vgl. hierzu krit. *Wieland*, in: Dreier, GG, Art. 14, Rn. 86.

488 Vgl. oben S. 92 ff.

489 Vgl. hierzu und zum Folgenden *Kaufhold*, Grüne Geldpolitik, S. 135 ff. m.umf.N.; weiterführend *Boysen*, Die postkoloniale Konstellation, S. 255 m. w. N., zur grünen Weltbank.

490 Vgl. *Kaufhold*, Grüne Geldpolitik, S. 135 (146 ff.); vgl. auch oben S. 31.

491 Vgl. hierzu und zum Folgenden *Ipsen/Kaufhold/Wischmeyer*, Staatsrecht I, Rn. 64 ff. m. w. N.

492 Vgl. BVerfG, 7.10.2014, BVerfGE 137, 108 (144) – Art. 91e GG; vgl. BVerfG, 20.12.2007, BVerfGE 119, 331 (364 f.) – Arbeitsgemeinschaften.

493 Vgl. BVerfG, 7.9.2010, BVerfGE 127, 165 (191 m. w. N.) – Urteilsname: Zukunftsinvestitionsgesetz?; *Ipsen/Kaufhold/Wischmeyer*, Staatsrecht I, Rn. 67.

494 Vgl. für den Vorschlag der Schaffung einer Gemeinschaftsaufgabe „Naturschutz" *Rohlf*, NuR 1991, S. 473 (476), mit Verweis auf BT-Drs., 7/324, S. 9, 16, und BT-Drs. 7/5171, S. 10 f.; für den Vorschlag der Gemeinschaftsaufgabe „Klimaanpassung" und „Naturschutz" *Umweltministerkonferenz*, Presserklärung der Umweltministerkonferenz 2021; für den Vorschlag der Gemeinschaftsaufgabe der „regionalen Daseinsvorsorge" *Kersten/Neu/Vogel*, Regionale Daseinsvorsorge, S. 22 ff.; *Fraktion Bündnis 90/Die Grünen*, BT-Drs. 19/10640, S. 1 ff.

495 Vgl. *Volkmann/Kaufhold*, in: v.Mangoldt/Klein/Starck, GG, Art. 91a, Rn. 26.

496 Vgl. *Volkmann/Kaufhold*, in: v.Mangoldt/Klein/Starck, GG, Art. 91a, Rn. 46.

497 Vgl. *Volkmann/Kaufhold*, in: v.Mangoldt/Klein/Starck, GG, Art. 91a, Rn. 46.

498 Vgl. BT-Drs. V/2861, S. 48 f.

499 BT-Drs. V/2861, S. 49.

500 BT-Drs. V/2861, S. 49.

501 BT-Drs. V/2861, S. 49.

502 BT-Drs. V/2861, S. 48 (Klammerzusatz durch den Verfasser).

503 BT-Drs. V/2861, S. 48.

504 Vgl. *Kersten/Neu/Vogel*, Regionale Daseinsvorsorge, S. 7 ff.

505 Vgl. oben S. 54.

506 Vgl. oben S. 130f.

507 Vgl. hierzu und zum Folgenden auch *Kersten/Neu/Vogel*, Regionale Daseinsvorsorge, S. 22ff.

508 Vgl. *Umweltministerkonferenz*, Presserklärung der Umweltministerkonferenz 2021.

509 Vgl. oben S. 115ff.

510 Vgl. oben S. 54.

511 Vgl. BT-Drs. V/2861, S. 49.

512 Vgl. auch *Rohlf*, NuR 1991, S. 473 (477), mit Blick auf eine Gemeinschaftsaufgabe „Naturschutz".

513 Vgl. Gesetz über die Gemeinschaftsaufgabe „Verbesserung der regionalen Wirtschaftsstruktur" (GRW-Gesetz – GRWG).

514 Vgl. Gesetz über die Gemeinschaftsaufgabe „Verbesserung der Agrarstruktur und des Küstenschutzes" (GAK-Gesetz – GAKG).

515 Vgl. hierzu und zum Folgenden *Kersten/Neu/Vogel*, Regionale Daseinsvorsorge, S. 24f., mit Blick auf ein „Gesetz über die Gemeinschaftsaufgabe ‚Verbesserung der regionalen Daseinsvorsorge'" (GRD-Gesetz – GRDG).

516 Vgl. *Deutscher Bundestag/Bundesrat*, Die gemeinsame Kommission von Bundestag und Bundesrat zur Modernisierung von Bund-Länder-Finanzbeziehungen, 2010, S. 207; hierzu *Hammer*, DVBl 2012, S. 525 (526); *Mager/Vasel*, in: v.Münch/Kunig, GG, Art. 91d, Rn. 1.

517 Vgl. hierzu und zum Folgenden grds. *Gröpl*, in: Dürig/Herzog/Scholz/, GG, Art. 91d, Rn. 6.

518 Vgl. hierzu und zum Folgenden grds. *Gröpl*, in: Dürig/Herzog/Scholz, GG, Art. 91d, Rn. 4ff.; zurückhaltend *Hammer*, DVBl 2012, S. 525 (527), mit Blick auf die föderale Kompetenzordnung in der Bundesrepublik.

519 Vgl. für den folgenden Regelungsvorschlag Gesetzentwurf der Fraktion *Bündnis 90/Die Grünen*, BT-Drs. 19/4522, S. 3.

520 Vgl. hierzu und zum Folgenden BVerfG, 20.4.2004, BVerfGE 110, 274 (295ff.) – Ökosteuer; BVerfG, 13.4.2017, BVerfGE 145, 171 (213ff.) – Kernbrennstoffsteuergesetz; hierzu *Drüen*, in: Kahl/Waldhoff/Walter, BK-GG, Art. 106, Rn. 119ff., 150ff.; jew. m. w. N.

521 Vgl. BVerfG, 20.4.2004, BVerfGE 110, 274 (296f.) – Ökosteuer.

522 Vgl. hierzu und zum Folgenden *Drüen*, in: Kahl/Waldhoff/Walter, BK-GG, Art. 106, Rn. 119ff., insbes. Rn. 126.

523 BVerfG, 20.4.2004, BVerfGE 110, 274 (296) – Ökosteuer.

524 BVerfG, 13.4.2017, BVerfGE 145, 171 (218, 220ff.) – Kernbrennstoffsteuergesetz.

525 BVerfG, 13.4.2017, BVerfGE 145, 171 (220ff.) – Kernbrennstoffsteuergesetz.

526 BT-Drs. 19/4522, S. 8.

527 Vgl. für die Verankerung eines ökologischen Haushaltsgrundsatzes in der *Verfassung von Brandenburg*: Das Land hat bei seiner Haushaltswirtschaft im Rahmen der Erfordernisse des gesamtwirtschaftlichen Gleichgewichts dem Schutz der natürlichen Lebensgrundlagen gegenwärtiger und künftiger Generationen Rechnung zu tragen (Art. 101 Abs. 1 Verfassung Brandenburg); zu einem fraktionsübergreifenden Antrag im Deutschen Bundestag BT-Drs. 16/3399, S. 3: Bund und Länder haben bei ihrer Haushaltswirtschaft den Erfordernissen des gesamtwirtschaftlichen Gleichgewichts, dem Prinzip der Nachhaltigkeit sowie den Interessen der künftigen Generationen Rechnung zu tragen (Art. 109 Abs. 2 GG a. F.); ferner *Kuratorium für einen demokratisch*

verfassten Bund deutscher Länder/Heinrich-Böll-Stiftung, Vom Grundgesetz zur deutschen Verfassung, S. 170.

528 Vgl. zum Begriff der „Haushaltswirtschaft" *Jarass*, in: ders./Pieroth, GG, Art. 109, Rn. 1; *Kirchhof*, in: v.Mangoldt/Klein/Starck, GG, Art. 109, Rn. 6.

529 Vgl. BVerfG, 2.2.1952, BVerfGE 1, 117 (131) – Finanzausgleichsgesetz; BVerfG, 11.11.1999, BVerfGE 101, 158 (220) – Finanzausgleich III.

530 Vgl. hierzu und zum folgenden *Jarass*, in: ders./Pieroth, GG, Art. 109, Rn. 3 ff.; *Kube*, in: Dürig/Herzog/Scholz, GG, Art. 109, Rn. 85.

531 Vgl. *Heun*, in: Dreier, GG, Art. 109, Rn. 26; *Kube*, in: Dürig/Herzog/Scholz, GG, Art. 109, Rn. 86.

532 Vgl. *Kube*, in: Dürig/Herzog/Scholz, GG, Art. 109, Rn. 86.

533 BVerfG, 18.4.1989, BVerfGE 79, 311 (338) – Staatsverschuldung; vgl. ferner BVerfG, 9.7.2007, BVerfGE 119, 96 (140) – Nachtragshaushaltsgesetz; eingehend *Reimer*, in: Epping/Hillgruber, BeckOK-GG, Art. 109, Rn. 39 ff.

534 Vgl. BVerfG, 18.4.1989, BVerfGE 79, 311 (338) – Staatsverschuldung; BVerfG, 9.7.2007, BVerfGE 119, 96 (140) – Nachtragshaushaltsgesetz.

535 *Kirchhof*, in: v.Mangoldt/Klein/Starck, GG, Art. 109, Rn. 42.

536 *Reimer*, in: Epping/Hillgruber, BeckOK-GG, Art. 109, Rn. 34; vgl. auch *Kirchhof*, in: v.Mangoldt/Klein/Starck, GG, Art. 109, Rn. 55.

537 Vgl. *Jarass*, in: ders./Pieroth, GG, Art. 109, Rn. 11; *Kirchhof*, in: v.Mangoldt/Klein/Starck, GG, Art. 109, Rn. 55.

538 Vgl. *Reimer*, in: Epping/Hillgruber, BeckOK-GG, Art. 109, Rn. 38.

539 Vgl. *Kube*, in: Dürig/Herzog/Scholz, GG, Art. 109, Rn. 88.

540 Vgl. oben S. 70.

541 Vgl. oben S. 100 ff.

542 Vgl. oben S. 111 ff.

543 Vgl. oben S. 115 ff.

544 *v.Lersner*, NVwZ 1988, S. 988 (990) (Klammerzusatz durch den Verfasser).

545 Vgl. hierzu und zum Folgenden *Kersten*, EurUP 2016, S. 312 ff.; *ders.*, Die Rechte der Natur und die Verfassungsfrage des Anthropozän, S. 87 (101 ff.); für die Abgrenzung zu einem „Liberal Environmentalism" *Boysen*, Die postkoloniale Konstellation, S. 87 ff.

546 Vgl. hierzu und zum Folgenden oben S. 115 ff.

547 *Marx/Engels*, Die deutsche Ideologie, S. 5 (37); vgl. zur zentralen sozial(wissenschaftlich)en (und man kann hinzufügen: recht[swissentschaft]lichen) Bedeutung relationalen Denkens *Dath*, Karl Marx, S. 67; *ders.*, Niegeschichte, S. 125.

548 Vgl. oben S. 59 ff.

549 Vgl. oben S. 100 ff.

550 Vgl. oben S. 72 ff.

551 Vgl. oben S. 79 ff.

552 Vgl. oben S. 68 ff.

553 Vgl. oben S. 87 ff.

554 Vgl. oben S. 92 ff.

555 Vgl. hierzu und zum Folgenden pointiert *Greffrath*, Rückblick und Ausblick.

556 *Mill*, Grundsätze der politischen Oekonomie, S. 63 (Buch IV. Kap. VI § 2).

557 Vgl. oben S. 111 ff.

558 Vgl. oben S. 115 ff.

559 Vgl. oben S. 130 f.
560 Vgl. oben S. 125 f.
561 Vgl. oben S. 111 ff.
562 Vgl. oben S. 121 f.
563 Vgl. oben S. 123 f.
564 Vgl. oben S. 135 f.
565 Vgl. oben S. 136 ff.
566 Vgl. oben S. 139 ff.
567 Vgl. oben S. 140 ff.
568 Vgl. oben S. 145 f.
569 Vgl. oben S. 147 f.
570 Vgl. oben S. 149.
571 Vgl. oben S. 150 ff.
572 Vgl. oben S. 154.
573 Vgl. oben S. 155 ff.
574 Vgl. oben S. 165 ff.
575 Vgl. oben S. 161 ff.
576 Vgl. oben S. 169 ff.
577 Vgl. oben S. 175 f.
578 Vgl. oben S. 177 ff.
579 Vgl. oben S. 184 f.
580 Vgl. oben S. 186 ff.
581 *Greffrath*, Rückblick und Ausblick.